> 我們只是要在別人貪婪時恐懼，
> 而在別人恐懼時貪婪。
> ——華倫・巴菲特

牛市買什麼，
熊市賣什麼

股票漲跌買賣技巧詳解

譚曉風◎著

再牛的股市，也有人賠錢；
再熊的股市，也有人賺錢；
漲跌之間，買賣之道，最有價值的炒股方法論

財經錢線

序　言
經濟與就業同增長　創業和投資共繁榮

王平

　　本書作者對股市認識非常深刻，分析十分獨到。股權投資對應的股票市場和債權投資對應的債券市場是全球資本市場上最大的兩大投資市場，然而很大一部分國人對股市的認知非常有限。事實上，一切經濟行為和金融投資行為都萬變不離其宗，無非是股權投資或債權投資抑或是二者的混合體。股市作為現代經濟發展到一定階段必然出現的資本產物，在經濟和金融中的地位越來越高，與我們每個人的關係越來越大，在金融系統中的作用和地位也越來越強，學習更多的金融知識對我們每個人都是大有裨益的。本人有幸先讀者一步閱讀了陽光私募基金——深圳紅日升投資有限公司投資總監譚曉風先生撰寫的書稿，得到如下啟示，在這裡與讀者分享。

　　金融是離金錢最近的行業並與經濟緊密相關，我們每個人都離不開金錢，對企業而言金融融資資金更是好比人身上的血液一樣是十分寶貴的。沒有資金投入，再好的生意點子、再高科技的頭腦風暴也無

法變成真正的生意和產品，人類的一切奇思妙想都只會被湮沒在塵埃裡從而隨著人的老去而消亡。美國的「硅谷」信息高速公路新經濟模式正是建立在美國的金融資本對美國個人創意思想的融資支持上。傳統的經濟理論認為金融尤其是股市並不創造價值，而只是分享實體經濟所創造的價值，把金融從業者歸入了實業「寄生者」的行列，這實在是害人不淺。不過，當阿里巴巴在美國紐約證券交易所IPO（首次公開發行）成功的那一天即是馬雲超過李嘉誠成為華人新首富時，股市對馬雲和他的阿里巴巴而言是沒有價值的麼？對投資阿里巴巴的日本軟銀資本CEO孫正義而言，其個人財富實現翻番差點登上日本首富寶座而言沒有價值的麼？事實上，股市對於創業者而言，讓企業獲得發展所需要的資金從而擴大社會投資、創造社會就業、促進社會經濟增長，同時股市也讓聰明的投資者因為投資了馬雲阿里巴巴這樣的潛力股公司而獲得實實在在的財富增長，股市實在是一個對創業者和投資者而言雙贏的經濟載體。我始終確信：中國要成為經濟強國，首先要成為金融強國；金融與投資行業是有志、有為青年施展抱負、實現人生價值的最廣闊的舞臺。

曉風先生撰寫的這本書對中國股市進行了深刻的剖析和研究，仔細閱讀該書將會讓我們對股市有一個更有深度的認知，並對我們思考問題的方式、方法有所啟發。同時全書寫作還有著其鮮明的個性特色，個人認為曉風先生的這本書有下面幾個特點：

其一，獨立思考、獨樹一幟。本書是曉風先生十年股市投資經驗之思想結晶。近些年來，隨著中國股市的日益成熟，有關股市投資的書籍汗牛充棟。但縱覽相關著述，談理論的多，談實踐的少；談外國的多，談中國的少；理論脫離實踐的多，理論聯繫實際的少；用理論解釋中國股市投資實踐的更是少之又少。曉風的這本著作，緊密聯繫中國股市投資的實踐，理論與實踐並重，特別注重用專業的金融理論

來解釋中國的股市實踐，這一點實在是難能可貴。

全書共六部分內容，曉風除了用大量金融知識聯繫中國股市的實際情況，做了股市投資的理論研究和實際操作分析外，還用了較大的篇幅來對即時的財經新聞進行了分析和研究。曉風不僅僅是和我們分享了其獨到的股市投資理論和投資技巧，更難能可貴的是向我們展示了其對財經金融信息獨立思考、獨立研究、獨立分析的思維模式。與通俗淺薄的股市介紹和股票分析相比，一個人的思維模式無疑是更為重要的，學習到一位智慧人士的思維模式遠比吸收其已有的思想更為重要，因為新思維模式會讓我們不斷地創造出新的智慧結晶並不斷超越前人，所謂「授人以魚不如授人以漁」是也。因此，即使曉風在書後半部分存在一些重複的投資思想或投資結論也並不是其故作矯情、有意為之，而是試圖向我們展示他得到投資結論的思考過程，展示其獨到的思維研究模式。此外，曉風在本書中對股市的討論和研究不是拋開實踐講理論，而是緊密結合中國的股市投資實踐講理論，這樣就符合「理論來源於實踐，又反過來指導實踐」的認識論原則。曉風的這一態度和研究方式是我最為欣賞乃至敬佩的，中國思想界、學術界需要更多有獨立思考能力的學者而不是人雲亦雲的「傳聲筒」。

本書的最大貢獻是提出被曉風稱作「中國股市點金術」的「上證指數 60 日均線」投資原則。按照這個原則，股價持續超出 60 日均線是買入的信號；而股價持續低於 60 日均線是賣出的信號。曉風用很大的篇幅，用中國股市歷史上九次牛熊轉換的 K 線圖佐證並分析了「上證指數 60 日均線」投資原則在中國股市的適用性，並從概率論中「大數定律」和統計學的角度論證了「上證指數 60 日均線」投資原則的科學合理性。這種論證方法令人信服，從統計學的專業角度運用技術指標進行投資操作遠比很多股市專家以「想當然」的思維總結技術指標去盲目操作要更客觀嚴謹（比如股價「超出」或「低於」持續的

時間長度、「超出」或「低於」的幅度、轉換信號與操作策略、為什麼單單是 60 日均線等問題本書中都有非常獨到新穎而且理論依據充分的論證），可以肯定地說，曉風的「60 日均線」投資原則將會給我們的投資決策帶來深刻的啓迪。

其二，呈現經典、根深葉茂。本書是曉風十年股市投資思想的總結。股市投資是「很個人」的事情，但是要投資成功，科學的投資思想是必需的。在第二章，曉風討論了「股市投資六重境界」：境界一，靠消息炒股票；境界二，用技術分析玩股票；境界三，用分析公司基本面來做股票；境界四，用分析國家宏觀面來做股票；境界五，用古樸的哲學思想來做股票；境界六，手中有股，心中無股。「境界一」處於超低級的階段，基本上是「股市剛入門者」的游戲套路；「境界二」則和算命差不多，不過「一切基本面因素最終都反應在股票技術走勢圖形上」也是很有道理的；「境界三」是巴菲特提倡的方法，側重分析個股；「境界四」是索羅斯的長項（索羅斯尤其擅長外匯、金融衍生品投資）；「境界五」是「閒雲野鶴」的灑脫投資法；「境界六」基本是「大俠」的超脫投資境界。曉風在本書中總結的這六層投資境界在金融投資者中得到了廣泛認同，是為全世界範圍內金融投資家所共同認可的投資經典。

曉風的投資思想是什麼呢？他自己總結是趨勢投資加基本面分析，既注重分析宏觀基本面，也注重對個股的研究，但重點是宏觀基本面，他更偏重於對趨勢大盤的研究而超過對個股的研究，當然這並不是說個股研究不重要，而是因為從概率論的角度來講，要操縱單個個體上市公司的財務報表和內幕交易相對於操縱股市大盤更為容易，股市大盤更趨近於反應真實的市場趨勢。更重要的是牛市來了，豬都能飛上天，根據曉風的「60 日均線」投資原則，這個時候選什麼股票已不重要，閉著眼睛都能賺錢，牛市來臨的時刻「選時」比「選股」更

為重要，事實上這也是金融投資界的兩種主流投資方式，而曉風在這裡給出了這兩種投資方式的理論依據並進行了優缺點分析，論述有理有據令人信服。

個人覺得，曉風的這本書寫得最精彩的部分是宏觀基本面研究部分。曉風認為，股市是多種因素、多種信息、多種利益主體綜合博弈的最終結果。要研究中國的股市，只研究發達國家（如美國）的貨幣政策、世界經濟體狀況或者只研究中國貨幣政策和中國經濟狀況都是不可取的。割裂性地看待事物，沒有全局性的眼光，注定只能是井底之蛙，還是會永遠停留在「賺錢是偶然，輸錢是必然」的境地。他主張：第一，關注並研究美聯儲的貨幣政策（美聯儲的加息、減息貨幣政策為世界各國央行貨幣政策的風向標）；第二，關注並研究美國經濟體的發展狀況（具體指研究美國的投資、出口、消費以及就業等經濟先行指標）；第三，研究世界商品的走勢，並分析具體原因，從而反過來綜合判斷世界各經濟體發展狀況，進一步佐證其他投資判斷；第四，研究中國央行的貨幣政策（這個可以直接決定中國股市的牛熊）；第五，研究中國經濟體的發展狀況（研究中國的投資、出口、消費等）；第六，研究個股行業政策和行業發展趨勢、行業有利因素、潛在危險與利空；第七，研究個股的行業地位和炒作題材、莊家的性質（公募、券商、私募）。個人認為，曉風的這些觀點是十分有見地的，讀者也將從本書中窺探到全球基金經理的主要投資決策研究模型。

曉風除了對趨勢投資和價值投資頗有研究外，他還更深刻地認識了股市領域的「博弈理論」，這解釋了我們讀者在趨勢投資和價值投資上感到困惑、矛盾及認為有分歧的地方。在本書中，曉風談到了沙丁魚罐頭交易案例，談到了荷蘭鬱金香泡沫事件，談到了炒作生姜、大蒜，他得出的結論是「本質上來說，股市更多地是一種資金博弈行為」，股市就是投資與投機的結合體。他說，沙丁魚罐頭到底價值幾

何、是否已經變質並不重要，理論上來說只要交易能不斷地進行，只要沒有人想到去打開沙丁魚罐頭，去質疑它到底值不值那麼多錢，那麼交易博弈就可以持續進行下去，而且在價格上漲過程中參與價格博弈的人都能從交易中賺到錢，只要不成為最後那個把沙丁魚罐頭砸在手裡的人就行了。為此，他提出「股票交易價值」的概念，認為交易價值可以脫離股票的內在價值，就像人們常說的「擊鼓傳花」游戲，別人都可以賺錢，只有接最後一棒的那個倒霉蛋例外。中國正統的股市投資理論部分脫離實際而沒有充分考慮到市場各利益主體的行為心理和利益博弈行為，並機械地試圖引導股票價格與股票價值相符合而非常厭惡市場泡沫。事實上，市場經濟領域最基本的經濟規律就是價值規律，商品價格高於價值或低於價值或與價值相符都是再自然不過的經濟現象，相反，固執或機械地以計劃經濟的思維模式試圖將價格固定在與價值相符的位置上無疑是十分可笑的。正如同曉風先生在本書中提到的「各商品行業都可能存在經濟泡沫，都可能因泡沫破裂而引發金融危機」一樣，投機博弈並不是股市所獨有的經濟現象，房地產行業乃至生姜、大蒜領域都存在投機博弈行為，美國2008年的金融危機就是由美國房地產領域的過度投機導致的。「博弈理論」只是理性地分析經濟現象和市場行為而並不是將人們導向投機從而也不應當被貼上道德的標籤。博弈理論描述的是一種競爭關係，從原始社會以來政治經濟的博弈、國家與國家的博弈、民族與民族的博弈、家族與家族的博弈乃至人類和動物為了生殖繁育而在配偶間的博弈等，其幾乎無處不在。現代博弈理論更是對金融投資領域產生了巨大的影響，2001年，經濟諾貝爾獎被授予給美國加利福尼亞大學伯克利分校的喬治·阿克爾洛夫（George A. Akerlof）、美國斯坦福大學的邁克爾·斯賓塞（A. Michael Spence）和美國哥倫比亞大學的約瑟夫·斯蒂格利茨（Joseph E. Stiglitz）。他們的研究為不對稱信息市場的一般理論奠定

了基石，他們的理論迅速得到了應用，從傳統的農業市場到現代的金融市場，他們的貢獻來自於現代信息經濟學的核心部分。前中國人民銀行副行長、前國家外匯管理局局長、現任中國進出口銀行董事長胡曉煉女士對人民幣匯率的認識及管理都是站在博弈論的角度來考慮的，在其眾多有關外匯管理的央行論文中反覆提到「人民幣匯率的升值或貶值策略，選擇何時調整以及如何調整匯率成為政府與境外投資者博弈的關鍵，讓出口經濟和人民幣匯率實現穩定，達到博弈理論中的納什均衡態勢是其在人民幣匯率調控政策上最主要的外匯管理目標」。曉風將現代博弈理論客觀地引進中國的股市無疑是專業的和科學的，股市同樣是各利益主體在資本上的博弈，一定時間內各利益主體各自力量的相互較量最終也是呈現博弈理論中的納什均衡態勢。市場經濟就是市場經濟，給市場經濟貼上道德標籤是不可取的。曉風對股市投資決策的知識理論體系是根深葉茂的，這一點完全不同於社會上缺乏基本金融知識而自以為是地充當股市專家的民間人士。

第三，思考獨到、獨闢蹊徑，面對權威、專家敢於「亮劍」，可謂「初生牛犢不怕虎」。比如，對於股市泡沫，曉風有自己的看法。有的人把股市泡沫看作洪水猛獸，曉風卻認為，適度的股市泡沫有益無害。他的理由是：在股市上漲時，很多人只看到了眼前的社會資金流入股市，好像擠佔了實體經濟的資金，以至很多人包括企業老板乃至中國經濟高層在股市上漲一段時間後就出來大喊股市傷害了實體經濟，因為眼前確實看到股市裡的資金多了而企業裡的資金少了，但他們並沒有看到股市長遠的一面，股市上漲後企業可融資的機會多了，企業可以投資的項目不缺錢了，中產階級的財富增加了，民眾消費熱情高漲了，企業銷售前景看好盈利增加再反過來促進公司股價提升，最終實現經濟上的良性循環。所以他把本書的「後記」取名為：「讓中國經濟在適度股市泡沫中前行」。

再舉一個例子，上市公司現金分紅曾經是專家、學者與投資者討論的一個熱點問題。從根本上來說，股市成熟與否，關鍵看是否樹立了「股東價值最大化」的理念，而股東價值最大化就體現在上市公司給股東正常分紅，從而使股市成為一個投資的場所而非投機的賭場上面。不過，曉風在本書中對傳統的股市投資價值觀點進行了創新，並提出了自己獨到的股市投資價值理論。曉風將股市的投資價值分為三個部分，股票除了投資分紅價值外還同時存在企業控制權價值和市場交易價值，對企業股權的爭奪其實就是對企業控制權的爭奪，這一點在商場上不言自明。市場經濟理論認為，商品的價值需要市場上的交易價值來體現，只要有人願意花錢購買，一塊破石頭也同樣可以體現其價值，相反再好的商品躺在倉庫裡睡大覺也不能說明該商品是有價值的，股票在市場上交易流通就具有交易價值，而傳統投資價值研究理論恰恰忽視了這一點。對於股票的投資分紅價值，曉風的看法是：全球股市包括中國股市都存在投資分紅價值，只不過中國的上市公司更偏向於股票分紅而非現金分紅，單純地以中國股市缺乏現金分紅來判斷中國股市沒有投資價值是一個缺乏經濟基本常識，某種程度上甚至是缺乏金融專業知識的臆想結論。他舉例說：假如一個老太太以10元每股的價格買了1,000股萬科A，一直持有了10年的時間，到今天雖然萬科A的價格還是10元每股，但這10年期間通過多次送股、配股她持有的股數增加了幾十倍。雖然每次股票分紅後，除權價格低於10元，但隨著公司利潤增長，在每次送股除權後股價都反應公司利潤，進行填權行情，也就是說每次送完股後價格除權低於10元後又經常馬上能再漲到10元每股。同時，初始購買價可能只有幾元錢一股，牛市裡價格則可能上漲到幾十元一股的價格。股票數量因分紅配股數十倍地增加，股票價格數十倍地上漲，那麼到今天很顯然地就體現了她的投資價值，她當初投入的1萬元到今天就有可能值1,000萬元了。

結論是：上市公司選擇現金分紅和選擇股票分紅其實對投資者來說，投資者的權益並沒有受到損害。其根本區別在於現金分紅是把上市公司的利潤直接從上市公司抽走分給投資者重新進入社會；而股票分紅是把公司利潤轉化為股本，繼續將利潤留在公司滾動發展。這兩者的本質區別、本質矛盾是上市公司和社會資金的矛盾而不是投資者和上市公司的矛盾。曉風認為當前中國經濟高層對股市的認識仍然不夠深刻，中國相當一部分權威媒體，甚至包括大部分的社會精英和政治精英，都只看到了股市的表面而沒有看到股市的本質，都在眾口一詞地說因為中國股市缺少現金分紅而說中國股市沒有投資價值。關於中國股市，曉風的觀點是：有錢就要買股票，當然這要選擇合適的時間和機會去買股票。曉風對於股票分紅這一問題的思考和觀點新穎獨到，其不拘一格的觀察視角對投資者而言更有借鑑意義。

當然，由於該書不是一本學術專著，作者書中的文字存在部分口語化和治學不夠十分嚴謹的問題，但瑕不掩瑜，作者對股市的認識是深刻的，其投資理論知識基礎是紮實的，投資思想有科學規範的一面。總體而言，該書確實是一本值得一讀並能讓讀者在理解中國經濟運行和增加投資理財知識方面有所收穫的好書，在開闊讀者的經濟視野和增加金融知識上會有很大幫助。

中國經濟從1978年到1992年的改革進程，十一屆三中全會放開的「短缺經濟」是經濟1.0版；1992年鄧小平南方講話到十四屆三中全會確立市場經濟主體以及中國加入WTO深入擴大全球貿易之後加入全球經濟，是經濟2.0版；黨的十八大中習主席和李總理描繪的經濟藍圖則是對國有經濟從「管經營」向「管資本」的深度轉化，是以金融和服務為載體促進企業和經濟轉型升級的經濟3.0版。在國家的改革政策春風中，中國股市將奮力前行並為中國經濟的轉型升級貢獻巨大力量，金融投資領域的投資機會將無處不在。我們應該加深對股市

和經濟的深刻認識，把握好中國經濟持續發展帶來的投資機會並與中國經濟一起實現個人財富的共同增長。而對偉大祖國而言，實現「經濟與就業同增長，創業和投資共繁榮」乃是國家富強、人民富足的根本之路。

是為序。

2015 年 2 月 28 日

於北京金融街

註：大連海事大學郭恩才教授對本序言有重要貢獻

前 言
經濟與股市

　　很多人一談到股市，都迫不及待地想知道如何選到天天漲停的股票賺大錢或在虧錢後一味憤懣地斥責股市為「賭場」而直接排斥股市，豈不知「萬丈高樓平地起」，一切「事出皆有因」。萬事萬物都有存在的理由，也都有其內在的客觀規律。

　　從本質上來說，股市是社會經濟發展到一定階段的最高產物。只要一個國家或一個經濟體的經濟逐步發展，股市就會自然而然地誕生並存在下去。因此，我們應該平和理性地看待股市並利用好股市為我們的經濟、家庭及個人實現社會價值和經濟價值。

　　要真正認識股市，必須從經濟、金錢、社會、人性等各個角度深入地思考和研究，單單盯著股市的K線和股票漲跌是不能深刻地認識股市的。人類為什麼會產生股市呢？股市又具體是如何產生的呢？為什麼說股市是經濟發展的最高階段呢？股市又是如何創造財富的呢？股市真的是零和游戲，真的是賭場麼？

　　西方哲學家說「人類一思考，上帝就發笑」，但人類正是因為有了大腦的思考才會區別於其他動物而成為地球上的主宰和精靈。很多人總覺得股市虛無縹緲，總覺得投資股市不如做實業心裡有底，看不見、摸不著的東西總讓他們感覺發虛。不過，股市背後的股票所代表的股權其實也和我們的生活息息相關，也是非常接地氣的。

舉個例子：小王想開一家餐館，假如開這家餐館需要投資20萬元，其中10萬元是房租，另外10萬元是請廚師、服務員及買菜等人工和原材料的流動資金，但是這個人的全部積蓄只有10萬元，那麼他想做成這個生意該如何做呢？很顯然，他有兩種選擇：一是向親戚朋友、銀行借債或貸款來彌補資金缺口10萬元，也就是我們大家都很瞭解的借債籌錢開店；另一種做法是找一個合夥人投資10萬元讓對方入股50%，等餐館經營起來後平分利潤，當然，要是餐館生意不好虧損了，兩人也同樣要對半承擔投資損失。從股市和股票的角度來看待這一經濟現象，第二種入股模式其實就是相當於投資人發行了20萬股的股票，他和另一個人每人以10萬元資金以1元的價格各自認購了餐館10萬股的股票。

我們看到所有的經濟活動，所有的投資，包括基金投資都萬變不離其宗，無非是債權投資、股權投資或二者兼而有之的混合投資模式。這其中，銀行有兩種投資模式：一種靠放貸吃利息為運作模式，最主要的代表是中國目前的中、農、工、建、交及其他股份制商業銀行，為信貸銀行；另一種靠投資入股分享企業經營利潤賺錢，即股權投資模式，其主要代表是美國的高盛投資銀行、摩根大通投資銀行、摩根斯坦利投資銀行等。債權投資和股權投資在國家層面上規範發展起來的債券投資市場和股票投資市場構成了全球範圍內最大的兩大投資場所——債券市場和股票市場。其他華爾街眾多金融家、數學家絞盡腦汁發明的所有金融衍生品本質上都是建立在這兩大投資市場之上，有史以來人類的所有經濟投資活動都逃不開這兩大投資模式。

從商業經濟或市場經濟的角度來分析股票投資市場，其實跟大家平常生活中做生意的模式本質上是完全一致的——低價買進、高價賣出。至於商業信息的不對稱、暗箱操作和投資虧損在任何生意、任何行業都是客觀存在的。沒有哪個生意可以永遠做到100%賺錢，只是

因為股市是經濟發展的最高形式，市場大幅波動放大了人性的貪婪與恐懼。

市場波動過大讓大家感到了股市的不可捉摸甚至虛無縹緲，但這並不意味著股市的絕對罪惡與絕對黑暗。中國股市與世界上其他國家的股市一樣都存在著信息不對稱帶來的內幕交易和內部操縱問題，即使有上百年歷史的美國股市也無法做到盡善盡美，杜絕一切操縱，但這並不等於直接要把中國股市定義為賭場而推倒重來或直接關閉。

當前來看，中國經濟改革開放30年來已經建立了門類齊全的工業、農業、服務業等產業體系，但同時也出現了嚴重產能過剩的經濟現象，消費市場低迷不振，企業迫切需要進行優勝劣汰、轉型升級，這一切經濟的發展需求更離不開中國股市對社會不良企業的篩選作用。

中國經濟要進一步高質量發展前行需要大批投資銀行的快速發展而非信貸銀行的持續膨脹。歷史上，荷蘭發生過「鬱金香事件」，美國在1929年發生過股市崩盤和金融大蕭條，但西方資本主義國家更多地是在享受股市大發展對本國經濟發展帶來的好處。很多時候，美國股市在連續下跌20%時，美國總統就會出面直接發表講話支持股市，美聯儲更是直接採取購買債券或股票的方式向社會釋放流動性貨幣。因為，股市背後代表的是國民財富增長或減少，是經濟增長和社會就業。

隨著中國經濟高層對股市經濟戰略意義的認識逐步到位，中國股市也將真正獲得長足的發展並真正發揮其對中國經濟的積極作用。對社會個體而言，俗話說「你不理財，財不理你」，對於股市這一全球範圍內最大的資本投資市場，我們不能漠視，更不能敵視和詆毀，把握好國家政策和股市投資機會，分享國家經濟發展機會，賺取合理投資利潤才是我們應該做的。

當然，我們也無法強制性地去改變別人的觀點，對於冥頑不化的

少部分人我們不妨引用但丁的名言,「走自己的路,讓別人去說吧」去對待。不過,股市畢竟是對專業投資能力要求非常強的投資場所,美國的股市也主要是將民眾的資金通過專業的投資基金公司來參與股市投資。股市波動的風險非常大,筆者也更趨向於建議大家把資金交由專業的投資基金公司來打理,既參與股市把握住了投資機會又不用承擔因自己專業投資知識和投資能力缺乏而帶來的盲目投資風險。

在本書的前半部分,筆者將盡力用自己從經濟、金融、金錢、哲學等角度獨立思考所得出來的思想為大家解釋股市的本質和內在運行規律,然後筆者將聯繫中國股市30年以來的具體發展探討一下如何在股市投資賺錢這樣一個貼近生活的實質性問題。筆者是一個凡事都要問個為什麼並希望找出理論根據進行充分論證的人,因此,針對股市投資和股市制度上的一些問題,筆者也將從經濟更深層次的角度上來和大家理性探討。站在人生的角度和歷史的長河中來看,股市也只是人生歷史長河中一朵小小的浪花,我們應當從哲學的高度來看待股市,即達到佛家「出世」與「入世」的境界方能稱得上有所成就。從人類金融發展的歷史來看,美國金融市場無疑是世界上最發達的資本市場。西方的哲學和宗教以基督教為基礎而更注重實踐檢驗,對於股市投資,華爾街最推崇的是心理學和博弈學知識,筆者也將在本書中和大家對這方面進行探討和交流。整體而言,本書是一本同時注重股市理論和股市實踐的金融書籍,同時,本書所有內容都是筆者獨立思考得出來的結論和想法。本書全是筆者以第一人稱的口吻來和讀者交流股市投資思想和人生感悟,筆者更願意成為大家的親切朋友而不是說教老師,盡量做到如朋友、故人般親切交談而不是嚴肅老師的刻意說教。筆者在本書裡所提出的很多思想觀點都是自己獨立思考得出的,但能夠對股市有自己獨到的一些認識卻也離不開大學裡學到的金融基礎知識和財務基礎理論提供的支持。例如,大學裡學到的金融

學、貨幣學、統計學、概率論、財務會計等知識就對筆者的相關思考提供了必要的知識基礎。本書文稿最先發布於天涯社區經濟論壇，筆者在上海創立的合夥制陽光私募基金公司的幾位股東就來自於筆者的這些文稿在天涯社區的最初讀者。對此，筆者十分感謝天涯社區給予筆者這個實現自我價值的機會，本書也將對很多天涯網友有關股市的提問和觀點進行交流探討。

對於本書的最終出版，筆者在感謝西南財經大學出版社的同時更是十分感謝母校大連海事大學給筆者提供的大學學習機會以及母校經濟管理學院的郭恩才教授和李琳老師的金融財務知識傳授。郭恩才教授是我們大連海事大學金融專業的碩士生導師，是中國知名的金融專家，在金融方面有很多獨到的見解。郭教授在中國金融出版社先後出版了《解密私募股權基金》《解碼金融——金融危機與美國夢》《解析現代金融十大迷局》《經典金融故事匯》《做巴菲特的研究生》等多本金融著作，在中國財政經濟出版社出版了《向財務自由出發》一書，同時還編寫了我校的《國際金融教程》作為我校經濟院系本科生的學習教材。郭教授是真正金融領域的學術大家，對筆者而言，得以有機會在大學校園裡聆聽郭教授的金融知識課程是本人學業上的莫大榮幸，筆者也從郭教授的金融課程中獲益良多，在這裡也向郭教授表示深切的感謝。此外，大學裡教筆者財務管理課程的李琳老師還曾經在她的財務管理課程結業後單獨送給筆者一本財務會計辭典並在辭典上親筆簽名題詞，只可惜走向社會後這本頗有紀念意義的財務會計辭典在一次搬家過程中丟失了，但筆者仍然時常記起李琳老師授課時的從容睿智和無比親切的笑容。筆者在大學校園讀書時經常感嘆不知道學習那些書本知識有什麼用，但走向社會卻經常有想再把那些大學教科書重新讀一讀的感覺，這也就是大家常說的「書到用時方恨少」吧。再次對母校大學裡傳道授業解惑的教授老師們表示感謝並祝他們平安

健康，也希望讀者能和筆者進行金融投資方面的探討並指出本書的不足之處，以便進行後續的改進。

深圳市央付寶電子商務有限公司　投資總監

譚曉風

目 錄

1 股市五問   1
    一、股市是賭博麼？投資股市到底賺誰的錢？股市是零和遊戲麼？   3
    二、股市裡如何賺錢？怎樣理解「順勢而為」的股市投資哲學？   12
    三、點金術為何是「大道至簡的 60 日均線」？   14
    四、借錢炒股為何違背「大數定律」不可取？   42
    五、股票、股權、實業及財富有何關係？   47

2 研究經濟和研究股市的方法   69
    一、證券公司股市投資決策模型   69
    二、筆者股市投資決策模型   74

3 股市困惑答疑與基金營運探討   92
    一、股市運行機制答疑   92
    二、股市投資操作答疑   119
    三、股市與經濟綜合答疑   141
    四、股票型基金營運探討   148

4 抓住股市的本質——價值規律   168

後記 讓中國經濟在適度股市泡沫中前行   179

1

股市五問

筆者是一個唯物主義者，一直堅持認為萬事萬物都有其客觀規律。只要人們能發現事物的客觀規律就能讓事物為我們所用。從自然科學上的牛頓定律和愛因斯坦的相對論，到人文學科上的哲學思想和心理學理論等，人類歷史的發展經驗都說明了這一基本規律——宇宙自然都有其客觀規律。同樣，股市也只是社會形形色色萬千客觀事物中的一種，只要我們能發現並掌握股市的客觀規律，我們就能利用股市通過投資獲得相應的投資回報。

當前中國的股市上70%的人虧錢，20%的人不虧不賺，只有10%的人賺錢。我過去幾年來一直思考的一個問題是：為什麼我不是那10%的人當中的一個，為什麼我就注定是70%虧損人群中的一員？當然現在也算有些許自己的心得和體會，並能在中國的資本市場上有實際性的投資收益，在這本書裡我將和大家就股市方面的問題交流探討一下。

筆者主要提煉出五大問題來和大家對股市進行探討，這也是讓很多股市投資者倍感困惑的幾大問題。

問題一：股市是賭博麼？投資股市到底賺誰的錢？股市是零和游戲麼？

問題二：股市裡如何賺錢？怎樣理解「順勢而為」的股市投資哲學？

問題三：點金術為何是「大道至簡的60日均線」？

問題四：借錢炒股為何違背「大數定律」不可取？

問題五：股票、股權、實業及財富有何關係？

這五大問題其實都是圍繞著一個主題或者說一條線索來展開的，這個主題就是「金錢」。上面五大問題又可從金錢和股市投資的思考角度來進行細分，主要圍繞著什麼是金錢？為什麼要賺錢？具體到股市裡賺誰的錢？股市裡的錢是怎麼流入、流出的？在股市裡怎樣投資才能賺到錢？等一系列金錢上的問題來和大家探討交流。前面兩個問題主要談及金錢的本質和通貨膨脹，個人認為，對理財專業人士來講，如果連金錢到底是什麼都不明白的話，那麼他就根本沒資格來和別人談理財。因此先探討清楚金錢的本質是什麼、貨幣是如何發行的等幾個基礎性的問題後才可引申開去談在股市裡怎麼賺錢的問題。在給大家解釋了金錢到底是什麼和股市到底在賺誰的錢後，我將會在第四個問題中和大家探討在股市裡怎樣賺錢，為大家提出本書中的股市點金術「上證指數60日均線」。並且，我將聯繫股市實際來驗證這個指標的實戰性和可操作性，即大家能不能通過我說的這個點金術指標在股市裡賺到錢。有句古語說得好，「以史為鏡，可以知興替」。我會就中國股市歷史上9次牛熊轉換來給大家驗證我提的點金術指標的可操作性。實踐是檢驗真理的唯一標準，我的這個點金術到底能不能賺到錢，我會從實踐上給大家驗證。第五個問題我會給大家講解我提出的這個點金術指標的科學依據和理論根據。最後一個問題，不能借錢炒股的問題，我也會從科學理論上給大家解釋這個問題的根本原因。這個就是我在本書中要說明清楚內容的基本概括，即「六大問題一個主題」或者說「六大問題一條線索」。

一、股市是賭博麼？投資股市到底賺誰的錢？股市是零和游戲麼？

要回答這個問題，我們需要先認清金錢的本質，即什麼是鈔票，什麼是金錢之貨幣本質？

我們每個人每天都離不開金錢，每天都在使用金錢。或許大家都知道需要去賺錢，整個心思也都用在怎麼去賺錢，怎麼去賺更多的錢上。但大家有沒有想過這金錢到底是什麼東西呢？金錢的本質到底是什麼呢？

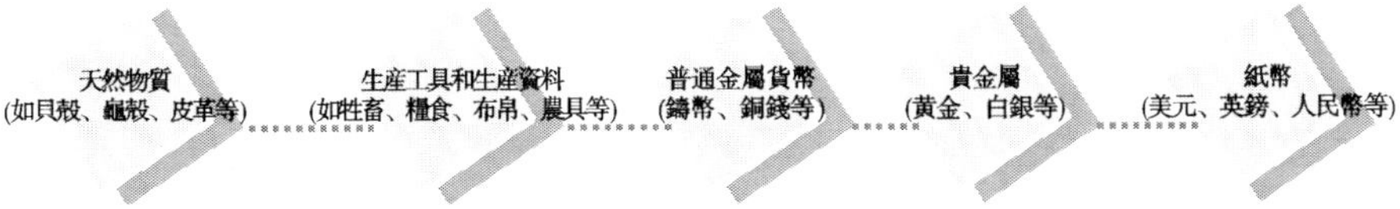

天然物質	生產工具和生產資料	普通金屬貨幣	貴金屬	紙幣
(如貝殼、龜殼、皮革等)	(如牲畜、糧食、布帛、農具等)	(鑄幣、銅錢等)	(黃金、白銀等)	(美元、英鎊、人民幣等)

圖 1-1　貨幣的產生

從圖 1-1 中我們可以看到人民幣在中國的貨幣歷史上所占時間其實很短，不管是什麼物質（金屬或者紙幣）來充當社會商品和服務的媒介，金錢或者說鈔票只是一種交換媒介、一種交換工具，本質上是一種由國家政權強制力保障的用來充當交換工具的一般等價物。

現代貨幣銀行學、現代金融學及現代經濟學認為，現代國家的貨幣發行必須有相應的物質基礎做儲備，一個國家或經濟體的貨幣是不能無限量印刷發行的，擔任貨幣發行儲備的可以是黃金、外匯、全社會生產的商品總量等，但對人類貨幣構成最堅實發行基礎的則是滿足人類最基本生存需求的糧食、油鹽、布匹和醫藥等生活必需品。

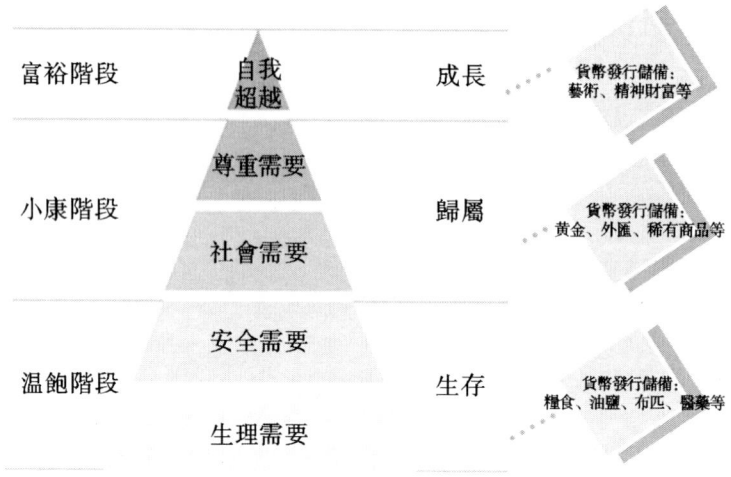

圖1-2 人類不同需求對應的貨幣發行儲備

　　將賺錢落實到生活和社會實際，這就關係到我們從事什麼行業什麼工作來獲取金錢的問題了。俗話說「三百六十行，行行出狀元」，新中國成立後，我們國家已經建立了門類齊全的工商業。同時，每一個經濟行業大類下面都可以細分出幾十上百個子行業。理論上來說，只要存在人類需求的地方就會自然而然地出現相應的產品或服務，經濟因人類的需求而產生並發展。各行各業都在朝前發展，都可能存在著新的投資機會，不管是農林牧漁還是工商、消費等各行業都存在著可以讓我們賺錢謀生的機會，只要我們付出辛勤勞動和汗水就可以讓我們獲得相應的金錢而謀生。不過，人的視野和眼光往往決定著其發展高度，我們站在整個國民經濟運行的高度來看待中國的經濟發展，就可以發現更多實體產業的賺錢機會。通過對中國經濟產業發展進行分析，我們可以很清晰地看到中國的實體經濟產業構成，也可以很明顯地認識到當前中國經濟主要由國有企業控制了包括石油、煤炭、鋼鐵、電力、化工、航空、鐵路、銀行、醫療等主要經濟產業，國有經濟在國民經濟中占據主導地位。而民營經濟主要集中於紡織、服裝、餐飲、農林牧漁等第一產業和少量第二產業輕工業領域。國家在向著繼續市場化的方向繼續發展，市場競爭環

境下的實體經濟產業環境將為我們提供更廣闊的舞臺，黨的十八大以來的國有企業混合所有制改革將為廣大民眾提供更多發展機會。根據中國統計局相關經濟數據統計分析，中國當前實體經濟主要產業分佈如圖1-3所示。

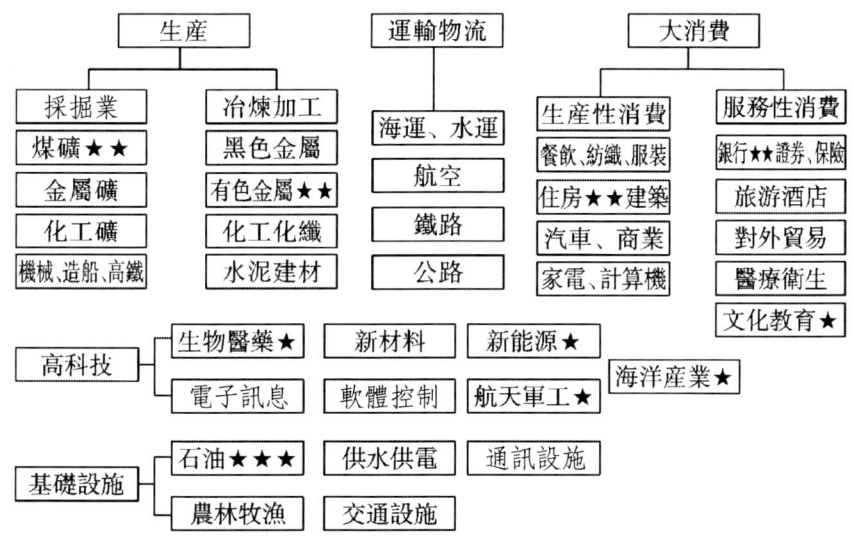

圖1-3 中國經濟產業分佈圖

實體經濟領域實際運行中，貨幣是經濟運行的「血液」。出於交換商品或服務的需要，發行的貨幣一直處於流動之中，股市裡的資金也是隨著交易的進行而不斷向不同的機構或個人進行流動，對於「股市裡賺錢到底賺的是什麼錢」的問題我們來研究一下股市生物圈的資金是如何流入的。我們在股市裡投資到底是賺誰的錢呢？是不是只是簡單地把錢從一個股民的口袋掏出來放到另一個股民的口袋裡呢？股市裡的資金是不是僅僅是社會資金的重新分配呢？從圖1-4中我們可以很清楚地看出，我們在股市裡到底賺的是什麼錢。正常狀況下在股市裡賺的錢應該是上市公司的分紅和社會戰略投資者的收購資金。但其實中國的股市賺的錢大部分來源於上市公司資產升值情況下的資本利得，即股票差價。一定程度上，你賺的錢可能是別人虧的錢或是國家註資股市的錢等，但這並不能讓我們簡單粗暴地得出中國的股市就是賭場，沒

— 5 —

有投資價值的結論，那樣簡單粗暴地看待股市只能說明對股市的理解很有限。

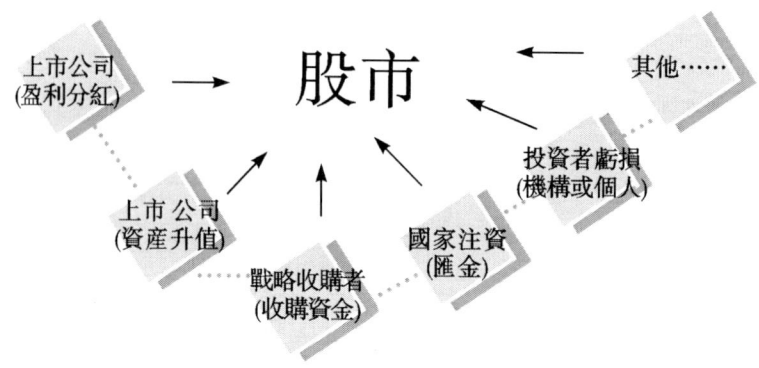

圖1-4　股市生物圈的資金流入

　　股市下跌時投資者都感到非常恐懼，更是納悶下跌後損失的金錢去哪裡了。熊市裡大部分人虧錢，那這些投資者虧的錢都虧到哪裡去了呢？由於股市投資與實體經濟中通常有實實在在的貨物商品不同，股市投資者在虧錢後感覺自己在股票下跌後損失了金錢但並沒有得到實在的商品，不像傳統生意一樣即使賠錢了最起碼還能得到一堆貨物，而股票投資中股票帳戶中存留的股票則感覺還是沒有做生意失敗後留下的商品貨物實在，以至於很多人覺得股市太虛，覺得股市像一個吸納資金的「黑洞」，錢虧了都不知道虧哪裡去了。這裡，我們有必要以科學理性的態度來認識一下股市的資金流出結構，與物理學中的「物質守恒定律」一樣，股市裡的貨幣資金也同樣是「守恒」的，所有投資者投入的資金貨幣也只是進行了轉移而不是憑空消失，股市並不僅僅是「圈錢」的資金「黑洞」，而是實實在在地為實體經濟服務。

　　從圖1-5中，我們可以知道國家、機構或個人投入股市的錢也不是憑空消失了，有的是真正被上市公司募集起來去做產品研發或市場開發，可能等下個會計年度末這些企業確實賺到了利潤最終會以分紅的形式回報給股東。很顯然，這種資金募集運作及投資模式其實才應該是股市真正的發展方向。目前中國的股市確實還不規範，很多上市公司把募集來的錢不是去做企業新

的項目投資，而是都拿去出國購物或者直接轉入大股東私人帳戶供某些大股東個人揮霍。這類掏空上市公司的行為極大地損害了上市公司股東的利益，但不能認為全部上市公司都是如此作為，股市的前景仍然是光明的，股市對國家對經濟仍然有非常大的正面作用。另外股市的資金還以印花稅的形式流入了國家財政部，以過戶費的方式支持了證券交易所，以交易佣金的形式養活了證券公司。當然，股民虧的錢也完全有可能進入其他炒股技術更為厲害的人帳戶裡，成為別人賺取的投資利潤。

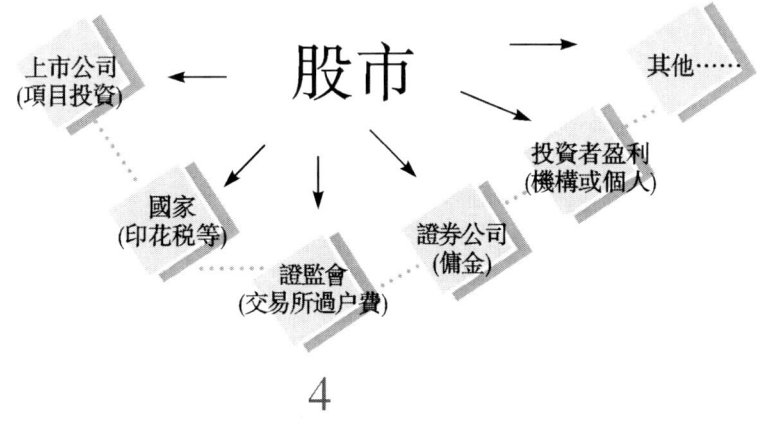

圖1-5　股市生物圈的資金流出

雖然股市與金錢和經濟密切相關，但股市又不同於實體經濟，不存在像實體工廠或商店那樣以銷售實體商品獲得經營利潤的經營模式。簡單的交易買賣行為能產生投資利潤麼？這是不是一場類似於賭博的金錢投機游戲行為呢？股市有投資價值麼？投資股市到底賺誰的錢？股市是零和游戲麼？股市跟平常大家的打麻將或紙牌游戲是否有區別呢？關於這幾個問題，大家每個人應該都有自己的看法，但簡單粗暴地把股市等同於麻將和紙牌游戲類的賭博行為還是不可取的，股市裡的資金流動並不是如賭博游戲一樣總貨幣是固定的。隨著上市公司的發展壯大，中國股市從幾十億元市值已經發展到了今天幾十萬億元市值的規模，股市每天的成交量已經從幾億元發展到了現在滬、深股

市加起來幾十萬億元的交易量，最直接地反應了股市並非零和遊戲。股市通過股票背後的上市和經濟緊密相連，甚至上市公司經營的好壞最直接地影響到上市公司員工的就業，很多員工的工資都有可能是上市公司用從股市上募集的資金來發放的，甚至股市中上市公司股票的表現狀況與職工待遇這一微觀經濟現象也密切相關。一般來說，上市公司股票表現好說明投資者看好上市公司的發展，該上市公司的產品銷售狀況良好，利潤增多改善了上市公司的業績並提高了職工工資水平和福利待遇，社會資金才會不斷買入該上市公司的股票從而推高其股票價格。

其實股市裡的錢到底是怎麼來的，股市裡到底賺誰的錢，這兩個問題很簡單。從分析股市裡金錢是怎麼來的這個問題，你也能很清楚地看到股市跟賭博還是有本質區別的。當然兩者在某些地方還是有相似的地方，很多人也被表象迷惑了而沒有認清股市的本質，堅持認為股市就是國家開立的合法賭場。其實仔細分析一番我們可以看到，股市裡的資金來源主要分為三個部分（買本《證券市場基礎知識》看看就能瞭解清楚）：①投資分紅，上市公司經營利潤分紅；②資本利得，也就是最現實的股票價格差價；③資產增值，戰略投資者收購溢價。下面就這三點進行詳細解說。

第一，投資分紅，上市公司經營利潤分紅。在這裡我給大家舉一個例子來探討：假如你和一個朋友每人投資了10萬元去開個飯店，各占50%的股份，飯店租金每年10萬元，另外10萬元買鍋碗瓢盆等廚房用具，做流動資金。你們合夥經營一年後，年底一算帳，賺了10萬元，那麼很顯然，你們按照各自的股份每人應該分到紅利5萬元。在股市裡，也是一樣的，投資者投資的上市公司通過生產經營在社會上賺到錢了，理應每年分給投資者相應的紅利。當然目前中國的上市公司都是「鐵公雞」，一毛不拔，只願意股票分紅而不願意現金分紅，但這是中國股市設計制度上的問題，並不能改變股市中仍然存在上市公司利潤需進行分紅的事實。不過，相對於中國股市忽略股市現金分紅而言，外國成熟的股市年底分紅則是他們投資股市最主要的利潤來源。中國的上市公司更傾向於股權分紅，希望把經營利潤留在公司滾動發展。不過，

雖然現在中國的股市還很年輕，像公司利潤分紅、信息披露等很多方面不規範，但長遠來看，今後的中國股市也肯定是朝著股市分紅規範發展這一根本方向前進的。

　　第二，資本利得。還是從開飯店的例子來看。如果你們開飯店很順利，那麼每年都應該分紅，但是假如某一年生意不好做，你們的飯店不但沒賺錢反而天天虧本，這個時候你和你朋友作為老板可能會心裡很不爽，怎麼辦？實在不行，轉讓賣掉。但是大家想一想，在虧本的情況下有誰願意來接你的店？店裡天天虧，你實在受不了，打算堅決賣掉。那只有一個辦法，折價轉讓。可能你店裡鍋碗瓢盆和房子當廢品賣都不止賣5萬，但事實上因為生意不好存在虧損可能賣5萬都不一定有人要。假如這個時候有另外一個老板眼光好，判斷店裡情況馬上就能好轉，敢5萬元接你的店，那麼等到第二年經濟一好轉飯店從虧損轉入盈利，那麼他到手的店子很有可能達到20萬以上的市值。

　　可以看到，這樣一筆股權收購的交易讓他賺到了超4倍的利潤。股市裡也是這樣一個道理，遇到熊市，股票一路下跌，很有可能哪一天跌到公司當廢品賣也沒人買的價格，這個時候你要有眼光和勇氣敢於買進，只要這個上市公司不倒閉，一旦經濟好轉公司賺錢，到時候股價肯定能翻幾番。這個投資差價事實上就是股市上所說的波動差價，這是目前中國股市投資最主要的利潤來源。從這裡其實也很清楚地揭示了該怎樣去投資股票，答案很簡單，那就是以一顆平常的做生意的心來買賣股票：低價買進，高價賣出。本質上而言，股市上的股票即是企業的所有權，買賣股票就是在買賣企業，這和普通生意，比如說賣房子、賣車子賺錢一回事，只是商品的標的不同罷了。當然，股市裡的股票容易受到市場情緒的波動出現股票價格遠遠偏離股票價值的情況，而不是像普通的房子、車子那樣穩定地賺取銷售利潤提成，但本質上買賣股票也只是一門普通的生意而已。

　　第三，戰略投資者收購。如果你們飯店開得很好，或者說店址選得很好，說不定哪一天被香格里拉酒店集團相中了，香格里拉酒店集團想收購你們的飯店。那麼很顯然，要把飯店賣給香格里拉酒店集團，就要把飯店的控制權

出讓給他們。作為飯店原來的老闆、控股方，要把自己對飯店的控制權轉讓給別人，那麼香格里拉酒店集團就必須拿錢來買。這個時候你和你的朋友從生意上來講顯然可以漫天要價，坐地還錢，直接要香格里拉酒店集團出20萬、50萬甚至100萬元的價格來購買，這樣的話出售這個飯店就能賺到高額的利潤。在股市裡，大家經常會聽說併購、兼併重組之類的事情，其實就是類似於飯店轉讓之類的股權收購行為。很顯然，如果某個公司被另外的公司併購成功，公司原來的股東肯定要獲得相應的報酬才會將公司控制權賣給收購方甚至可以因為價格沒有達到預期而拒絕收購。例如，微軟收購雅虎，要取得雅虎的控制權，微軟必須付出相應的代價，必須支付市場認可的金錢來換取雅虎50%以上的股票，而雅虎原來的股東則必定能賺到相應的超額利潤。

　　股市裡的股票交易其實並不神祕，上市公司的併購重組其實跟買賣其他商品差不多，只不過交易標的不同罷了，普通生意用金錢交換的是普通商品，而股權交易中交換的則是對某一上市公司的控制權、分紅權、營運權等。還是那句話，從中國目前股市的投資價值來源分析來看，我們更應當把股票當作一門生意，當作一門虛擬商品股票（股權）的生意！應當從做生意的角度，從商品經濟價值規律的角度來投資股票，做到低價買進，高價賣出即可。

　　股市裡金錢的來源、貨幣流動及產業轉換也揭示了做股票投資的最高境界：金融資本與實業資本相結合，通過金融資本去控制實業資本、實體產業才是做股票的最高境界。金融投資和實業投資本質上是相通的，一個企業股權轉讓了，其實也就是股市背後的實體產業轉讓了，股票價格的高低最根本地是由上市公司生產銷售營運的最後經營業績來決定，金融資本和實業資本是相互融會貫通、互相依靠支持而非絕對孤立存在。通過金融資本控制上市公司並通過把上市公司的業績做好反過來促進公司股票價格的上漲同時在實體產業和金融資本上賺錢，這才是投資股市最可取的投資模式，僅僅只沉迷於獲取資本利得意義上的股票差價利潤實未真正理解股市。目前，就中國來講，我所知道的做到了這個境界的人只有兩個人：劉益謙和陳發樹。

　　劉益謙和楊百萬是同時代的人，倆人也都抓住了中國股市最早的同一投資

機遇，都從買賣股票認購證和國庫券中賺到了人生的第一桶金。但他們倆各自不同的股市思想層次直接決定了他們倆今天截然不同的命運。現在上海的楊百萬已經淪落到和兒子媳婦開投資公司到處騙股民會員費，靠楊百萬的過氣招牌招搖撞騙的地步了。而劉益謙，大家可以看一下股票，天茂集團（代碼000627）的股東資料，劉益謙已經是天茂集團的董事長，並且為第一大股東，絕對控股天茂集團。其實很多人說中國的股市是賭場，說中國的股票沒有價值，那麼我問大家一個問題，假如你控制了某家上市公司50%以上的股份，成了這個公司的董事長，你可以決定公司所有人員的工作去留，你還會認為股票沒有價值嗎？

陳發樹現在是福建首富，他的發家也很簡單。他以前一直是開超市的，是福州新華都超市的創辦人，只是個傳統行業的個體大老板，在福州或許還能算個人物，但讓他真正成為福建首富卻是通過紫金礦業（股票代碼601899）而實現的。當時紫金礦業所在的紫金山很多人不看好，認為礦石品位過低採不出金子，股票幾毛錢一股都沒人要。但陳發樹有眼光，認為現在採不出金子，但技術會不斷進步，總有一天會採出金子的。陳發樹以幾毛錢一股的價格收購了大部分紫金礦業未上市時的股份，等到紫金礦業以十幾元的價格上市時，大家可以想像一下，股票從幾毛錢翻到十幾元是多少倍的利潤。紫金礦業原始股的投資讓陳發樹的個人財富迅速膨脹，嘗到甜頭的陳發樹在引入唐駿後又開始投資雲南白藥（股票代碼000538）的股權，後來與控股雲南白藥的控股股東雲南省國資委還展開了對雲南白藥控制權的爭奪訴訟案件，這一案例在中國資本市場上也引發強烈關注。

其實，從中國的福布斯富豪排行榜上很能看出一個問題，那就是中國的富豪要麼是做房地產的，要麼是持有某家上市公司大量股票的大股東。例如，很多80後的富二代就是靠父母上市公司轉贈的大量股權而登上富豪榜的。這也揭示了中國要想成為富人的具體途徑，至少目前來看是這樣的：即大富靠房地產，中富靠控股上市公司的大量股票，小富靠炒房和炒股票。大家從自己身邊接觸的大量人和事以及社會現實當中也能看出這一點。

金融是離「印錢」最近的行業，美國通過控制全球金融資本基本上間接地控制了全球的產業資本，2008年美國金融危機就直接讓全球產業大蕭條，金融市場與實體產業緊密相關。金融資本與產業資本並不是相互孤立、相互脫節而是相互牽制、相互融合的，金融資產價格過低可能會引來實業資本的收購，而實體產業也同樣可以被金融資本收購而迅速發展壯大，對於投資者而言，把金融資本與產業資本相融合是投資的最高境界。當然，我們在實際社會生活中對於股市和實業的態度則部分出現了極端現象，做實業的認為股票很虛，瞧不起做資本投資的甚至對企業上市有很多抵制，做資本投資的則更多地追逐投機利潤而忽視實體企業的運作。其實這兩種認識都有其欠妥當的地方，資本和實業的關係應該是相互融合、相互變通而不是相互對立、相互矛盾。

二、股市裡如何賺錢？怎樣理解「順勢而為」的股市投資哲學？

我們來談第二個問題：什麼是股市？為什麼要投資股市？

這裡牽涉到了貨幣的通貨膨脹因素。其實在前面第一個問題當中我們看到了國家擁有貨幣發行權，那麼國家掌握了貨幣發行權，又會對我們的經濟和生活產生什麼影響呢？我在這裡給大家提出第二個假設性的問題：假如國家發行貨幣時，「一不小心」印多了，這對社會經濟又會產生什麼後果呢？

鈔票印多了，其後果很簡單，那就是社會商品和服務的大漲價，也就是經濟上的「通貨膨脹」。因為一定時期內，社會生產的商品數量是一定的，也就是說短時間內社會的財富是有限的。貨幣印多了產生的後果只有一個，那就是社會商品大漲價，這就是大家經常聽到的通貨膨脹。除了計劃經濟時代的價格管制時期，改革開放幾十年來，中國經濟高層的貨幣政策一直是：保持適度的通貨膨脹是需要的，也是必須的。這也是中國人民銀行貨幣政策委員會委員們說的原話，通貨膨脹是客觀存在的而且是政府主動推動的。經濟要

向前發展就需要通貨膨脹來推動社會的民眾去創造更多的財富和商品，以抵消通貨膨脹帶來的資產貶值不利影響，從而保持其生活質量的穩定和提升。為了讓我們的生活質量不降低，要享受到同樣的物質生活，或者過上更好的生活，我們就必須努力地去賺取更多的貨幣，即賺取更多的金錢。因為你只有擁有足夠的金錢才能在這個社會交換到也就是買到我們生活中想要的物質，滿足我們的需求。

一般來講，我們獲得金錢的主要途徑如圖1-6所示：

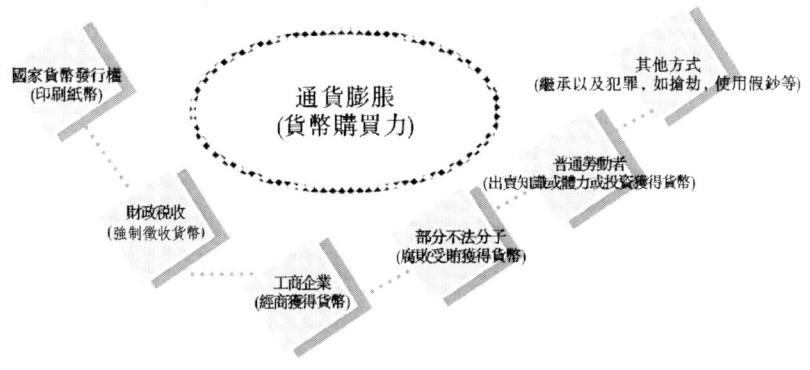

圖1-6　貨幣鈔票的金錢本質

我們大家一般都是通過什麼方式來賺錢的呢？我想這個問題每個人心裡都有一本自己的帳。從圖1-6中我們還可以認識到，在各種獲得金錢的方式上，也有一個很明顯、很容易理解的道理。大家可以思考下，我們可以認識到，對於普通老百姓來講，無論大家通過什麼途徑賺錢，讓自己的資產增值，都永遠比不上國家印刷鈔票來得快。從理論上來講，國家想要多少錢就能有多少錢，因為那只是中國央行貨幣決策委員會貨幣發行方案上的一串數字。任何個人或團體，無論你們多有錢，就算你是中國首富或華人首富，單純就金錢上來講，在國家的力量面前，在國家的印鈔機器面前，任何個人或團體的力量都是渺小的和微不足道的。何況，對國家而言，除經濟力量之外還存在更為強大的政治軍事力量。

過度印刷鈔票會導致物價上漲從而形成通貨膨脹。通貨膨脹這一經濟現象

對普通老百姓來講就會產生一個很現實、很嚴峻的後果，就是印刷鈔票會極大地威脅到老百姓銀行存款的價值。因此把錢存在銀行是最不劃算的方案，把錢投資房產、股市、債券、收藏或做生意等，讓資產保值增值才是戰勝通貨膨脹、讓錢值錢的唯一出路。

除去做生意，對於普通老百姓而言，可以選擇的投資理財途徑無非有這麼幾個：①房產；②股市；③基金；④國債；⑤收藏品。普通老百姓不具備囤積居奇，哄抬商品價格的能力與實力，炒作古董、油畫、大蒜、生姜、普洱茶、玉石、翡翠、紅木家具等都需要非常強的商業運作能力。目前中國民眾最主要的投資途徑還是房產和股市，在本書中給大家分享的也主要是股市方面的投資，其他方面的投資，比如說投資基金、房產、債券、藝術品等，其實在理論上和具體操作上與股市投資也是相通的，這些投資方式與做實體生意的投資方式也都是有著很多共同之處的。股市無非是其中一種投資手段，當然，至於能不能通過股市賺錢，讓資產保值增值，這就看各人的股市投資水平了。如何能夠在合適的時間以合適的價格買入合適的股票，並在合適的時間以合適的價格拋售股票賺取到股票的上漲收益，能否成為賺錢的 10% 的人當中的那一部分而不是成為虧損者則要看各自的天賦和領悟了。

三、點金術為何是「大道至簡的 60 日均線」？

前面和大家探討的股市上的幾個基本問題，都是理論上的問題，下面我們來探討一個實際的問題：即到底在股市裡具體應該怎樣做才能賺到錢？在對金錢、經濟和股市有了一定的認識後，我們再來談一談具體在股市中怎樣去投資賺錢的問題，這要求我們深刻理解投資哲學意義上的「順勢而為」思想，因為只有「順勢而為」才能把握牛市機會賺到錢，任何逆勢而為的投資行為或投機行為則必定要受到市場的懲罰從而帶來投資虧損。

大家都聽說過「順勢而為」，但「順勢而為」的真正含義是什麼呢？也許

很多人並不能說出個所以然來，很可能只是一種直覺的讚同，而忽略了「順勢而為」的真正內涵。其實真正的「順勢而為」是順牛市的勢，逃熊市的勢。牛市的勢堅決要加入，因為只有這樣你才能抓住國家給的賺錢機會。而熊市的勢我們又必須及時迴避，否則很可能把賺的錢又吐回去，甚至連本金都可能輸進去。

對於一個專業的投資者來說，判斷出牛熊市是最基本的能力。如果連牛熊市都判斷不出來那就根本沒資格談股市。事實上很多人連什麼是牛熊市都回答不上來，現實中很多所謂的「股神」表面上一段時期內推薦的股票似乎都漲得不錯，其實這都是拜牛市的勢所賜。在牛市裡，就算隨便扔飛鏢去推薦股票，也不會比所謂「股神」的股票差多少。而一旦熊市來臨，所謂的「股神」則立馬被打回原形而銷聲匿跡。很多時候，不僅僅股票，其他生活中的問題乃至政治問題都需要借助「勢」來推進，所謂「因勢利導」是也，一般順勢而為才能把事情做成功而逆勢而為則可能事倍功半甚至頭破血流，股市上投資股票也同樣如此而且對「勢」的分析更為重要。在股票的下降趨勢裡做多往往會最直接地導致投資損失，抱著僥幸心理去希望股票上漲而不考慮股票的趨勢，其後果是非常嚴重的。

那麼這裡又產生一個問題，判斷市場牛熊趨勢的標準是什麼呢？到底什麼時候是牛市要來臨了，可以買股票？什麼時候熊市要來了，不能買股票？還有想在股市抄底的，往往抄到了18層地獄下的第19層，可第19層下還有第20層、21層等更低層，股價低位下可能還有更低價位。那麼什麼時候該抄底，什麼時候不該抄底？其判斷標準又是什麼呢？這一系列的問題都歸根究柢地反應到一個最基本的問題：必須先判斷出勢，然後才能順勢。

以上的判斷市場趨勢問題很多人都會提到很多股市技術指標如 KDJ、MACD、RSI等，很多股市投資理論如江恩理論、道氏理論、艾略特波浪理論等，甚至還有很多金融數學家建立了很多千奇百怪的數學投資模型和電腦選股模型等，各人的投資決策方法各有千秋也各有其理論基礎，筆者不好去多做評論。在本書中，筆者從股市實踐中總結出來給大家推薦的股市投資點金

術指標則是「上證指數60日均線」。這裡先不討論選擇這個60日均線標準的理論依據和科學根據，先結合股市實際來看這一指標的實際應用，因為實踐是檢驗真理的唯一標準，能夠根據這一技術指標來判斷股市大勢的牛市才是有效的。

本書中發布的股市K線圖表中通常包含4條跟隨K線運行的連續曲線，均線理論中將這四條連續曲線都叫做均線，分別是5日均線、10日均線、30日均線和60日均線，而其中的60日均線就是本書中提出的判斷股市牛熊的「點金術」技術指標。上漲趨勢中本書中提出的點金術指標60日均線在圖中K線最下方運行對股價形成支撐；下跌趨勢中則反過來，此時點金術指標60日均線則在圖中K線最上方運行對股價形成壓制。

市場K線相對於60日均線的不同運行位置可以最直觀地區分市場的牛熊。我們可以從股市大盤也即上漲指數的實際運行圖表中直觀地得出這樣一個結論：上證指數K線在60日均線上方運行就可以確定為牛市，就是買股票的時候；而上證指數K線在60日均線下方運行就是確定熊市，是不適合買股票或者說是賣股票的時候。這個結論是否有普遍性呢？有這樣一句古話「以史為鏡，可以知興替」，也就是說去研究事物的歷史可以知道事物未來的發展趨勢。中國股市已經經歷了九波牛熊轉換。大家可以回家把我的指標放在中國股市中所有的時間段上，在中國九波牛熊市的歷史上去檢驗。大家可以很明確地認識到，這個結論是正確的。大家也可以在今後的股市行情中繼續進行驗證，檢驗下我說的這個標準是否準確，是否具有便捷可靠的實踐性和可操作性。

把上面完整的牛熊週期圖分開來看可以讓我們對「點金術60日均線」指標有一個更直觀的認識。分別看下2006至2007年的大牛市、2008年大熊市和2009年小牛市行情中K線相對於60日均線的運行狀況，看是否符合我提出的牛熊判斷結論。圖1-7至圖1-9分別是中國股市2006年、2007年、2008年、2009年四年時間內的一輪完整的牛熊大週期轉換K線走勢圖，本書中提出的點金術指標「60日均線」如圖1-7中標註所示。

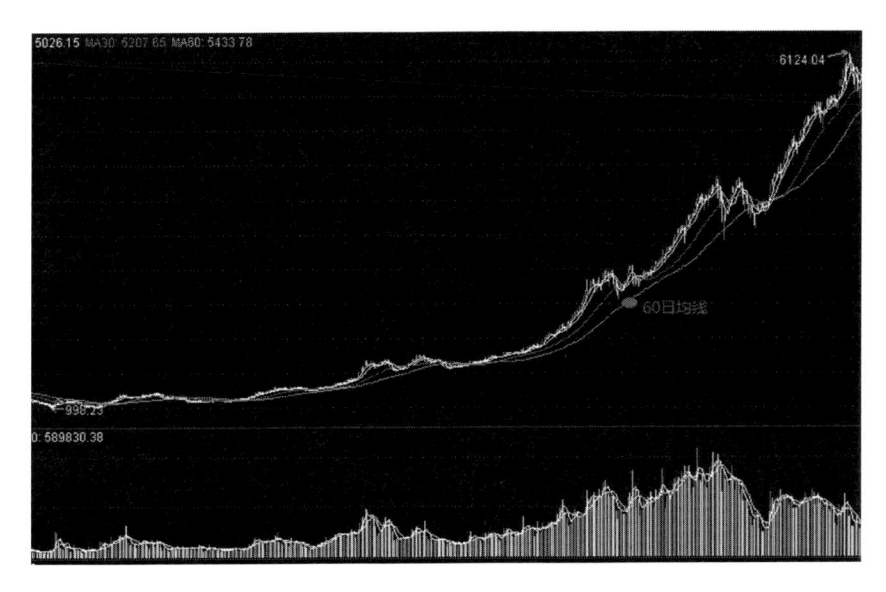

圖 1-7　2006—2007 年大牛市，大盤從 998 點上漲至 6124 點

該波大牛市行情中，上證指數 K 線一直運行於圖中的 60 日均線上方，一旦行情回調觸及 60 日均線則快速拉起並不斷走高，形成持續上漲的牛市格局。

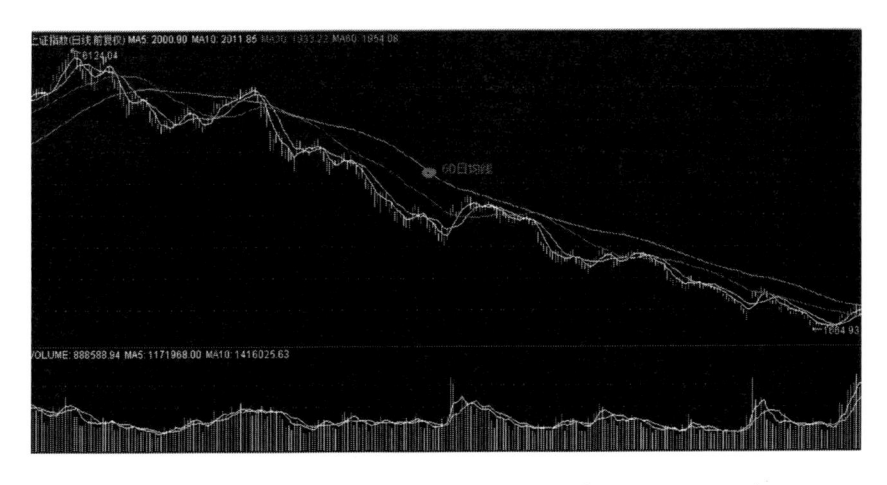

圖 1-8　2008 年大熊市，大盤從 6124 點下跌至 1664 點

該波大熊市行情中，上證指數 K 線一直運行於圖中的 60 日均線下方，一旦行情反彈觸及 60 日均線則快速下跌並不斷走低，形成持續下跌的熊市格局。

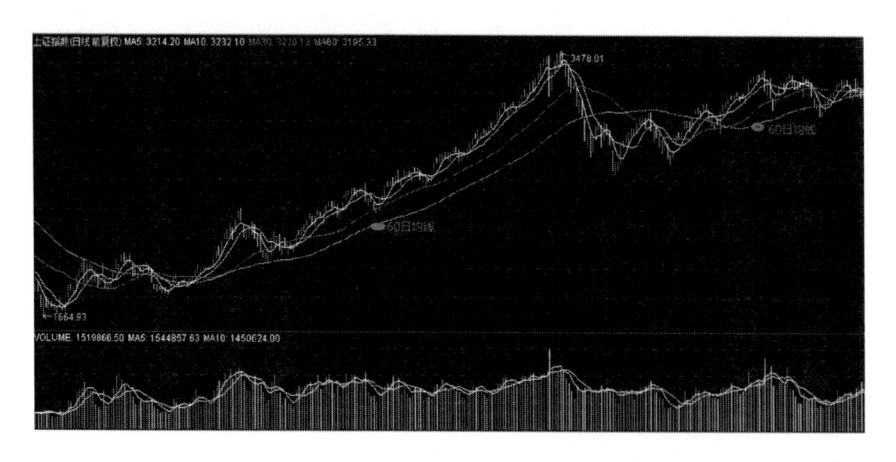

圖 1-9　2009 年小牛市，大盤從 1664 點上漲至 3478 點

該波小牛市行情中，上證指數 K 線同樣一直運行於圖中的 60 日均線上方，一旦回調觸及 60 日均線則快速拉起並不斷走高，形成持續上漲的牛市格局。在頂部 3478 點位時，大盤 K 線跌破 60 日均線並很長時間未能有效拉升至 60 日均線上方，這顯示該波牛市的弱勢並暗示市場在 3478 點高位後可能轉入熊市下跌行情格局。溫總理四萬億貨幣刺激下的 2009 年小牛市隨後迅速結束並轉入新的熊市格局，隨後 6 年時間裡基本上維持震盪走低的熊市格局，直至 2015 年新一屆中國領導層上任後股市行情才重新開始逐步走強。

把中國股市歷史上 2006 年至 2009 年四年時間內的三段牛熊轉換行情放在一個完整的時間段來看，我們可以更清楚地認識到股市 K 線走勢確實與「60 日均線」指標有著十分明顯且非常密切的相對位置關係，如圖 1－10 所示。

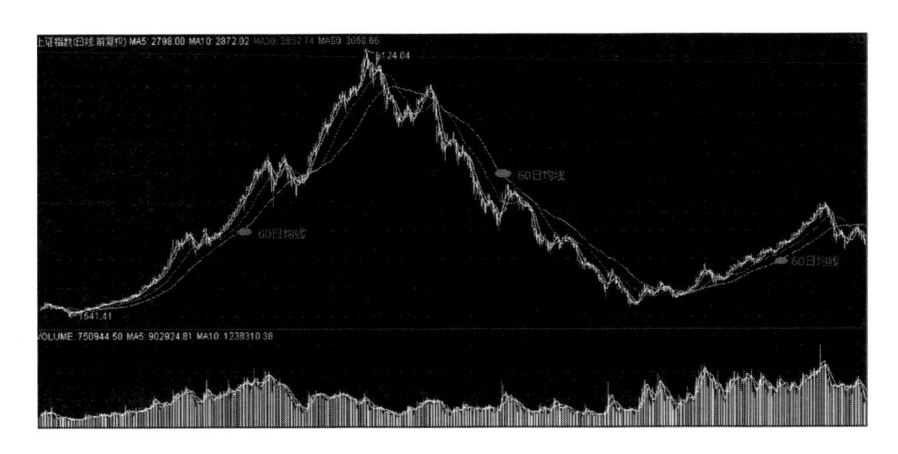

圖1-10 橫跨2006年、2007年、2008年、2009年四年的完整牛熊週期

這裡請多用心多花時間去仔細觀察上述四個圖中上證指數K線與「60日均線」的相對位置關係，然後再去總結判斷什麼是牛熊市。只要善於觀察，就會有收穫。筆者在這裡向讀者分別提出幾個問題來引導大家的思路。

你認為哪一段時間是牛市？（2005年7月至2007年10月）

你為什麼認為那一段時間是牛市？

你認為哪一段時間是牛市開始轉變為熊市？（2007年10月至2008年1月）

為什麼你認為那段時間是牛市轉變為熊市的時間？

你的判斷標準是什麼？你的標準能接受住市場檢驗麼？

點金術判斷標準之60日均線是否能真正地明確鑑別股市牛熊？

大家可以多思考下我提的幾個問題，最好能有自己的答案。觀察和思考，再加上勤奮和些許運氣或機會，成功的彼岸其實不遠。真正的投資家往往是最推崇獨立思考的。目前世界上最偉大的投資家沃倫‧巴菲特說過「必須思考，必須獨立地思考」「我不住在華爾街，是因為住在離市場更遠的地方能讓我更好地思考！」股市投資中最重要的是思考，然而在股市的大部分人根本不思考，他們只想參考，別人什麼意見、大盤怎麼樣了，然後去模仿跟隨。巴菲特早就指出了大部分股民虧錢的原因了，那只是因為缺乏自己的獨立思考。

不要總是怨天尤人，整天埋怨「中國的股市是賭場，沒有投資價值」，這對提高自身的投資水平是沒有作用的。下面我們來詳細探討下中國股市歷史上的 9 波牛熊轉換，從中我們可以更清楚地知曉市場內在的運行規律。

1. 中國股市歷史上的第一次牛熊交替轉換——以史為鑒！

中國股市第一波牛市：1990 年 12 月 19 日至 1992 年 5 月 26 日（如圖 1-11）。

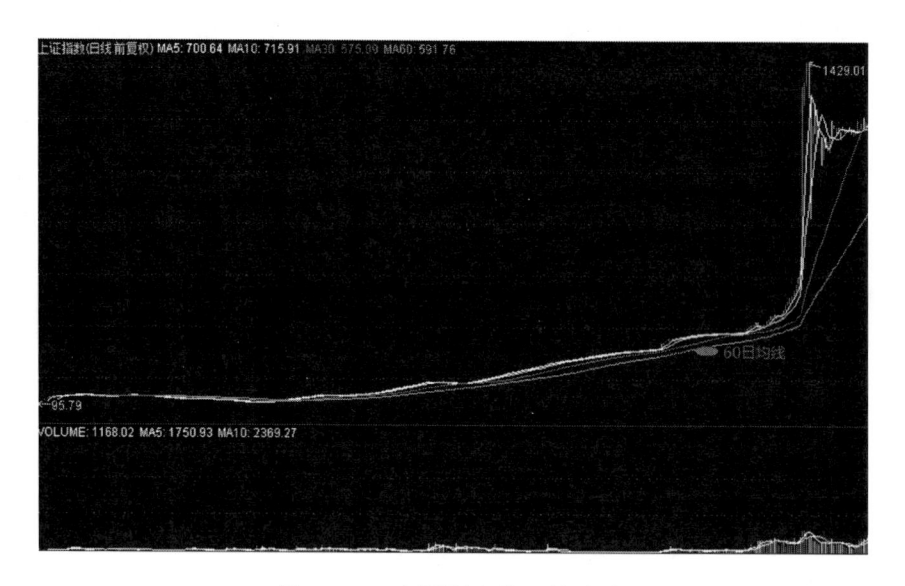

圖 1-11　中國股市第一波牛市

上交所正式開業以後，歷時兩年半的持續上揚，在取消漲跌停板的刺激下，一舉達到 1429 點高位。

注意觀察 60 日均線系統，觀察圖中上證指數 K 線與 60 日均線的相對位置關係。

中國股市第 1 輪熊市：1992 年 5 月 26 日至 1992 年 11 月 17 日（如圖 1-12）。

衝動過後，市場開始價值迴歸，不成熟的股市行情波動極大，僅半年時間，大盤股指就從 1429 點下跌到 386 點。

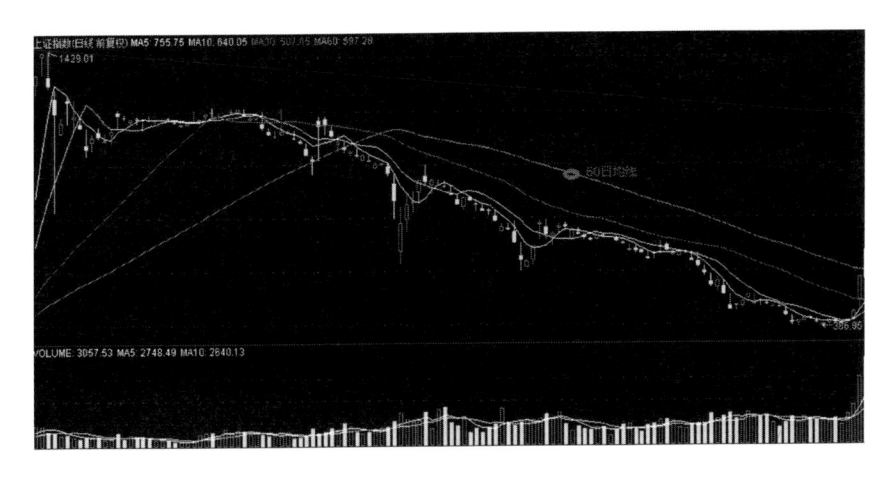

图 1-12　中國股市第 1 輪熊市

注意觀察 60 日均線系統（上漲趨勢中 60 日均線位於 K 線圖中的市場 K 線下方形成支撐，下跌趨勢中 60 日均線位於 K 線圖中的市場 K 線上方形成壓制），觀察圖中上證指數 K 線與 60 日均線的相對位置關係。

2. 中國股市歷史上的第二次牛熊交替轉換——以史為鑒！

中國股市第 2 波牛市：1992 年 11 月 17 日至 1993 年 2 月 16 日（如圖 1-13）。

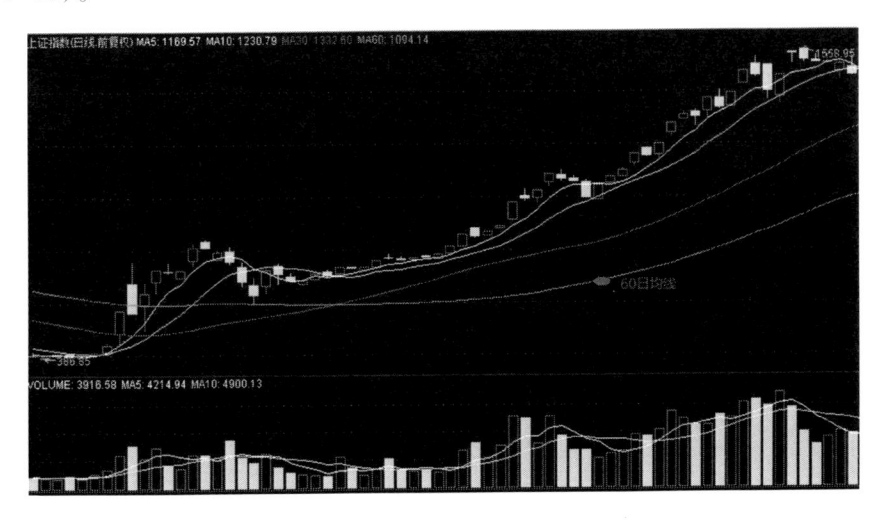

圖 1-13　中國股市第 2 波牛市

快速下跌爽，快速上漲更爽，大盤指數半年的跌幅，3個月就全部漲回來了。從386點到1558點，只用了短短3個月的時間。

注意觀察60日均線系統（上漲趨勢中60日均線位於K線圖最下方形成支撐，下跌趨勢中60日均線位於K線圖最上方形成壓制）。

中國第2輪熊市：1993年2月16日至1994年7月29日（如圖1-14）。

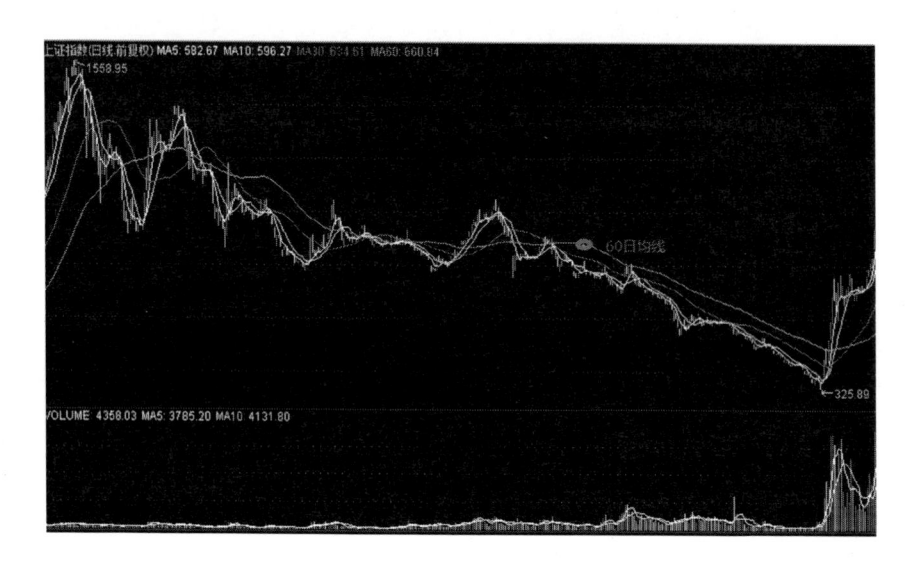

圖1-14 中國第2輪熊市

中國股市牛市快速上漲完成後，上海老八股隨即宣布擴容，伴隨著新股的不斷發行，股指重新回到325點。該輪熊市中60日均線同樣持續壓制大盤指數的走強，大盤指數短暫站上60日均線後很快又運行至60日均線下方。

3. 中國股市歷史上的第三次牛熊交替轉換——以史為鑒！

中國第3波牛市：1994年7月29日至1994年9月13日（如圖1-15）。

為了避免中國股市崩盤，相關政策部門出抬三大利好救市：第一，年內暫停新股發行與上市；第二，嚴格控制上市公司配股規模；第三，採取措施擴大入市資金範圍。隨後，一個半月時間內，股指漲幅達200%，最高達1052點。仍然注意觀察60日均線系統，可以看到大盤指數K線快速攀升至60均線上方並持續站穩運行，維持強勢上漲格局。

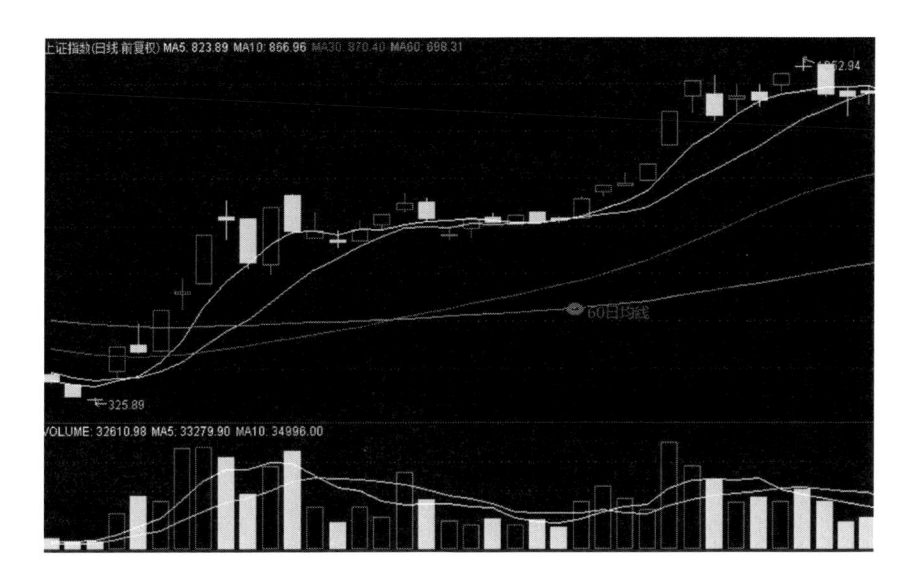

圖 1-15　中國股市第 3 波牛市

中國股市第 3 輪熊市：1994 年 9 月 13 日至 1995 年 2 月 17 日（如圖 1-16）。

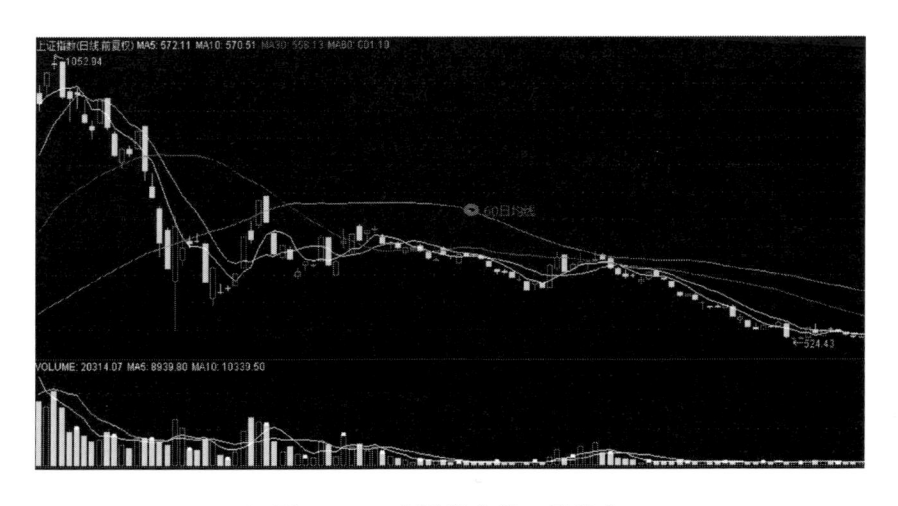

圖 1-16　中國股市第 3 輪熊市

隨著股價的炒高，市場總有無形的手將股市打低，在 1995 年 2 月 7 日，股指已經回到 524 點，跌幅接近 50%，注意觀察圖中的 60 日均線。

4. 中國股市歷史上的第四次牛熊交替轉換——以史為鑒！

中國股市第 4 波牛市：1995 年 2 月 17 日至 1995 年 9 月 12 日（圖 1-17）。

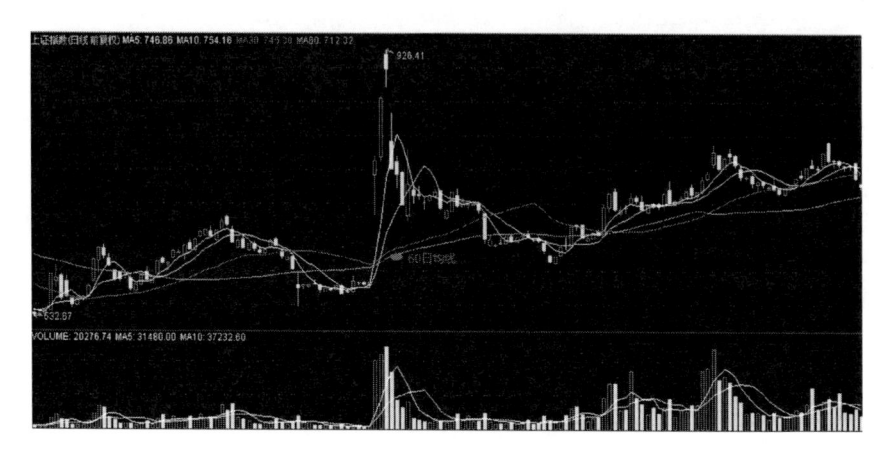

圖 1-17　中國股市第 4 波牛市

這次牛市真正的上漲行情準確來說只有 4 個交易日，受到國家管理層關閉國債期貨的利好消息的影響，4 天時間股指就從 582 點上漲到 926 點。不過，相當長一段時間內，60 日均線一直對股市 K 線運行形成支撐，維持牛市格局。

中國股市第 4 輪熊市：1995 年 9 月 12 日至 1996 年 1 月 19 日（如圖 1-18）。

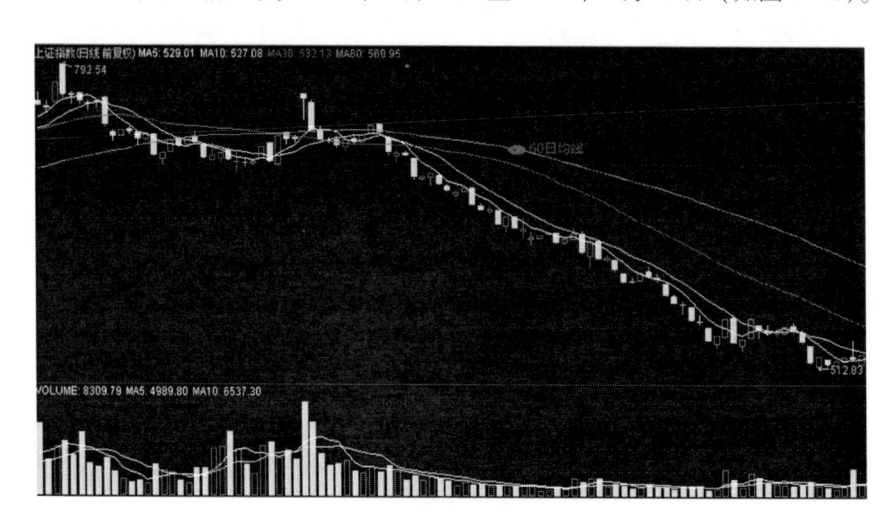

圖 1-18　中國股市第 4 輪熊市

短暫的牛市過後，股指達到階段性的市場低點512點，績優股股價普遍超跌，股票投資價值顯現使得新一輪上漲行情條件逐漸具備。該輪下跌行情中，股市大盤K線一直處於60日均線下方運行，中途短暫突破後又迅速重回60均線下方，顯示該時間段內股票賣方力量超過買方，市場弱勢特徵明顯。

5. 中國股市歷史上的第五次牛熊交替轉換——以史為鑒！

中國股市第5波牛市：1996年1月19日至1997年5月12日（如圖1-19）。

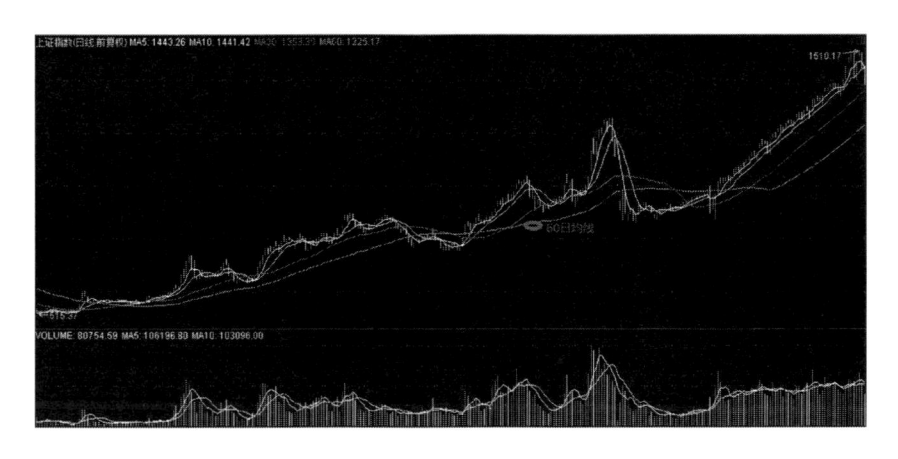

圖1-19　中國股市第5波牛市

崇尚績優股開始成為市場主流的投資理念，在深發展等藍籌股票的帶領下，股指重新回到1510點。從1996年4月1日至1997年5月12日，上證綜指漲幅達124%，深成指漲幅達346%，漲幅達5倍以上的股票超過百種。兩只領頭羊深發展從6元漲到20.50元，四川長虹從7元漲至27.45元。仍然注意觀察60日均線系統運行特徵，該波上漲行情中，大盤指數K線絕大部分時間運行於60日均線上方，股指強勢特徵明顯。

中國股市第5輪熊市：1997年5月12日至1999年5月18日（如圖1-20和圖1-21、圖1-22）。

該段時間內的股市K線走勢較為複雜，整個時間段內維持下跌熊市走勢，但中途則出現了較長交易時間內的持續上漲，隨後又步入持續殺跌階段。該

輪熊市行情中，大盤指數 K 線與 60 均線的運行格局也相對複雜，大盤指數 K 線並未一直運行在 60 日均線上方或下方，市場表現為震盪行情，並不利於股市投資操作。

中國股市 1997 年 5 月 12 日至 1997 年 9 月 29 日先持續下跌（如圖 1-20）。

圖 1-20　中國股市第 5 輪熊市先震盪走低

中國股市第 5 輪熊市在 1997 年 9 月 29 日至 1998 年 6 月 4 日這一時間段內出現較長時間的持續上漲，上證指數 K 線持續運行於 60 日均線上方並維持較長時間，形成短牛市格局市場走勢（如圖 1-21）。

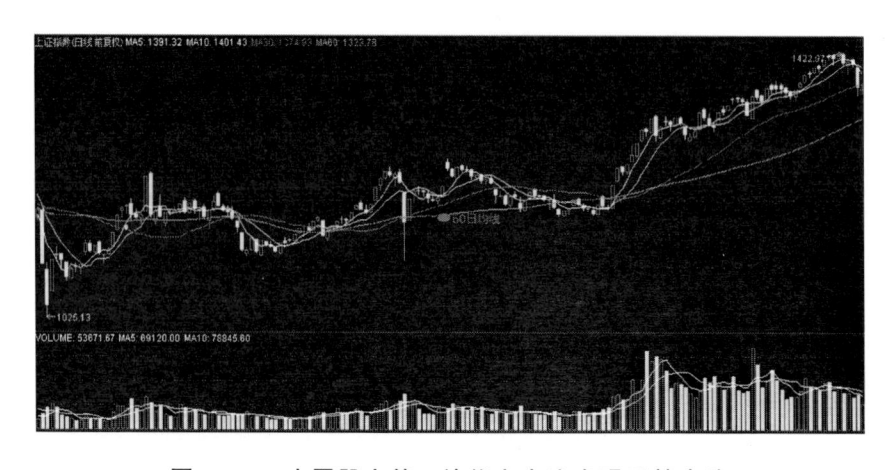

圖 1-21　中國股市第 5 輪熊市中途出現反轉走強

中國股市第 5 輪熊市在 1998 年 6 月 4 日至 1999 年 5 月 18 日再次下跌走熊，1997 年 9 月 29 日至 1998 年 6 月 4 日的短期牛市並未改變市場整體走熊的大趨勢，短期牛市更類似於市場的短期反彈，不改大熊市格局。大盤指數 K 線重回 60 日均線下方運行，弱勢特徵明顯（如圖 1-22）。

圖 1-22　中國股市第 5 輪熊市重回大熊市趨勢

中國股市的這輪大調整也是因為過度投機，在績優股得到了充分炒作之後，股指已經跌至 1047 點。最知名的事件當屬《人民日報》發表的特約評論員文章《正確認識當前股票市場》。該文指出對於證券市場的嚴重過度投機和可能造成的風險，要予以高度警惕，文章透露出了國家領導層對股市泡沫的強烈擔憂。該評論員文章發表當天，配合漲跌停板制度的出抬，市場暴跌。注意觀察大盤指數 K 線圖中的 60 日均線系統運行。

6. 中國股市歷史上的第六次牛熊交替轉換——以史為鑒！

中國股市第 6 波牛市：1999 年 5 月 18 日至 2001 年 6 月 14 日（如圖 1-23）。

這次的牛市俗稱「5.19」行情，網絡概念股的強勁噴發將上證指數推高到了 2245 點的歷史最高點。「5.19」行情直接的爆發點是《上海證券報》記者李威的文章《網絡股能否成為領頭羊——關於中國上市公司進軍網絡產業的思考》，領漲的股票是東方明珠、廣電股份、深桑達等網絡股。

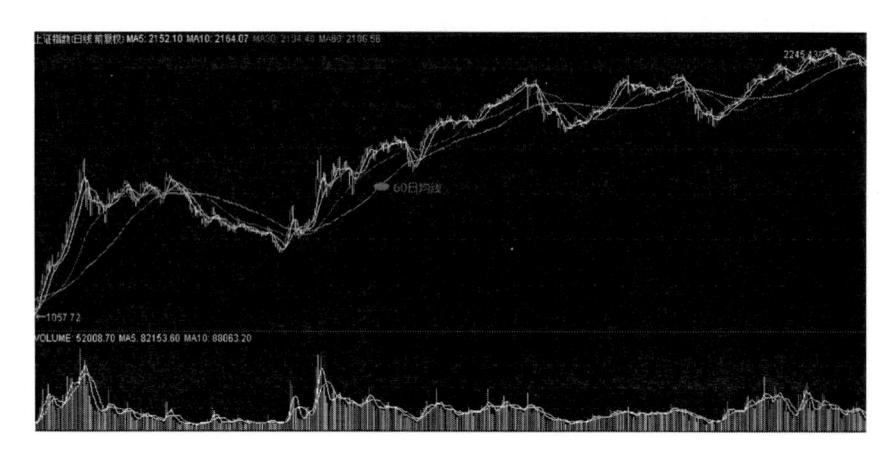

圖 1-23　中國股市第 6 波牛市

這一次，國家領導層對股市上漲行情持支持態度，《人民日報》再次發表特約評論員文章《堅定信心，規範發展》，重申股市是恢復性上漲，要求各方面堅定信心。但是，部分股票價格嚴重脫離上市公司基本面瘋狂上漲，出現了股票價格遠高於股票價值的市場走勢，就是在這輪行情中億安科技破了百元大關，但最終泡沫破裂成為中國股市的一樁醜聞。

注意觀察中國股市第 6 波牛市中的 60 日均線系統，大盤指數 K 線在該波牛市中有較長時間運行於 60 日均線下方，但整體 K 線走勢大部分在 60 日均線之上運行，不過相對其他暴漲牛市行情而言，大盤指數 K 線運行相對平穩。這是因為網絡股在中國股市中的權重有限，網絡股的暴漲無法快速拉升大盤指數，傳統行業的股票維持慢牛格局，拉平了大盤指數。

中國股市第 6 輪熊市：2001 年 6 月 14 日至 2005 年 6 月 6 日（如圖 1-24 和圖 1-25、圖 1-26）。

該輪熊市也是呈現反覆震盪格局，中途也出現較長時間的反彈上漲走勢，大盤指數較長時間內站穩於 60 日均線上方，但隨後又快速走弱步入漫漫熊途。

中國股市 2001 年 6 月 14 日至 2003 年 11 月 18 日先持續下跌（如圖 1-24）。

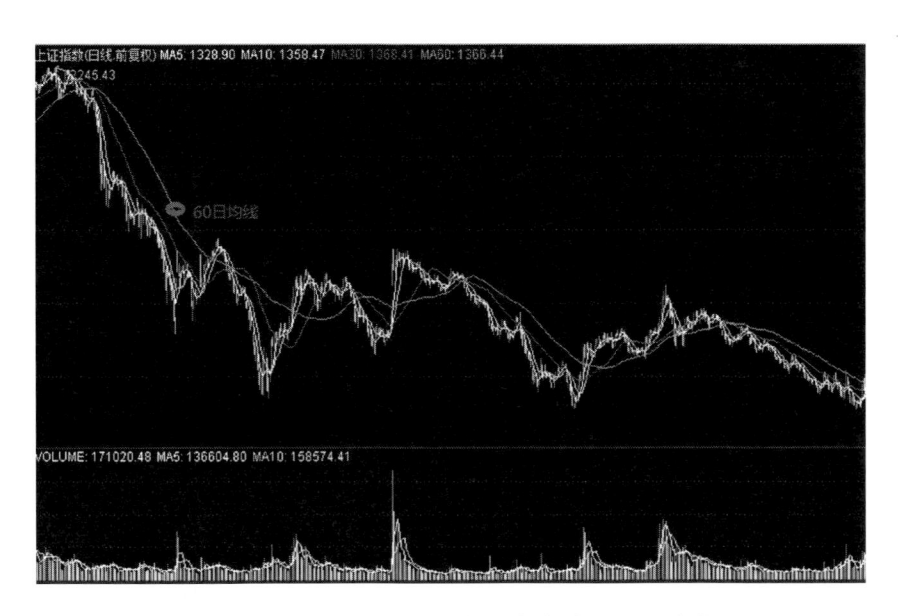

圖 1-24　中國股市第 6 輪熊市先快速下跌走熊

　　大盤指數快速殺跌過程中，2003 年 11 月 18 日開始大盤指數 K 線開始走強並站穩於 60 日均線上方，形成類似於牛市的 K 線走勢，但僅能確定為熊市中的技術反彈走勢，直至 2004 年 4 月 7 日重新步入熊途，不過該輪反彈較為強勁和持久，可以部分參與（如圖 1-25）。

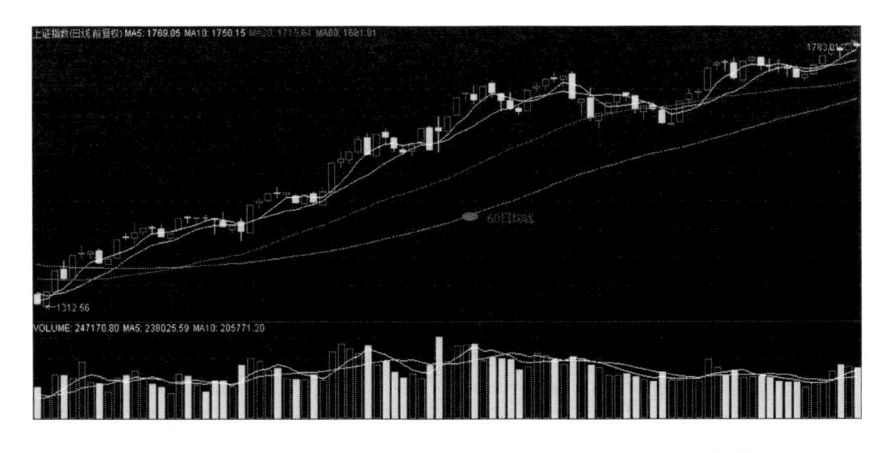

圖 1-25　中國股市第 6 輪熊市中途出現強勁反彈走勢

中國股市大盤指數強勁反彈後，從 2004 年 4 月 7 日開始至 2005 年 6 月 6 日重新殺跌走熊，大盤指數 K 線再次長期運行於 60 日均線下方（如圖 1-26）。

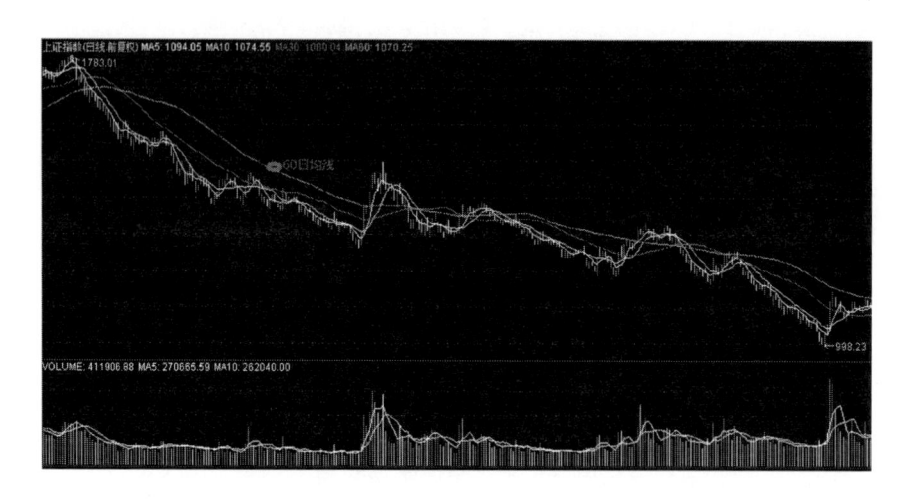

圖 1-26　中國股市第 6 輪熊市中途強勁反彈後重回熊途

中國股市的「5.19」行情過後，市場最關注的就是股權分置問題。中國股市管理層人為地把中國的股票分為流通股和非流通股，原先不能在市場上流通的國企非流通股股份想在市場上拋售變現，這極大地打擊了市場的投資熱錢，大盤股指也從 2245 點一路下跌到 998 點，四年時間股指下跌超過 50%，帶來了中國股市的第 6 輪熊市。期間大盤指數 K 線與 60 日均線出現反覆波動走勢，部分時間大盤 K 線運行於 60 日均線上方但不改熊市趨勢，大盤走熊途中出現強勁反彈反應了當時市場投資者對中國股市前景出現了較大分歧。

7. 中國股市歷史上的第七次牛熊交替轉換——以史為鑒！

中國股市第 7 波牛市：2005 年 6 月 6 日至 2007 年 10 月 16 日（如圖 1-27）。

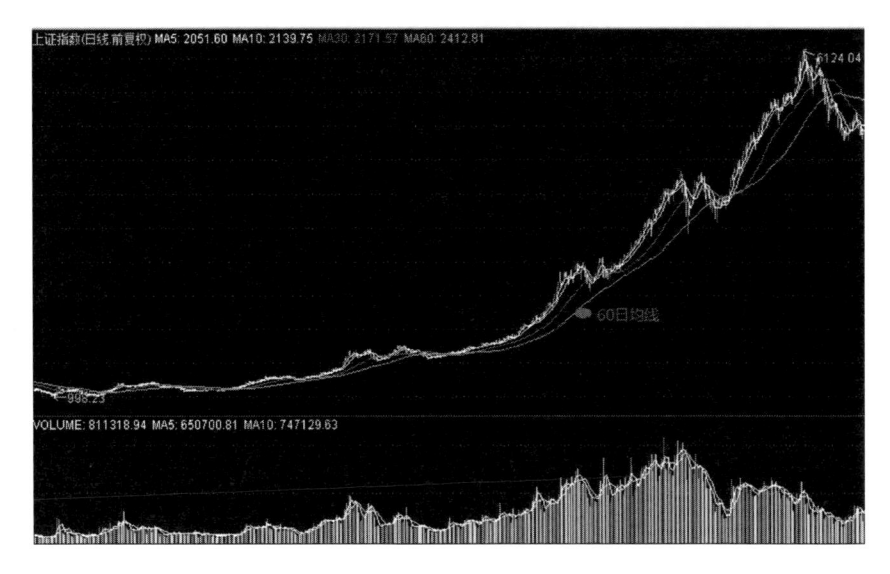

圖 1-27　中國股市第 7 波牛市

經過前一輪中國股市歷史上最長時間的大調整後，中國 A 股市場的市盈率降至合理水平，新一輪上漲行情也在悄然醞釀當中。由於前期熊市調整週期較長，這一波牛市也顯得波瀾壯闊、氣勢恢宏，一路從 998 點漲到 6124 點的歷史新高，並讓無數新股民做了一場一夜暴富的黃粱美夢。期間大盤指數 K 線基本上一直強勢運行於 60 日均線上方，稍稍觸碰到 60 均線就強勁回穩走強，走出了中國股市三十年來最大的一波牛市行情，直至 2008 年美國金融危機的爆發才低下牛市的頭顱。在此期間，中國股市股權分置遺留歷史問題得到解決，中國股市市值迅速壯大直至與中國經濟 GDP 相當，達到幾萬億的股票市值規模，中國股市終於從弱小的少年時期進入成長的青年時期。由於中國股民人數突破上億規模，股市利益牽涉到了千家萬戶，甚至原來詆毀股市的專家學者也在股市財富效應下買股入場，「股市賭場論」和「關閉股市推倒重來」的反對聲音逐漸消失。股市的發展壯大讓中國股市開始真正步入中國領導層的決策視野，中國股市的發展動向與中國經濟的聯繫日益密切，全球金融資本市場聯動效應加強，中國股市在中國經濟中的地位日益顯現，股市對經濟的正面作用逐步被中國經濟高層認可。

中國股市第 7 輪熊市：2007 年 10 月 16 日至 2008 年 10 月 28 日（如圖 1-28）。

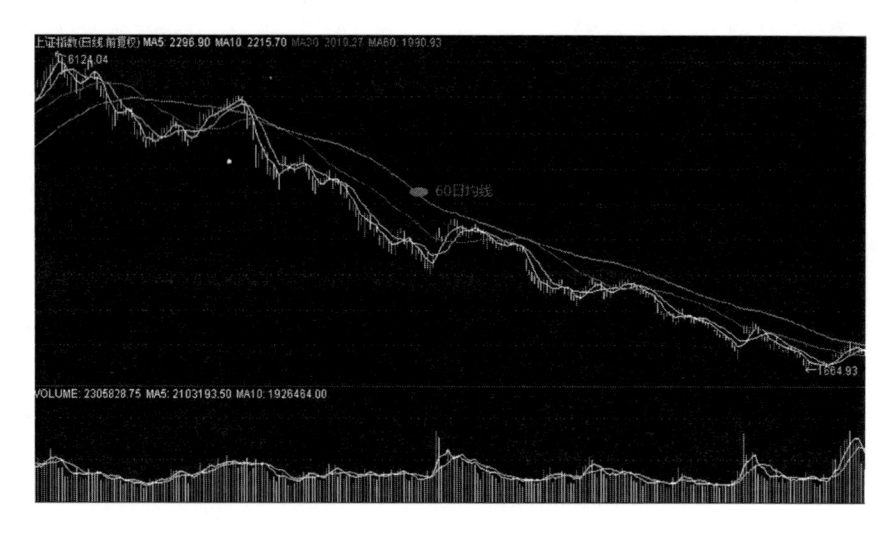

圖 1-28　中國股市第 7 輪熊市

2008 年美國的金融危機波及到了中國股市，經過近 10 個月的調整，中國股市大盤指數由 6124 點暴跌近 67% 至最低的 2566 點，仍沒有明顯見底的跡象。這輪暴跌致使最少 7 成的投資者虧損幅度超過 70% 以上，同樣也是對市場過度漲幅的極度修正，行情最終在 2008 年 10 月 28 日再創新低 1664 點後見底。注意觀察該輪熊市中大盤指數與 60 日均線相對運行位置，同樣可以很明顯地看到大盤指數 K 線持續運行於 60 均線下方，一旦反彈觸碰到 60 均線便再度走低，絲毫沒有重新站穩 60 均線的跡象。

8. 中國股市歷史上的第八次牛熊交替轉換——以史為鑒！

中國股市第 8 波牛市：2008 年 10 月 28 日至 2009 年 8 月 25 日（如圖 1-29）。

經過 2008 年美國金融風暴和全球經濟危機後，中國經濟在溫總理的四萬億信貸貨幣政策刺激下觸底反彈，股市先知先覺者最先抄底 1664 點，逐步展開 2009 年的小牛市行情。相對於 2006 年至 2007 年波瀾壯闊的大牛市，2009 年的小牛市行情略顯猶豫，四萬億貨幣政策刺激對中國經濟和中國股市的積極

圖1-29　中國股市第8波牛市

影響較為有限，2009年的小牛市並未向更大的上漲行情推進，隨著貨幣刺激政策效應的逐漸減弱，市場重新步入熊市尋找新的指數底部支撐。2009年的小牛市行情中，大盤指數仍穩步運行於60日均線上方，但在行情末尾部分市場出現了分化，大盤指數開始跌破60日均線並轉入第8輪熊市。

中國股市第8輪熊市：2009年8月25日至2012年12月3日（如圖1-30）。

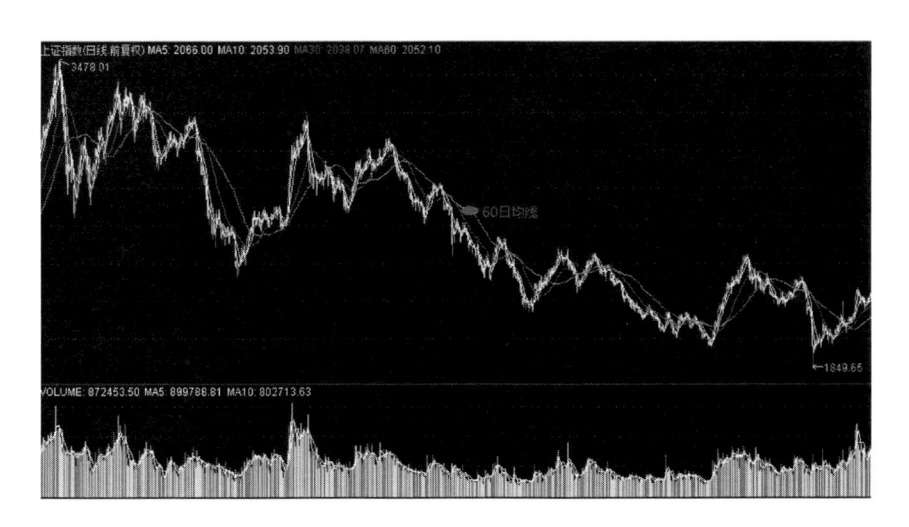

圖1-30　中國股市第8輪熊市

隨著中國出口經濟達到頂點並從高位開始逐步滑落，靠房地產投資拉動經濟增長也呈現不可持續性，四萬億貨幣政策資金拉動經濟增長的效果短暫，小牛市迅速結束並開始進入新一輪漫長熊市。

從 2009 年 8 月 4 日 3478 點下破 60 日均線開始，很多人可能一直認為是震盪市，但實際上上證指數的 K 線並沒站穩 60 日均線，根據筆者提出的投資指標——「點金術上證指數 60 日均線」判斷，中國股市從 2009 年 8 月份就已經形成熊市趨勢，從 2009 年 8 月到後續數年都應當是空倉觀望策略。

9. 中國股市歷史上的第九次牛熊交替待轉換——以史為鑒！

中國股市第 9 波牛市：2012 年 12 月 4 日至今（如圖 1-31）。

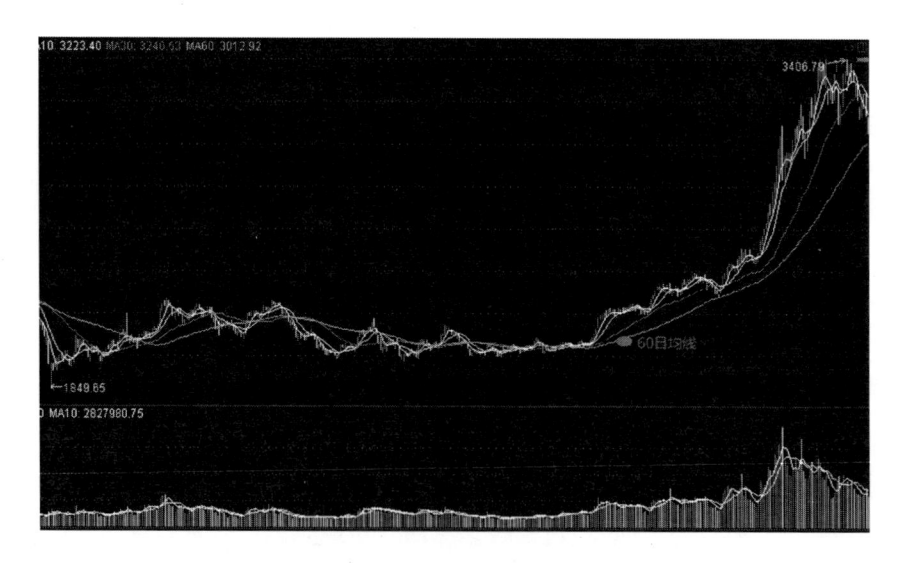

圖 1-31　中國股市第 9 波牛市

當前中國股市從價值投資的角度來看，3000 點應該為中國股市的價值中樞，即價格與價值相符，目前市場剛上漲至 3000 點附近，還遠沒形成價格遠高於價值的狀況，不存在股市資產泡沫。在大盤指數持續殺跌至 1664 點位時，市場股票價格大大低於價值，週期性權重股票開始觸底反彈。在中國經濟進入產能過剩和中低速增長發展階段時，社會資金對房地產市場上漲空間產生疑慮，社會各行各業普遍陷入過剩狀態，資金回報率下滑，股市價值低

窪地開始吸引包括房地產市場資金在內的社會資金大踏步入場。2010年至2013年的中國股市全球最差，但在一片悲觀觀望的情緒中反而應該看到投資機會，連續殺跌的中國股市在經歷長達6年的熊市後終於開始價值迴歸徵程。

當前中國改革開放30年以來啓動的出口創匯經濟發展模式已面臨增長瓶頸，美國市場、歐洲市場經過金融危機後大幅萎縮，其市場需求迄今都未回升至金融危機前水平，中國外貿出口企業連非洲市場也已納入全面開發階段。出口市場的萎縮直接導致中國經濟產業出現全面產能過剩，房地產市場也開始出現供過於求，各行各業均從景氣高點滑落，而中國股市經過連續6年下跌逐步進入低估值的價值投資窪地。在股市「賭場論」和「推倒重來」的論調偃旗息鼓後，社會資金包括房地產市場投機資金開始向股市流動，價值規律在股市上開始體現。

此外，中國房地產市場的增長乏力也可能嚴重拖累中國經濟增長，中國以房地產基建投資拉動經濟增長的發展模式面臨增長瓶頸，國民收入增長無法跟上房地產資產價格漲幅，房地產投資擴大導致房產供應快速增長但房地產消費則可能因民眾購買力有限而受到嚴重制約，中國傳統的信貸銀行的大規模放貸行為帶來了經濟產能過剩和銀行大批壞帳。中國經濟高層也開始逐步認識到股市直接融資對中國經濟的轉型升級和對企業優勝劣汰的積極作用，中國股市開始獲得更多有識之士的關注和肯定，中國股市的政治政策基本面開始逐步回暖，中國央行降準降息預期更可能直接催生股市迎來新一波大牛市。

大家請注意觀察以上中國股市9輪牛熊市K線圖中的60日均線系統，60日均線與上證指數K線的位置變換應為觀察思考重點！

對中國歷史上9輪牛熊轉換經過仔細觀察和思考後，我們應該有很多啓發，筆者認為我們至少可以看到三點。

第一，對於筆者提出的點金術指標——上證指數60日均線是經歷得起市場實踐檢驗的，而且是較為準確的。當市場指數K線運行於60日均線上方時，行情以上漲居多甚至普遍上漲，而K線運行於60日均線下方時則以普跌

行情為市場主要特徵，每次市場接近 60 日均線時就受到壓制而逐步走弱。至於為什麼會出現這種現象？為什麼可以用這個指標來判斷牛熊市，其相應的理論根據和科學依據是什麼？我會馬上在下一個問題當中和大家探討。

　　第二，那就是中國股市的歷次牛熊市其實都是控制在大資金市場主力手中的。雖然說股市本身有其相應的市場價值規律在發生作用，例如，當股票跌得不能再跌，跌破公司當垃圾賣的價值時，會有市場力量來催生某輪行情。但要是這輪行情得不到市場主力的認可，市場主力完全可以通過控制輿論，如在《人民日報》發表強硬觀點以及通過加息、提高存款準備金率、大量發行股票等影響股市資金、股票供求關係的市場化手段來影響股市的運行。中國股市的運行和波動深刻地受到國家政策的影響，尤其央行的貨幣政策和財政部的財政政策對股市的影響更為直接，股市的運行更多地反應了國家經濟高層決策者的國家意志。

　　第三，雖然股票不是實物商品，但股市同樣具有商品的基本屬性，股票價格運行同樣符合經濟學上的商品價值規律：商品的價值量是由生產這種商品的社會必要勞動時間決定的；商品交換要以價值量為基礎，實行等價交換；價格圍繞價值上下波動正是價值規律作用的表現形式。股票雖然是虛擬商品，但因為股票具有企業的控制權價值和投資分紅價值，也同樣有社會資金願意通過購買股票來獲得企業的投資分紅或直接收購控制某一家企業，因此股票也同樣符合商品的這一基本屬性——價值規律，股票供不應求時價格上漲，股票供過於求時價格下跌。股票價格更多地取決於股票數量、股票價值和社會貨幣資金、市場價格發現功能及社會投資各方心理博弈的結果，最後的股票價格更可能最終形成現代博弈學理論，納什均衡理論中的博弈平衡結局（如圖 1-32）。

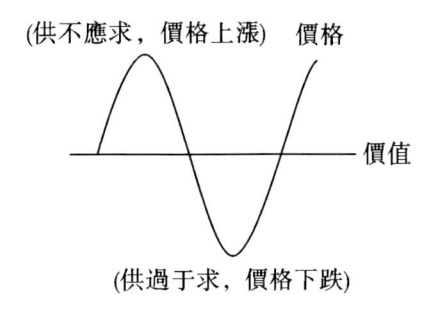

圖 1-32　商品價值規律

　　因此，對於股市中的某一輪大牛市來說，如果我們在牛市中賺到錢了，我們應當對國家抱有一顆感恩的心，這其實並不是個人投資水平有多高，也並不是個人通過看盤分析等個人努力來賺到錢的。其實是國家給了發財的機會，個人只是敏銳地把握住了而已，就是這麼簡單的一件事情。在牛市中對國家持有感激的心態才是最可取的。當然，當熊市來臨虧了錢，也不應當怨天尤人，其實國家一直在某些時段通過很多方式和途徑暗示了股市泡沫過大或者牛市行情差不多了應該獲利了結等，但最終虧錢的原因很可能是個人的貪婪，妄圖認為個人意志可以逆國家意志，可以逆市場潮流而賺到錢。甚至有很大一部分人希望靠自己所謂的天分在熊市裡也靠股市賺錢養活自己，反而自以為是地鄙棄最光榮的勞動致富。這種態度其實無疑是無知和可笑的。事實上，通過做生意或開辦企業最能實現巴菲特的投資理念——穩定持續地獲利，因為實業和投資都承認「複利為王」，追求短期暴利的思路在實業和股市中都是無法立足的。

　　至於國家對股市的干預和調控，這在全世界範圍內都是存在的，我們沒必要把這些上升到政治的高度。美國總統奧巴馬在金融上對美國股市也實行過禁止賣空的法律調控，其實這種調控手段相對於中國目前逐步市場化的調控手段來講更是顯得簡單粗暴。美聯儲也無時無刻不通過控制貨幣供應量，通過加息、減息等手段企圖控制全球的金融市場，只是其相關政策相對隱蔽而已。大國之間的博弈不僅僅局限於政治軍事領域的博弈，經濟金融、科技教

育、思想文化乃至娛樂潮流、語言習俗都存在著壯大自己、打壓別人的博弈競爭行為，相應的政治軍事手段、經濟金融手段、輿論新聞手段等干預也是無處不在的。

　　金錢更多地是一種貨幣符號，也許某個人今天很有錢，但那只是因為其抓住了國家給的某個機會而已。由於金錢代表社會財富的購買力，某個人有錢後就可以完全脫離社會勞動，單純地享受生活，這無可厚非。但因為有錢而在精神上鄙視勞動，則無疑是一種可恥的行徑。從本質上來講，金錢只是國家政權強制力下的一場遊戲而已。一方面，因為國家擁有貨幣發行權而使得個人永遠也不可能比國家更有錢，「富可敵國」更多地是傳言和歷史，即使有也是極少數。另一方面，這個社會的財富確實是辛勤的勞動者在創造著，當然本質上來講，腦力勞動也算是勞動，投資是高層次的腦力勞動創造財富，但沒有任何人能夠因為其有錢而侮辱其他人的勞動尊嚴。尊重勞動者的勞動是人能在社會存在最起碼的前提，因為世界上沒有什麼商品或服務是憑空產生的，人如果脫離了社會其人生價值是要大打折扣的。沙漠裡的一堆金錢是沒有任何意義的。

　　另外，從中國股市的歷次牛熊轉換中我們還可以看到，對於股市來講，漲漲跌跌、牛熊轉換是很正常很普通的事情，也是中國股市的客觀規律。因此如果現在是熊市，行情低迷，我們也要以樂觀的心態看到熊市過後可能會出現一波新的牛市。如果現在是牛市行情，我們則要隨時警惕熊市的來臨，對國家、對市場永遠抱有一顆感恩之心和敬畏之心。

　　下面我們來探討一下點金術「60日均線」的理論基礎。世界上第一個證券交易所於1609年10月19日在荷蘭阿姆斯特丹誕生。人類參與股市中的股票交易已有幾百年的歷史，各種股票投資方法和投資理論可以說是層出不窮。本書筆者對股市提出的投資方式則是很簡單的「60日均線」投資理論，那麼筆者為什麼對於股市投資推崇點金術之「大道至簡」？「點金術上證指數60日均線」的理論依據和科學根據是什麼呢？

　　這主要牽涉到了統計學和概率論上的知識。統計學是一門科學，在研究事

物的客觀規律時，事物的單個樣本參考意義不大，但當統計的樣本數達到一定數量（專業上稱樣本數 n 趨向於無窮大）時，事物的發展和表現便會接近於（專業上稱趨向於）某個常數。這一統計學規律表明，我們要研究事物的客觀規律就必須滿足一個前提：即你所研究的樣本數必須足夠多，具有代表性。同樣，要研究股市的客觀規律就必須研究足夠多的樣本，並且這些樣本要具有代表意義（不允許無關的樣本充數量）。

因此要談中國股市的客觀規律，去研究中國股市的未來走勢和趨勢，也必須把中國股市的所有股票（或具有代表性的所有股票）當作一個整體的樣本來研究。因此，如果只是單純地研究了一個或幾個樣本，研究了一個或幾個股票就要去談論中國股市的走向和趨勢，這無疑犯了「一葉障目」「只見樹木，不見森林」的錯誤。很有可能你誇誇其談、口若懸河地講了半天你的投資理論，但事實上最後只是「空中樓閣」。你只是活在個人虛幻的投資世界裡，最終市場會讓你碰得頭破血流。

「實踐是檢驗真理的唯一標準」，作為投資者來講，不能把自己的喜怒哀樂強加給市場，不要以自己的喜好來對股市下結論，更不能以自己的喜好來總結投資規律。要讓自己的投資理論客觀可信，就必須對中國的股市客觀，前提條件就是必須研究中國股市足夠多且足夠具有代表性的樣本，當你以客觀的心態，以正確的方法論去研究中國的股市時，中國股市便會表現出其客觀規律。而且這種規律才是真正客觀的，否則一切都只是你的一廂情願而已。中國有句古話「萬丈高樓平地起」，這話的意思是無論人做什麼事情，要想做成功，基石是最重要的。如果你的一切投資理論沒有建立在科學的理論依據上，作為一個投資者來講，結局將是悲慘和殘酷的。現實中，也存在小部分貸款融資做股票的投資者因為股市妻離子散甚至跳樓自殺的，可以說，有無堅實的股市投資理論基石以及對股市的態度和理論方法就決定了其以後的命運。

在這裡給大家舉一個例子。我們向上拋一枚硬幣，硬幣落下後哪一面朝上本來是偶然的，如果說硬幣拋個十七八次，你要是和我押錢來猜硬幣正面朝

上概率，如果押正面朝上的概率是 50% 的話，我絕對不會和你押，這完全是賭博。但當拋硬幣的次數足夠多後，達到上萬次甚至幾十萬次、幾百萬次以後，我們就會發現，硬幣每一面向上的次數約占總次數的 1/2。你要是和我押錢賭這個概率是接近於 50% 還是 70% 的話，我押上全部籌碼都願意和你對賭一下，當然這個結果注定會是你輸的傾家蕩產，而我賺個盆滿鉢滿。這就是統計學的威力，當事物的樣本數足夠多時，事物必然會表現出其客觀規律，這就是統計學上經常說到的一句話「偶然中包含著必然」。

給大家指出生活當中的一個小錯誤。很多人在做某件事的決定時，例如，戀人之間決定是和好還是分手時、權衡某項投資是參與還是放棄時、是否選擇某條人生道路時等，在兩種選擇機遇差不多的情況下很多人也會採取拋硬幣的方式來做出選擇。不過，今天在這裡，我要說這種拋硬幣來做最後決策的方式太幼稚了。當然，有人可能會很奇怪，很不贊同，他們認為拋硬幣正面朝上的概率就應該是 50%，很公平。但我要說的是：對於拋硬幣這件事，你漏了很重要的另外半句話，那就是相同條件下，實驗次數足夠多，樣本數足夠多的情況下，正面朝上的概率才接近於（趨向於）常數 50%。單純地看待一個樣本，即拋一次硬幣，說硬幣朝上的概率是 50% 無疑是可笑和幼稚的。單純地拋一次硬幣那就完全取決於拋硬幣的環境了，說不定地面不平或有風或硬幣的材質不一樣等早就注定了拋硬幣 80% 都是正面朝上。那麼很顯然用拋一次硬幣去猜正反面來做決策就是完全的賭博了，而且是一個不公平的賭博。相應地，依據拋一次硬幣去對某件事物做出最後的抉擇或決定也無疑是武斷和不成熟的。

所以要研究中國的股市就必須研究足夠多中國股市的樣本，理論上表明中國股市的均值才能夠反應中國股市的客觀規律。均值主要包括時間上的均值和空間上的均值。上證指數全稱是「上海證券綜合指數」，是上海證券交易所編製的以上海證券交易所掛牌上市的全部股票為計算範圍，以發行量為權數的加權綜合股價指數。基日定為 1990 年 12 月 19 日，基日提數定為 100 點。

首先，在樣本數上，上證指數選擇了整個上海證券交易所的全部樣本，從

而在空間上具有統計學上的參考意義，能夠反應股市的客觀規律。其次，為什麼選擇60日均線，而不是選擇5日、10日、30日、120日或250日等天數的均線？這主要是考慮到合適時間上的足夠多的股票樣本數平均以及我個人的實際操作經驗。因為5日、10日均線時間太短，反應的是股市的短期波動，而任何事物短期波動隨機性是很強的，參考意義不大。而時間超過60日的話又會有很大的滯後性，沒有實際的可操作意義。總結起來「點金術60日均線」具有時間上和空間上統計學上的理論價值，能夠真正反應中國股市的客觀規律。另外，這個60日均線對於個股來說又會跟普通的RSI、KDJ、MACD等指標一樣沒有太大意義。因為研究個股去談論股市規律本身就是不正確的，違背了樣本數足夠多的空間意義上的統計學前提。操縱個股比操縱大盤指數需要的資金量少很多、容易很多，也更容易打破60日均線的指導意義。

　　在現實生活中，大家可能也會注意到這樣一個現象：不管新聞媒體也好，專業投資人士也好，只要提到美國股市，就言必稱道瓊斯指數。談到美國股市，也許你不知道微軟公司、花旗銀行的股價是多少，也不知道IBM公司、麥當勞公司的股價是漲還是跌，但無疑你首先關注的肯定是道瓊斯指數，這也是蘊含了相應的統計學規律的。

　　道瓊斯指數又稱道瓊斯工業指數，反應的是美國股市30個具有代表性的工業大公司的股票漲跌情況的一個平均值。這體現了兩層含義：一是樣本數量30，強於單只個股；二是大公司的選取本身具有代表性，基本代表了美國經濟中主要的企業。所以說，道瓊斯指數能夠反應美國股市的客觀規律，也是反應美國經濟動向的「晴雨表」。在現實中就產生了要研究美國股市就必須研究道瓊斯指數這一社會經濟現象，因為如果單憑某一只美國股票的漲跌情況就說美國股市怎麼樣的話會顯得很幼稚。同樣，談論中國的股市，為什麼言必稱上證指數（也就是所有投資者口中說的大盤），也是因為中國大部分的公司包括銀行、證券、保險、石油、煤炭、化工、房地產、基建等基本上中國所有行業的代表性企業都在上海證券交易所上市。樣本數足夠大、足夠廣才讓上證指數具有權威性。

很少聽大家談股市說深證綜指，原因也只有一個：深證交易所除了房地產公司萬科、深發展銀行等其他少數上市公司外基本上沒有什麼能夠代表中國經濟基石的大公司。因此，深證綜指對中國股市和中國經濟而言沒有上證指數一樣大的經濟基本面參考意義。很多投資者可能做股票做了十幾年了卻還想不明白大盤為什麼就是上證指數，為什麼要看中國股市就言必稱大盤這其中的統計學意義。

還有，我在這裡提出的是「上證指數 60 日均線」而不是單只個股的「60 日均線」，這也是從統計學的角度上來考慮的。因為對於單只個股來說，只要有足夠的資金就可以坐莊，相應的技術指標如 RSI、KDJ、MACD、布林通道包括均線等技術指標莊家可以隨便操縱，想怎麼畫就怎麼畫。普通投資者只是莊家的一個跟隨者，無法提前知曉莊家的想法，在股票投資思路上永遠落後於莊家的操盤思想。不過，對整個證券市場來講，操縱單只個股容易，要操縱整個證券市場則是根本不可能的。因為整個市場的整體容量太大了，中國股市總市值逼近 GDP 總量，資產證券化率已接近 100%。也就是說現在中國的證券市場市值已經和中國 GDP 總值相當，股票總市值已達到了幾萬萬億的規模。實事求是地講，除了國家政府，沒有任何機構或個人有這個資金實力來完全操縱股市大盤。雖說現在社會上有錢人很多，有錢的大公司也很多，但籌集幾億或幾十億來運作一支個股很簡單，要籌集幾百萬億、幾千萬億去操縱中國股市大盤，那是不太可能的。所以，「上證指數 60 日均線」才真正具有統計學和概率論意義上的科學價值。「點金術上證指數 60 日均線」符合統計學和概率論中的統計科學理論和概率科學理論，這一技術指標有著科學的一面，也長期為全球股市投資者所稱道。

四、借錢炒股為何違背「大數定律」不可取？

股市波動非常劇烈，常常存在著很多不確定性，普遍來講借錢炒股的投資

風險是很大的。從統計學上來分析，借錢炒股更接近於一種隨機意義上的賭博行為而並不具有概率論意義上的概率理論特徵，借錢炒股也是不符合統計學意義上的「大數定律」的。概率論歷史上第一個極限定理是伯努利提出的，後人稱之為「大數定律」，即概率論中討論隨機變量序列的算術平均值向常數收斂的定律，概率論與數理統計學的基本定律之一，又稱弱大數定理。

大數定理的主要含義是：有些隨機事件無規律可循，但不少卻是有規律的。這些「有規律的隨機事件」在大量重複出現的情況下，往往呈現出必然的統計特性，這個規律就是大數定律。通俗地說，這個定理就是，在試驗不變的條件下，重複試驗多次，隨機事件的頻率近似於它的概率。例如，我們向上拋一枚硬幣，硬幣落下後哪一面朝上本來是偶然的，但當我們上拋硬幣的次數足夠多後，達到上萬次甚至幾十萬次、幾百萬次以後，我們就會發現，硬幣每一面向上的次數約占總次數的1/2，即50%。這種情況下，偶然中包含著必然。某一事物所包含的必然的規律與特性在大量的樣本中得以體現。

又如稱量某一物體的重量，假如衡器不存在系統偏差，由於衡器的精度等各種因素的影響，對同一物體重複稱量多次，可能得到多個不同的重量數值，但它們的算術平均值一般來說將隨稱量次數的增加而逐漸接近於物體的真實重量。由於隨機變量序列向常數的收斂有多種不同的形式，按其收斂方式分為依概率收斂、以概率1收斂或均方收斂，相應的統計學定律分別有弱大數定律、強大數定律和均方大數定律。常用的大數定律有：伯努利大數定律、辛欽大數定律、柯爾莫哥洛夫強大數定律和重對數定律。

這一個不能借錢炒股的問題也是從統計學和概率論上來和大家解釋的。我們把借錢炒股這一事件當做一件隨機事件來研究，那麼從統計學和概率論理論上來分析會產生這樣一個事實結果：當借錢炒股這一樣本數 n 很少，如只有幾次、十幾次或者幾十次（事實上不論炒股也好，借錢辦其他事情也好，能借到錢的次數是有限的，不可能無限制地借到錢），那麼你炒股的勝率很顯然是一種樣本數非常少的隨機狀態，根本體現不出你實際的投資水平，也就是說這根本就是賭博。當然，從理論上來說，如果你能無限制地融入資金，

可以源源不斷地借入金錢來炒股，那麼根據統計學和概率論理論，當借錢炒股這一樣本數 n 趨向於或者說接近於無窮大時，你炒股獲勝的機率是符合正態分佈的，即接近於一個常數（具體賺錢機率為 0.5、0.6 或 0.8 等，決定於各自的炒股技術）。在該種理想狀態下，借錢炒股才可以考慮。很顯然，我們又不是開銀行的，不可能無限制地借到錢，這種理想狀態只能稱為空想。因此對於借錢炒股的人來說其後果也注定是一場悲劇。由於樣本數的限制，借錢炒股是根本不可能真正體現出你的實際投資水平的，投資盈利更多地是一種隨機概率效應而非絕對必然事項。

因此借錢炒股是賭博，不建議去做。但對於用閒錢炒股來說，從理論上來講你可以無限制地、無數次地炒股。這才是投資。如果隨著閒錢炒股樣本數的增加，你能夠越來越形成一個穩定盈利的投資操作系統，走向一個能穩定持續獲利的狀態，那麼你離成為一個真正專業的投資者也不遠了，也真正可以實現自己資產的保值增值。投資這個時候才是規避通貨膨脹的主要手段，你只有達到穩定持續盈利的能力，才能讓資產保值增值，否則，有足夠的閒錢而沒投資能力，那麼談資產保值增值也還只是「水中花，鏡中月」。

從這裡我們也可以看到投資成功者必須有兩個要素，也就是必要條件：第一，必須有閒錢，也就是說可以接近於統計學和概率論理論上的樣本數足夠多；第二，必須要有自己成熟的投資操作系統。在有了前提後，根據自己成熟的投資操作系統炒作股票，並要做到投資盈利的概率大於 50% 時才能最後真正在股市裡成功。

從股市裡芸芸眾生中我們也可以看到事實，股市裡悲慘虧錢結局的無非是兩種人：一種是借錢或融資炒股的人，雖然說專業水平不錯，但最後卻輸在賭博心態上，資金鏈斷裂，債主找上門的那一天便是其人生陷入低谷的那一天；另外一種就是普通的散戶，是用自己的閒錢在炒股，但沒有自己成熟的可以穩定獲利的股市操作系統，便也注定是一場悲劇。因為對這部分散戶而言，賺錢靠運氣，虧錢是必然。投資操作系統的勝率少於 50%，在股市長期玩下去結局便只有一個：奔馳進去，自行車出來。因此，個人更傾向於建議

普通民眾通過購買基金的方式間接參與股市較為妥當，股市投資是一門十分專業的課程，在需要金融理論知識的同時可能還需要豐富的經驗甚至某些天賦，需要能夠克服人性的弱點，戰勝貪婪與恐懼。

為了更深刻地理解股市的內在運行規律，我們有必要對數理統計理論中的概率論理論作進一步的認識。概率論對股市投資有非常重要的理論指導意義，無論投資行為還是投機行為，其在本質上來說都是一種概率行為而並不是一種必然或偶然，人類的股市投資行為符合概率論提出的大數定律。除了應用於股市投資領域，數理統計和概率論在各種尖端科學中均有廣泛的應用。

數理統計學中標準正態分佈下的極限理論在統計學、博弈學中有非常大的應用，很多華爾街的金融家、數學家都用這一理論來研究包括賭場賭博在內的獲勝概率問題。學術領域，正態分佈又名高斯分佈，是一個在數學、物理及工程等領域都非常重要的概率分佈，在統計學的許多方面有著重大的影響力。期望值 $\mu=0$，即曲線圖象對稱軸為 Y 軸，標準差 $\sigma=1$ 條件下的正態分佈，記為 $N(0,1)$。標準正態分佈曲線下面積分佈規律是：在 $(-1.96,+1.96)$ 範圍內曲線下的面積等於 $0.950,0$，在 $(-2.58,+2.58)$ 範圍內曲線下面積為 $0.990,0$。統計學家還制定了一張統計用表（自由度為 ∞ 時），借助該表就可以估計出某些特殊 u_1 和 u_2 值範圍內的曲線下面積。標準正態分佈下的極限理論用數學公式表示如圖 1-33 所示。

$$\lim_{x \to +\infty} P\left\{\left|\frac{1}{n}\sum_{i=1}^{n}X_i - \frac{1}{n}\sum_{i=1}^{n}E(X_i)\right| < \varepsilon\right\} = 1 \quad\cdots\cdots\cdots\cdots\cdots\cdots (1)$$

$$\lim_{x \to +\infty} P\left\{\left|\frac{\mu_n}{n} - \frac{1}{n}p\right| < \varepsilon\right\} = 1 \quad\cdots\cdots\cdots\cdots\cdots\cdots\cdots\cdots\cdots (2)$$

$$\frac{1}{n^2}\left(\sum_{i=1}^{n}X\right) \to 0 = 1 \quad\cdots\cdots\cdots\cdots\cdots\cdots\cdots\cdots\cdots\cdots\cdots\cdots (3)$$

圖 1-33　標準正態分佈下的極限理論

在實際應用上，常考慮一組數據是否具有近似於正態分佈的概率分佈。若其假設正確，則約 68.3% 數值分佈在距離平均值有 1 個標準差之內的範圍，

約 95.4% 數值分佈在距離平均值有 2 個標準差之內的範圍，以及約 99.7% 數值分佈在距離平均值有 3 個標準差之內的範圍。這稱為「68-95-99.7 法則」或「經驗法則」。正態分佈的概率密度函數曲線呈鐘形，因此人們又經常稱之為鐘形曲線。我們通常所說的標準正態分佈是位置參數——均數為 0，尺度參數——標準差為 1 的正態分佈，其概率密度函數曲線如圖 1-34 所示。

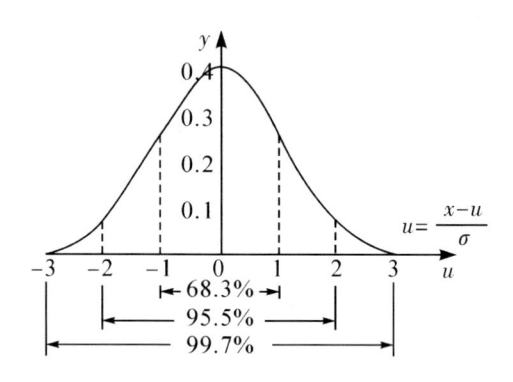

圖 1-34　標準正態分佈曲線

　　數理統計和概率論科學理論在全球投資界已經得到廣泛認可，「所有投資歸根究柢是個概率問題」這一觀點為全球資產管理公司和基金管理公司的所有投資經理和基金經理所公認，沒有任何一個投資家敢打包票說他的所有投資決策都是 100% 正確和 100% 盈利的。連「股神」巴菲特也存在投資失誤的時候，但我們只要讓我們的投資決策在大概率上保持正確就可以了。數理統計意義上的概率理論對我們的投資決策仍有廣泛的指導意義，甚至很多基礎物理學科也同樣離不開數理統計和概率論知識。比如，微觀世界裡的分子、原子、質子的微觀活動都是雜亂無章的，但經過數理統計卻可以找出某些科學的運動軌跡。金融投資界也同樣如此，數理統計和概率論再加上市場行為心理學是當今金融投資界最前沿的投資科學，但真正能運用好這些科學知識並能在投資市場上成功則較為不易，因為股市投資同樣存在藝術性的一面。不過，這裡我們還是有必要深入瞭解下數理統計學科的基礎內容，這有助於我們認識清楚股市投資科學的一面。

五、股票、股權、實業及財富有何關係？

　　經濟理論中的價值規律是一種商品經濟中最基礎的、最一般的、自發的、民主的社會經濟活動調節方式，凌駕於市場調節和計劃調節之上，並貫穿到整個人類社會發展階段的始終。它核心涉及商品價值的規定及供求關係對價格的影響。社會平均科技生產力發展水平決定商品的價值，商品生產能力、社會交通與商品流通、不同地域消費群體的消費能力等供求關係對商品價格的影響，必須以價值為軸心，不能偏離價值太多，要求商品之間平等地等價交換。在不斷追求不同個人與群體利益的社會生活中，它的社會效應是促進商品的流通及生產技術的不斷發展、世界市場的形成和科技生產力的日新月異，刺激了經濟活力，解決了生產調節。商品的供求關係直接體現商品的價值交換，每個人的經濟活動都有追求利益最大化的經濟行為傾向。

　　不過，市場經濟的價值規律是在理性經濟人的假定條件下產生的。理性經濟人假定是西方經濟學家在做經濟分析時關於人類經濟行為的一個基本假定，意思是作為經濟決策的主體都是充滿理性的，即所追求的目標都是使自己的利益最大化。具體說就是消費者追求效用最大化、廠商追求利潤最大化、要素所有者追求收入最大化、政府追求目標決策最優化。

　　理性經濟人的假設可以追溯到經濟學鼻祖亞當·斯密在《國富論》中所闡述的觀點，之後經濟學不斷完善和充實，並逐漸將理性經濟人作為西方經濟學的一個基本假設，即假定人都是利己的，而且在面臨兩種以上選擇時，總會選擇對自己更有利的方案。西方經濟學的鼻祖亞當·斯密認為：人只要做理性經濟人就可以了，「如此一來，他就好像被一只無形之手引領，在不自覺中對社會的改進盡力而為。在一般的情形下，一個人為求私利而無心對社會做出貢獻，其對社會的貢獻遠比有意圖做出的大。」資本的目的就是實現利潤的最大化，理性經濟人就是資本的人格化：實現自己的效用最大化。對待股票、股權、實業及財富，我們可以從理性經濟人的角度來理性分析，這樣

我們就可以更深層次地認識股票、股權、實業及財富的深刻內涵。

在很多中國人的腦海裡，做實業就是實體經濟，是踏踏實實的事業；做投資則是虛擬經濟，是虛無縹緲的事情。這緣於中國僵硬的教育文化，中國人習慣於對所有事物都下一個嚴格的定義，並對事物總結出一些區別的規律，再在以後的生活中進行嚴格區分。在大部分中國人的思維中，事物不是好就是壞、不是優就是差、不是橫就是直，殊不知這個世界的事物本身就是矛盾的綜合體，例如，在建築文化上除了嚴格意義上的對稱美外，還有曲線美；在傳統中國人意向中的三維空間外，美國的愛因斯坦提出了第四維的時間空間。很多思維上的文化差異導致了中國人和西方人看待事物的邏輯分析方法截然不同。

在這裡，筆者要對「做實業」和「做投資」這兩種大家印象中似乎是截然對立、非此即彼、非敵即友的兩種事物提出個人的觀點和看法。筆者認為這兩者是可以融合貫通的，是共生共存的，兩者有著本質上的共同歸一性。「做實業」和「做投資」兩者歸一性體現在「複利，持續穩定地獲利」這一思想上。首先，不管你「做實業」也好還是「做投資」也好，兩者都存在一個共同的目標：賺錢，兩者都是為了賺取更多的金錢，兩者的一切行動都是圍繞著金錢展開。其次，兩者在賺錢的過程上也是相通的，「做實業」有做一次生意暴賺一筆或者做長久生意穩定持續獲利的做法；「做投資」同樣也有賭一把暴賺一筆或建立固定的投資決策系統穩定持續獲利的投資模式。另外，「做實業」和「做投資」都存在著因某一次的決策失誤把老本都賠進去，最後血本無歸的可能性。同時，「做實業」和「做投資」的最高境界都在於最後能依靠「複利，持續穩定地獲利」這一模式，企業長盛不衰和股市投資的「穩定持續獲利」最終殊途同歸。

我們來研究浙江的民營企業。浙江人可謂是中國「做實業」的最大群體代表，浙江很多大企業經過創業者的辛勤打拼基本上都做到了行業龍頭或者寡頭壟斷者的地位，比如說打火機、服裝等，不光在中國，甚至在全世界都

沒有競爭對手了，可以說是挖掘出了一口源源不斷、取之不竭的財富之井。

然而，這些企業今天都面臨著一個嚴重的問題：這些企業大部分都是家族企業，企業創業者用能力證明了他創造財富之井的能力，企業的興衰基本上就捆綁在創業者一人身上，然而，等這個企業的創業者老去（沒有任何人可以迴避時間老人的催促），等他把企業交給他的兒子或親人，或者就算交給職業經理人，他走後的這口井還一定會是充滿活力，取之不竭的財富之井嗎？何況中國大部分的家族企業還都是拒絕職業經理人，寧願把企業毀在自己的兒子或親人手中也天性排斥外來的職業經理人。「龍一定會生龍，鳳一定就會生鳳」嗎？這要打一個很大的疑問。

中國的經濟大潮中，出過很多名噪一時的企業，但這一切都只是過眼雲煙而已。「做實業」的最高境界其實是和「做投資」的最高境界相通的，那就是「複利，持續穩定地獲利」，打造長盛不衰的百年老店才是做企業的最高意義。同樣「做實業」和「做投資」一樣比的是誰活的最久而不是短期內誰賺得最多。

對於股權和股權制度及實業財富的認識還是從實際案例來認識更直觀一些，筆者將對中國兩家知名的企業——華為公司和國美電器涉及的股權制度和股權糾紛實例在本書中和讀者進行探討，以便讓讀者對股權的實際含義有更深刻的認識，而不再停留在虛無縹緲的認知階段。人類社會經濟活動實踐證明，通過股權募資的方式來推動企業快速發展才是現代企業應該選擇的道路，家庭式作坊企業始終還是無法競爭過有著優秀股權制度基因的現代化大企業。

單從企業擴大投資最需要的資金來看，上市後的有良好股權制度安排的企業可以通過發行股票從外部募集到資金，這遠比家庭式作坊靠親戚朋友借款或銀行貸款來得快，來得多，更能迅速解決「做實業」的企業資金渴求。當然浙江人靠發達的親戚朋友關係網絡融資渠道解決了大部分資金需求，從而排斥股權融資，但這只是部分人觀念的選擇問題；而「做投資」的完全可以通過股權投資去收購控制上市企業，最終切入實業領域，而且通過現代化的股權分散最大程度地發揮員工的積極性，完全有可能做成華為那樣優秀的

企業。

　　「家天下」的企業模式從長遠來看，由於無法持續吸引全社會中最優秀的人才，最終是要被社會經濟潮流所淘汰的。華為的職工持股股權結構模式毫無疑問為華為留住了最優秀的人才，並最終讓企業獲得了最大發展，同時讓企業和員工都獲得了巨額回報，毫無疑問是一個最大限度地發揮了社會關係生產力的員工、企業、社會、國家多贏的大好局面。

　　深圳華為技術有限公司是中國目前一家很特別的優秀民營電信公司，華為用事實、業績、能力證明了華為的地位，這也是中國所有企業的榜樣。與其他普通企業老板一股獨大不同的是，華為的股權結構十分分散，企業的創始人任正非只持有華為1.42%的股份。這不同於一般的國營企業，也不同於一般的民營企業。雖然華為公司並未上市，但華為的股權結構反而跟美國很多已經公開上市公司的股權結構類似，企業股權屬於全社會投資者（華為則是企業員工）而非企業創始人。單單研究華為的股權我們就能看出華為的不一般和超前的股權意識。國有企業一般都是國家控股，而大部分民營企業基本上都是創業的人和其家族的人比如說夫（妻）或孩子或親人控股。從華為的股權結構上則可以看出任正非作為軍人受到了強烈的毛主席思想的影響（事實上任正非研究最深的是《毛澤東選集》），可以認為任正非用企業的形式進一步證明了毛主席思想的巨大威力。任正非把股權分散給企業員工（雖然說股權上有些地方還不規範），最大限度地調動了華為員工精神上的主觀能動性，再加上半軍事化管理，任正非挖掘了華為員工最大的內部潛能，讓華為員工全心全意地工作，造就了今天中國最偉大的企業。

　　華為公司員工中持股人數為61,457人，全部由公司員工構成，約占9.5萬名華為員工總數的64.7%。可以說華為大部分的員工都有用自己的工資或獎金在年底以1元每股的價格購買了公司的股份。我們從經濟學的角度來看待員工購買股票的問題，很顯然，員工購買股票是希望能從公司的發展壯大和公司收益中在年底獲得現金分紅。

　　站在員工的角度來看，由於他們的股票沒上市，無法流通，他們更希望獲

得現金分紅的意願超過股票紅利，也就是說，假如華為同中國的很多上市公司一樣，在會計年度末不進行現金分紅而是把利潤繼續留在公司只進行股票紅利的分紅，那對買了華為股票的員工來說沒有現金分紅有實際意義（分紅的股票不能馬上變現）。實際上也確實如此，華為的員工除了有工資，有獎金外，年底的股票分紅很多。甚至很多華為高層的工資、獎金只是零花錢，大頭才是股票分紅。從這裡我們可以看出股票的價值，是股票讓華為的員工脫離了中國其他企業裡普通的打工者角色，某種程度上變成了企業的真正股東。毫無疑問，這極大地調動了員工的積極性，也最終造就了今天中國最偉大的企業。

華為模式以「打工者不僅僅是打工族，更還是股東，還是老板」的最具有生命力的企業結構模式摧枯拉朽地擊垮了全中國乃至全世界任何一家電信企業競爭對手。這種模式其實才是華為高速成長的關鍵所在。華為公司讓員工持股並參與企業分紅的股權結構模式創造出了最先進、最有利於企業發揮基層員工潛力的企業股權模式。事實證明了這種股權模式的先進性和生命力，中國人再次創造了「微軟」神話。

誰說中國沒有創新？任正非以事實證明了中國人的大智慧。華為的模式產生不了創業者的暴富神話，但華為的股權模式卻最大限度地激發了員工的潛能。從最有利於企業發展的角度來看，華為的股權模式可以說是最優模式。因為對一個企業的發展起決定作用的是基層員工而不僅僅是創始人，隨著企業規模的擴大，企業創始人的作用將逐漸呈現邊際遞減效應。任正非創造性地建立了「職工持股」的股權模式，最大限度地保證了基層員工的利益，最大限度地調動了基層員工的積極性，創造了全中國乃至全世界最偉大的企業，這不能不說是一種奇跡。華為的「職工持股」股權結構模式最直接地體現出了員工的經濟效益和企業的高效運作效益，在公司沒有上市的情況下創造出了最先進的企業運作模式。從華為公司的股權結構模式我們可以認識到股權的價值和股權的威力。

再從國美公司的股權糾紛來探討一下股權的控制權價值。前幾年國美電器

的「控制權之爭」無疑是給那些對股權抱有偏見的人上了最生動的一課，雖然國美是在香港上市而沒有像蘇寧電器一樣選擇在中國 A 股市場上市，但國美電器的股權無疑還是中國企業的股權，國美電器的股權之爭無疑反應的是中國上市企業的股權之爭。國美電器的「股權之爭」最實質地體現在公司創始人黃光裕和以董事局主席陳曉為代表的兩派人馬之間的爭鬥。

　　拋開道德上「義與利」的個人情緒，在經濟學的角度上來分析，這場爭鬥不僅僅體現了這兩派人馬之間的利益爭鬥，其實更體現了不同股權制度代表下的經濟制度之間的爭鬥。黃光裕代表的是家族企業的控股經濟制度模式，而陳曉代表的則是廣大高層管理人員分享股權的控股經濟制度模式。陳曉的「金手銬」高管獎勵計劃無疑對黃光裕的控股權帶來了強有力的挑戰，在陳曉主持的董事局推動下，公司部分董事及上百名高級雇員可認購國美電器發行的 3.83 億股新股，行權價格為 1.90 港元。其中，陳曉 2,200 萬股，王俊洲 2,000 萬股，李俊濤 1,800 萬股，魏秋立 1,800 萬股，孫一丁 1,300 萬股，牟貴先 1,300 萬股，伍建華 1,000 萬股。而在此前的黃光裕時代則無任何高管享有國美電器股權。這無疑是陳曉對付黃光裕最厲害的一著「殺手鐧」，其實也是把住了黃光裕家族控股模式下的「命門」。相對於黃光裕以個人權威來維持自己的領導地位，巨額的股權激勵計劃無疑是向黃光裕的家族企業控股經濟制度模式提出了強有力的挑戰，事實上也確實起到了實質性的效果。時任集團副總裁的王俊洲和魏秋立原本深受黃光裕信任，被委任可聯合代表黃光裕簽訂有關文件，而這兩個最深受黃光裕信任的心腹干將卻也在股權激勵下加入了「去黃化」的統一戰線，逼迫黃光裕唯有祭出最後一步棋——特別股東大會，「他選擇的最後決戰地，是可能在一個月之後召開的特別股東大會。」雖然說黃光裕強行通過特別股東大會奪回控制權的可能性存在，但也並不能說陳曉一方就完全沒有勝算。

　　很多家族企業領域都講究一個「義」字，很多的領頭人物或者說企業的帶頭人都喜歡用感情或者用義氣來籠絡下屬為自己賣命，用小恩小惠或者所謂的特別照顧來讓自己倚重的下屬服從自己的權威，甚至還要求下屬對自己

「知恩圖報」，否則就還有可能讓下屬背上「不仁不義」「落井下石」的罪名，這在中國的家族企業裡尤其普遍。這與西方經濟制度下的股權激勵模式有很大的不同，這也反應了東西方背後巨大的文化差異。

國美電器的股權之爭用最客觀的事實告訴了那些對股市抱有偏見，認為股市是賭場的中國人什麼叫股權的價值。陳曉聯合貝恩資本挑戰國美創始人黃光裕對國美電器的控制權這一事件曾使中國資本市場上一度硝菸彌漫，股權之爭甚至直接牽涉到了國美電器的企業所有權之爭，曾經看起來完全有可能讓國美的創始人黃光裕失去自己創辦的企業（雖然可能性很小，但也不能說沒有可能性）。在這一事實面前，如果還有人盲目地認為股票沒有投資價值，股權是虛擬的，中國股市是賭場而沒有任何投資價值的話無疑是愚昧和固執的。股權沒有價值，那麼現在最強大的美國人花那麼多錢來購買中國企業的股權幹什麼呢？貝恩資本、大摩、摩根大通、富達基金等那麼多大大小小的美國投行基金花那麼多錢來控制國美的股權幹什麼呢？

總體而言，企業的股權是具有控制權價值的，而且股權結構模式很關鍵，股權制度直接決定著經濟的根本制度，也直接影響企業的競爭力和企業的受益方。中國企業要取得更大的發展，必須像華為公司一樣全力激發企業員工的創造力和主觀能動性，而像華為公司一樣改變一股獨大的股權結構，讓企業優秀員工持有公司股權即股權職工化則是中國企業獲得新發展的關鍵步驟。

中國的華為已經用活生生的例子證明了「股權職工化」的可行性，華為的企業員工分享到了企業發展的紅利，同時獲得了高工資和企業分紅，華為的員工薪酬回報一直處於國內企業最高梯隊，應該可以說沒有人會說華為的員工「內需不足」。華為已經用最實在的例子為我們開闢了這條道路並且已經取得了成功，華為之所以能稱得上「中國最優秀的企業」要歸功於「股權職工化」這種發展模式。

對上市公司而言，每個上市公司的持股人同樣都會從理性經濟人的角度來做出對自己最有利的決策，由於不同股東的存在代表著各種不同利益的博弈，上市公司的具體運作過程肯定是一個各方利益體博弈的過程。如果上市公司

大股東的利益和上市公司利益不一致，那麼就會出現大股東掏空上市公司從而損害小股東的博弈局面。

如果企業創始者或實際控制人的控股權比較集中，比如說達到90%以上的股權，那麼上市公司賺得的錢最後通過股權分紅其實最終還是回到了他們自己手中，因此，對於這類上市企業並不存在利益轉移和輸送的必要。而對於股權比較分散的企業來說，比如說企業管理層實際占股還不到50%的企業，那麼很有可能企業的管理者心裡會想：憑什麼我的公司賺1元錢就要分給買股票的股民5毛錢呢？這個時候企業控股者就有強大的利益輸送和利益轉移的衝動。

從理性經濟人利益最大化的角度來看，企業大股東肯定更傾向於把上市公司的利益直接輸送到自己子女或親戚開立的公司中去，而對於上市公司的股權則採取高位拋售套現就走人的策略。這其實也是目前中國股市裡很普遍的現象。但按照價值投資的角度來講，如果上市公司的業績都輸送給了企業管理者控股的相關公司，那麼上市公司的業績必然很差，理論上來說企業的股價也應該是漲不上去的，也就是說創業者手中的股權要拋售最終只能以很便宜的價格賤賣出去。

由於中國股市企業上市審批制的存在人為地改變了股票供求平衡關係，導致虧損類ST股也照樣有人去買賣和炒作，企業大股東也沒有做好上市公司業績來吸引社會資金的必要和動機，企業大股東轉移公司利潤變得毫無顧忌。理論上可以認為：上市公司管理者雖然通過利益輸送或轉移賺到了錢，但在其股權價值上必然會受到損失。

但是在中國的股市裡，無論好股、差股，在牛市裡都是「雞犬升天」、熊市裡「泥沙俱下」，甚至虧損個股還可以通過重組概念炒作來個「麻雀變鳳凰」，從而使得因為利益轉移或輸送違法攫取上市公司利益的同時還通過炒作將自己的股權以高價賣了出去。這樣就讓企業管理層缺乏了做好上市公司業績的動力，因為他們完全可以通過轉移企業利潤和拋售股票獲利，實現「魚與熊掌兼得」的利益最大化結果。

為實現企業所有人的長遠價值並讓企業價值最大化，讓企業擺脫家庭作坊式管理，構建現代經理人管理制度無疑是企業發展的必然出路，要做百年企業就必須讓企業真正地成為公眾企業，以吸引全社會最優秀的人才。華為公司雖然並未公開上市，但其股權結構也同樣體現了這一基本理念。「股權職工化」和「股權社會化」才能最大限度地激發企業員工的最大創造力，現在也不排除華為在目前「股權職工化」之後進行公開上市，進一步發展成「股權社會化」乃至「股權國際化」的全球性企業。華為公司已經把公司業務拓展到了全球各個國家和地區，「職工股權化」也實現了股權最優化和分散化，但由於公司並未真正上市，華為公司在美國依然受到了企業運行不透明、不公開的指責。華為公司堅持不用資本市場上股民的錢來發展企業，但也讓社會人士失去了投資華為公司股權，分享華為公司發展紅利的機會，華為公司建立的財富之井在任正非退位後能否長效持久並屹立百年不倒還有待於繼續觀察。

　　股權的屬性也即股票的含義是股權所有者對企業未來可能獲得利潤的一種潛在展望，也就是說股權流通後股權更可能體現的是一種股權未來可能的收益而不是實際，也就是所謂的概念炒作。企業一旦上市成功，股價從原始股的幾毛錢、一塊錢一股直接變成十幾元或幾十元一股，企業上市前和上市後為什麼股價差別那麼大呢？

　　在眼花繚亂的資本運作和市場炒作下，市場的投資者出於對這個企業的美好想像、美好期望而願意花高於該股權眼前實際的價格去購買它，如果這樣的投資者多了，企業股價不斷上漲，原本一元每股的股票完全有可能因為投資想像力的憑空炒作變成十幾元甚至幾十元一股。這其實也是我們股市裡的一種現象。比如說某家上市醫藥公司發明了可以抗癌症的藥物，那投資者的想像力就會被充分調動起來：這還得了！這個公司能治療癌症，那這公司將來不是財源滾滾啊？美麗的「故事泡沫」讓投資者一個接一個地不管股票實際價格而赴湯蹈火！

　　企業的創立者或控股股東原本是踏踏實實地靠經營企業賣產品賺錢，但在

公司股票價格被炒高後則可以在股票解禁後通過在二級市場上減持股票賺錢，很多企業家在資本市場利益面前迷失了自我，最後把心思放在怎麼炒作自己公司股票賺錢而不是經營好公司賺錢上了。這其實也是中國股市當前的「囚徒困境」，由於缺乏企業實質經營業績的支撐，中國股市的股票在牛市行情中的社會資金推動下大幅上漲後又因為缺乏實體企業基本面的支撐而最終回落至原點，而無法像美國股市的上市公司股票一樣連續十幾年或幾十年地持續上漲，大起大落成為中國股市股票價格的基本特徵。中國的上市公司企業家應該以長遠的眼光來看待這一問題，誰都知道「複利」是最厲害的，安心做好企業，推動公司股票長期而穩定地上漲，最後獲得回報肯定要遠遠超過短期的炒作利益。上市公司過度炒作荒廢了實體公司的用心運作後遲早有一天企業倒閉，面臨退市，最後也炒作不下去了。「皮之不存，毛將焉附」，用心經營企業和炒作股票獲利就是這樣的關係。

　　永久地堅持用心做好企業經營業績並將企業上市後打造成社會公眾公司，在股票價格暴漲的投機炒作利益面前保持冷靜，繼續踏實用心地做好企業的業績，讓企業通過職業經理人的方式做到很好的傳承，真正把企業打造成百年企業，這才是真正長遠的價值財富之井。毫無疑問，要做到這一點，這需要上市公司企業家克服短期的股票炒作暴利思維，控制短期的財富貪婪慾望，擁有大度的開闊的胸襟與全社會分享股權和利潤，有長遠的眼光用「複利」的方式來看待企業和財富。實業財富和股權財富相互依存、相互促進，兩者不可偏廢方能成就大業，方能造就真正的長遠財富之井。

　　在對實體經濟和實體企業的股票、股權、實業及財富問題進行了探討之後，我們再來站在投資者的角度分析下如何去股市裡投資股權和股票。目前階段，對投資界專業人士而言，投資市場普遍存在著六重公認的投資境界，要是在股票市場研究時間久了也會慢慢認可這一看法。具體如下：

　　境界一：靠道聽途說的消息做股票。

　　境界二：用技術指標分析方法做股票。

　　境界三：用分析公司基本面來做股票。

境界四：用分析國家宏觀面來做股票。

境界五：用古樸的哲學思想來做股票。

境界六：手中有股，心中無股。股乃身外之物！

筆者在這裡提出的股市投資六重境界是專業投資界公認的六層投資水平，並不僅是筆者個人的觀點和看法，而是整個專業投資行業都接受的公理。所謂公理，通俗來講就是大家公認都能接受的權威理論或觀點。類似於幾何學上的「兩點之間，直線最短」以及「三角形具有穩定形」等公認是權威、正確的理論。在投資行業，比較專業的人士應該都知道並且贊同我下面談的這六大投資層次或者說投資境界，這一投資境界劃分也為金融投資界所公認。

其實這六重投資境界並不是孤立的，很多人可能會同時用到上面六種投資境界中的方法做股票，判斷的依據主要是看投資者屬於哪個投資境界，如很多人可能會說自己炒股時也隱約用到了哲學思想，但其實你做股票真正的投資決策依據還是分析公司或分析國家宏觀基本面。大部分股市投資者基本上都停留在第一個水平，即聽消息炒股，大部分人在看見別人買什麼就自己也買什麼，成天去打聽別人的股票和所謂的內幕消息！這種炒股水平注定是賠錢的。

首先，先不說消息的準確性，就算是個準確的消息，等傳到耳朵裡時不知道早已經過了多少人了，已經沒有價值了！對於消息，要區分看是什麼人傳來的消息，假如是央行行長、財政部部長或證監會主席傳出的股票買賣消息，可以賣房子去買入；假如是上市公司管理層的股票消息也值得拿資金去驗證下，但如果是普通的朋友或者證券公司的股票消息，則需要先通過各種渠道驗證下消息的真實性。

事實上對於普通散戶來說，能得到的消息基本上是沒有什麼價值的，甚至很多反而是陷阱。如果沒有很權威的消息，如中央層級或證監會層級的消息，那麼靠滿天飛消息炒股的散戶基本上就成了股市莊家案板上的魚肉了。對於消息，準確地來講是信息，在中國應關注《人民日報》《上海證券報》《證券時報》《中國證券報》的信息，對於國外的信息則應關心美聯儲的貨幣政策信

息、美國商務部的經濟數據以及美國財政部的財政稅收變動信息，對於其他道聽途說的小道消息則應當保持相當大的警惕心理和免疫力。

第二層境界是用技術分析做股票，這只對足夠大的市場指數有用處，對於單只個股而言，因為中國的股票可以說每一只股票都有莊家，無論 K 線指標、均線指標、MACD 指標、RSI 指標以及 KDJ 指標之類的技術指標，莊家都可以根據需要隨意畫出來，市場裡的個股虛假作圖太普遍了！莊家今天遇到開心事心情不錯就讓他操縱的股票來個漲停；改天遇到煩心事心情不好的話馬上可以把股票打個跌停。還美其名曰：沒有理由便是最好的理由！在中國有錢人很多，籌集幾個億或者幾十個億去坐一只股票的莊太簡單了。

但要籌集幾千億、幾萬億的資金去操縱整個股票市場，去操縱上證大盤指數基本上是不可能的或者說概率要小得多。正如同我前面從統計學和概率論上分析的那樣，選擇一個能真正反應市場的指標去研究上證指數才真正有意義。所以很多人判斷股票經常提到什麼股票的什麼指標出現什麼拐點或突破之類，然後「股神」似地下結論明天或後天這股票會漲還是跌，這更多地是一種運氣問題。還有很多股市書籍詳細地講解靠研究什麼技術指標可以賺錢之類的也顯得非常可笑。散戶靠一本書中的技術指標來分析投資個股並做決策，其盈利的可能性也是非常低的。

第三層投資境界是分析公司基本面做股票，這個主要指財務分析，分析股票上市公司的現金流、資產負債、每股收益以及市盈率之類的，通過這個方法可以達到賺錢的水平。不信大家可以去瞭解下身邊的財務人員，一般做財務的人員在股票上賺錢的概率要大於滿口消息、滿口指標的人，不過這類人因為性格低調的關係，一般賺錢了就靜悄悄的，不太愛吭聲。但是靠財務分析來做股票也存在一個很大的缺陷，那就是上市公司的財務報表可能本身是作假的，本身就有問題。在一堆本身就錯誤的資料上去苦苦研究，去下結論、做投資，無疑也是徒勞無功，甚至還很讓人氣憤。由於中國證券管理層偏袒上市公司，因而違法成本過低從而縱容了財務做假，對於上市公司來說，做假帳較為普遍。中國上市公司財務會計的部分不誠信行為極大程度上地制約

了通過分析公司財務基本面來做投資決策的投資效果。不過資深的財務人員如果有一雙火眼金睛的話確實是有很大的可能賺錢的，畢竟一個上市公司連年累月地做假帳總會有露出破綻的時候，「紙是保不住火的」。隨著中國證監會對上市公司的監管趨向嚴格，中國上市公司做假帳的行為將受到打壓，通過對企業的財務分析做股票將日益受到重視！

第四層投資境界是通過分析國家宏觀基本面來做股票。這一層級是中國的證券公司和專業的投資公司做股票的水平。宏觀基本面分析主要包括行業分析、國家政策分析、世界經濟基本面分析。

中國目前的很多證券公司研究所基本上都有各個行業的專業研究分析員，會經常對上市公司進行實地調研，可以說這種投資水平已經算得上很專業了。但是這種方式也有其致命的缺陷，那就是各證券研究所的研究員基本上也只是從國家相關部門，如央行、財政部、證監會、銀監會、發改委、工信部、衛生部、教育部等相關部門及上市公司內部去瞭解分析國家政策和公司信息，說白了也只是「天下文章一大抄」，也只是個傳聲筒而已，只不過比普通投資者更能提前知道點行業上或公司裡的信息而已，弄來弄去也僅是個股市的跟隨者。

其實，從這裡也可以看到，中國所有的證券公司或投資機構基本上都掌握在國家的手中，基本上就只有一點圍著國家政策制定者轉圈的水平。各位可能很多都參加過證券公司或投資公司的投資報告會，可能很多所謂的專業資深研究員都是口若懸河，滔滔不絕地和你們分析央行 M1、M2，分析央行利率，分析央行存款準備金率等貨幣政策，分析證監會的新股發行等很多國家政策，這其實也只是他們做的種種推測，他們的研究模式注定了他們永遠只能是國家政策的跟隨者。但坦率來講，這種投資方式無疑還是很專業、很重要的。我不是自大，輕視別人，對於投資者來講，國家宏觀面、經濟政策面無疑是很重要的，目前我也會關注《人民日報》《中國證券報》《上海證券報》《深圳證券時報》等國家的相關股市政策報導，我個人的投資策略和投資思想也很大一部分屬於這個水平。

第五層投資境界則是用哲學思想來做股票，指的是用哲學思想來研究股票和做投資決策，這也正是我所追求的。哲學是研究世界觀、人生觀、價值觀並提出解決事物方法論的學科，可以說從研究宇宙到研究個人，幾乎無所不包。從哲學的角度來看，股市也只是萬千事物當中的一種。股市的種種運行同樣也都蘊含著很多古樸的哲學思想。用哲學思想來投資股市也能更為深刻地理解股市運行規律，是一種層次更高和心態超脫的投資方式。這裡筆者提出了中外很多哲學家、思想家的哲學投資思想，對我們的投資決策行為有較大的參考價值，很多投資專家都非常認可用哲學思想來指導投資的決策模式。

「我思故我在」

這句哲學語言點出了在股市中能拋開周圍繁雜的信息，獨立理性思考的魅力。

「順勢者昌，逆勢者亡」

看趨勢，2015年5月27日，中國股市創造了奇跡，兩市的成交量已經突破兩萬億，這是全球史無前例的記錄。「牛市是長期需要」「中國經濟發展到現在這個階段，能不能把儲蓄轉化為有限投資是支撐穩增值的關鍵。目前居民儲蓄率很高，海量資金無處可去，人們難以獲得可持續的財產性收入；另一方面，實體經濟和重大建設項目缺乏資金保障，所以，財稅、金融、投融資體制必須整體推薦，特別是要打通投融資渠道，挖掘民間資金潛力，讓更多儲蓄轉化為投資。」

「衣食住行，生老病死」

從這句話裡我們可以看到選股的思路，尤其在大盤弱勢的震盪市場裡更能體會到。很簡單，當股市動盪不安，很多莊家不敢拉升股票的時候，「經濟不行，再不怎麼樣，吃飯穿衣還是要的，生病住院也是最起碼的，這是所謂的剛需」。其實大家可以看到，前期在3487點跌下來的這波所謂的震盪行情裡，醫藥板塊是表現最好的行業。當然，當上證指數下破60日均線並最終確定熊市後，醫藥股也是要走下神壇的。因為大勢最終是任何人、任何機構、任何行業都抵擋不了的。

「他山之石，可以攻玉」

要永遠保持謙虛的心態去學習吸收他人的精華。在股市裡也尤其應該這樣，短時間虧錢並無大礙，可怕的是不知道去找出原因，虛心學習。

「人棄我取，人取我予」

這比巴菲特的「別人瘋狂我恐懼，別人恐懼我瘋狂」更簡潔實用，中國古人幾千年前就已經指出了投資的真諦。

「不以物喜，不以己悲」

反應在股市上是說投資者要有好的投資心態。笑看股市漲跌風雲，僅閒庭信步。處亂不驚，泰山崩於前而面不改色才是一個專業投資者應有的素質。

「物質守恒定律」

貨幣在經濟領域或股市波動中也只是從一方流通到另外一方；通過發行新股從股民流到上市公司；上市公司通過分紅回報給投資者，又或者從虧損的一方流到賺錢的一方。但金錢總體來看也是守恒的，你虧了錢並不代表別人也虧了錢，你沒賺錢也並不代表別人也不賺錢。從來沒看見誰把賺到的錢拿去燒掉，要有那也只能說他是變態或瘋子。

「政治經濟學」

政治與金錢、經濟的關係在西方國家更為明顯，中國的經濟關係同樣也無法脫離政治而孤立存在。

「物極必反，否極泰來」

這與巴菲特的名句「行情往往在絕望中誕生，在猶豫中前行，在瘋狂中滅亡」何其相似。對於股市投資者而言，擁有良好的哲學思維無疑就意味著擁有了一個好的投資心態，也就能克服人性的弱點——貪婪與恐懼。

在投資市場上可以說沒有絕對的思想理論或技術方法，每個在投資市場上取得成功的人在各自的投資思想上很難完全一致，但每個成功者都有一個絕對的共同點，那就是獨立思考。股市投資界最成功的投資家沃倫·巴菲特對於獨立思考有這樣的觀點：「必須思考，必須獨立地思考」，「我不住在華爾街，是因為住在離市場更遠的地方能讓我更好地思考」。巴菲特堅決不住紐

約，不離華爾街近一點，相反他回他的老家，美國中部的內羅拉加斯州，相當於中國河南的一個小城市，這個城市只有40萬人。巴菲特說，天天在這個嘈雜的市場裡，想要依靠巨大的定力免受市場誘惑是很困難的，唯一的辦法就是與「市」隔絕，不是與世界隔絕。巴菲特喜歡羅素，他非常推崇羅素的一句名言，「最重要的是思考」。而我們在股市的大部分人根本不思考，他們只知道參考。他們只想聽從別人對股市是什麼意見、大盤怎麼樣了，他們只想參考別人怎麼做，然後去模仿跟隨。但是，股票市場每時每刻都在變化，任何人雲亦雲跟隨別人的做法都是不能取得成功的，人必須要有自己獨立的思考能力。

綜合分析而言，股市投資更像是科學和藝術的結晶，要成為一個好的投資者必須有較深的哲學素養和美學修養。筆者個人追求的投資哲學主要是馬克思辨證唯物主義及中國老子的《道德經》道家思想，筆者目前的投資水平主要在第三層、第四層和第五層之間。第六層投資境界是巴菲特的境界，其實這也是老子哲學當中的最高境界「上善若水」。巴菲特可以做到買了股票後就到處旅遊，根本不把股票當回事，「手中有股，心中無股」。他買了股票後就看都不看，常常去打打高爾夫或從事慈善活動。這對大部分人來說，目前來講還是做不到的，面對市場保持平穩的心態非常不易，筆者也只是在朝第五層投資境界——哲學投資，這個目標前行而已，而且還差很遠，需要不斷地進一步的自我學習與獨立思考。

前面和大家探討了很多投資思想和投資理論，筆者下面從股市的技術層面和專業研究層面具體總結下投資中國股市所應當具備的專業研究步驟和專業研究方法（按重要性次序排列）：

第一，關注並研究美聯儲的貨幣政策（美聯儲的加息、減息貨幣政策為世界各國央行貨幣政策的風向標）。

第二，關注並研究美國經濟體的發展狀況（具體上指研究美國的投資、出口、消費及就業等經濟先行指標）。

第三，研究世界商品的走勢，並分析具體原因，從而反過來綜合判斷世界各經濟體發展狀況，進一步佐證其他投資判斷。

第四，研究中國央行的貨幣政策（這個可以直接決定中國股市的牛熊）。

第五，研究中國經濟體的發展狀況（研究中國的投資、出口、消費等，但個人對中國的統計數據保持一定懷疑度）。

第六，研究個股行業政策和行業發展趨勢、行業有利因素、潛在危險與利空。

第七，研究個股的行業地位和炒作題材、莊家的性質（公募、券商、私募）。

第八，決定能不能買股票，決定什麼時間什麼價格買哪一個股票。

中國的貨幣政策很大程度上是採取跟隨美聯儲貨幣政策的，這從中國將人民幣同美元固定捆綁上可以看出來。所以研究美聯儲的貨幣政策能很大程度上判斷中國央行的貨幣政策，而中國央行的貨幣政策可以直接決定中國股市有沒有後續的足夠多的資金持續運作下去。可以說，中國央行不同的貨幣政策幾乎可以讓中國股市立竿見影地實現牛熊轉換。

美國是世界上最強大的經濟體。很多所謂的專業投資機構如基金、券商還有很多個人在2008年虧得很慘，恐怕有些到現在還不明白自己當初是怎麼死的。原因很簡單，中美關係是當今世界上最重要的兩國關係，中美貿易體系是最重要的貿易體系。目前中國是嚴重的外向型經濟體，中國以廉價勞動力為美國人生產質優價廉的商品。但可悲的是，中國人還得求著美國人來買。一旦美國經濟變差，美國老百姓減少借錢消費了，那麼中國的產品就馬上缺乏市場，立馬滯銷，靠開拓非洲市場只能提振部分出口，仍然會有大量的中國加工出口企業破產倒閉。中國經濟最大的三架馬車之一——出口出了重大問題的話，中國的經濟能不衰退麼？其實這也是中國目前經濟發展的問題所在，中國人用自己同胞的血汗、用自己環境的污染去生產了全世界最質優價廉的商品，但最後發現這商品能不能變現拿到那可憐的加工費的決定權還在美國人手裡。

但這是當今世界的事實，我們力量渺小無法改變整個世界而唯有積極地去適應這個世界的游戲規則，中國在沒有美國一樣的軍事實力、綜合國力情況下也只能逆來順受。所以，要研究中國股市的前提條件是研究世界貨幣政策（關鍵是美聯儲貨幣政策），研究世界經濟（關鍵是美國經濟）。當然研究中國自身央行的貨幣政策和中國自身經濟體的發展狀況也很重要，但我們要從哲學的高度上明白一點：中國股市也只是世界股市的一部分。當世界經濟（尤其是美國經濟）出現問題時，中國經濟想獨善其身也是不太現實的。所以研究世界貨幣政策和世界經濟體發展狀況是必要的，也是必須的。事實上，從世界商品的走勢，某種程度上就可以提前預測判斷世界經濟體的發展狀況及世界股市（包括中國股市）的大概率趨勢走向。因為世界經濟體的發展狀況最終都綜合地表現到對世界原材料（原油和基本金屬）的需求上，從而要研究股市也必須研究世界商品的走勢。而且這很重要，因為世界基礎商品的價格走勢可以提前反應世界經濟發展狀況。

股市是多種因素、多種信息、多種利益主體博弈的最終表現結果。要研究中國的股市，單獨地只研究世界貨幣政策，世界經濟體狀況或者單純地只研究中國貨幣政策和中國經濟狀況都是不可取的。割裂性地看待事物，沒有全局性的眼光，注定只能是井底之蛙，還是會永遠停留在「賺錢是偶然，輸錢是必然」的境地。很多人吹噓某個公司或某個個人在中國的股市多麼厲害，擁有什麼絕對賺錢的股市投資理論或股市技術指標，但其實只要理性地分析下他們的股市研究方法和投資思維方式就大致能判斷出他們真實的投資能力了。目前，全球投資界人士主要分為兩大派別：技術分析派和基本面分析派。平常見到的大部分研究機構或所謂的個人股神其研究方法無出這兩種方法。但真正的最高境界是把兩者結合於無形（包括技術面和基本面絕對的融合及股票時間、空間上的融合）。融會貫通，大道無形，這才是投資真正的最高境界，也是我們金融投資人士所真正應當追求的。大部分人的股市投資方式過於膚淺，盲目直接參與股市投資，虧損風險較大，購買基金間接參與股市代表了世界金融投資的發展趨勢。

中國的股市裡存在一個客觀規律：大盤走熊的時候，基本上所有股票都無法避免下跌的命運，只是存在著跌多跌少的個體差異而已；而大盤上漲的時候，幾乎所有股票都是上漲的，漲多漲少而已。其實全世界的股市（包括美國的股市）都符合這個客觀規律，只不過美國股市裡的股票個體差異表現得更強勢（2008年金融危機，美國很多金融行業股票直接從每股一兩百美元或上千美元的價格直接跌成幾毛錢一股的價格，雷曼銀行還直接倒閉，股票價格變成零，持有雷曼銀行股票的財富一夜消失。而其他少數股票如麥當勞、亞馬遜等在金融危機中股價繼續上漲，幾乎沒受到任何影響）。這一點除了中國股市與美國股市成熟度上的差異，我想還有部分文化上的差異（亞洲人主張群體，歐洲人張揚個性）。當然這股市上的文化差異也只是我個人的判斷，但大盤規律對所有個股的影響是絕對客觀存在的（所有股市都無法忽視大盤的影響，就如同我前面說的，要研究美國股市，任何媒體或個人都必須先談道瓊斯指數）。

一個人從出生到25歲左右是人生的醞釀期，就好比股票上一波行情前期的吸籌準備期；25歲到35歲左右是人生的努力突破發展期，相對應於股市上的試盤拉升階段；35歲到50歲左右基本上是人生最輝煌的時候，一個人的人生基本上就在這個階段定型了。股票的第三個階段也是最牛的拉升期，連續幾個漲停板拉到最高價位也不是問題；人生的最後階段也同樣類似於股票的最後階段，往往意味著一波行情的結束。與股票類似，人生上也是你的下一代拿過你手中接力棒的時候了。筆者常常認為自己在學校裡學到的最有用的學科是哲學和歷史。股市的哲學也是博大精深，人生的哲學更是永遠值得探索。瞭解歷史，可以知道事物將來的發展興衰與更替。當然，這些純屬自我的一些人生感慨！金錢只是一種商品的交換媒介，並非很多人想像中那樣是萬能的，不應該因為在股市中賺到錢而盲目驕傲，而應該多一點感恩之心。

毫無疑問，中國股市與美國股市在有著各種股市共性的同時也存在著各自的個性特徵。中國股市與美國股市同屬於資本市場，分別服務於中國經濟體和美國經濟體。然而，分析美國股市和在美國股市上做股票投資決策與分析

中國股市和在中國股市上做股票投資決策又有很多相同的地方。全世界的股市，包括美國股市、中國股市、日本股市、香港地區股市、英國股市、德國股市、法國股市、俄羅斯股市等全球主要股市都存在著很多共性，在全球不同國家的股市中投資體現的同樣是科學和藝術的思想結晶。這裡以對2012年四季度美國股市和同期中國股市投資策略的分析為例來體會下股市投資的科學性和藝術性。

首先，對美國經濟基本面進行分析，美國方面的最新經濟數據顯示：2012年四季度GDP增長3.2%，比2011年第四季度下跌2.4個百分點，低於預測值的3.4%。PPI 4月份比3月份下降0.1個百分點，低於預測值的上升0.1個百分點。非農就業數據好於預期，顯示就業緩慢復甦，淨資本繼續流入，消費繼續復甦。但很顯然美國經濟雖然有所復甦但復甦勢頭緩慢，中國的出口經濟更是直接取決於美國經濟的復甦程度。因為只有美國人有錢了，才能增加對中國生產的商品的需求。總體來看全世界的經濟目前陷入了增長緩慢的境地，雖然還不到進入二次衰退的程度（因為畢竟美國經濟在緩慢復甦）。世界經濟增長的緩慢直接降低了對世界基礎原材料的需求，美國2012年5月15日當周汽油庫存增加98.1萬桶，同時美國減少了短期內對原油的進口。

從技術上分析，期貨「美原油」的走勢已經走出了熊市的下跌態勢（跌穿了60日均線，反抽能否再次站穩有待觀察），這直接表明世界經濟復甦緩慢，對股市重新走上上升通道無形之中形成了強大的壓制，雖然說美國和中國的貨幣政策或迫於經濟狀況短期內不加息，繼續實行寬鬆貨幣政策，對股市的資金供給會是利好。但若中國經濟因受制於美國經濟不能真正復甦，那麼中國股市也只能是反彈行情，不看好中國股市能反轉進入牛市，因此2012年仍不建議買入中國股市股票，還應繼續空倉觀察。這裡參考研究的經濟數據和經濟圖表主要有：美國股市道瓊斯K線走勢圖（圖1-35）、美國經濟數據圖（圖1-36）、美原油K線走勢圖（圖1-37）及倫銅K線走勢圖（圖1-38）。

圖 1-35　美國股市道瓊斯工業指數 K 線走勢圖

經濟指標名稱	近期數據	前次數據	公布時間	預測值	下次公布時間	重要等級
CPI(%)	03月 +0.1	02月 0.0	04/14	+0.1	2010-05-19	★★★★
GDP(%)	第一季 (P)+3.2	第四季 (F)+5.6	04/30	+3.4	2010-05-27	★★★★★
ISM	04月 60.4	03月 59.6	05/03	59.6	2010-06-01	★★★
PPI(%)	04月 -0.1	03月 +0.7	05/18	+0.1	2010-06-16	★★★★
產能利用率	04月 73.7%	03月 73.2%	05/14	73.7%	2010-06-16	★★★
成屋銷售(%)	03月 +6.8	02月 R-0.8	04/22	N/F	2010-05-24	★
出口物價(%)	04月 +1.2	03月 +0.7	05/13	+0.7	2010-06-15	★
非農就業人數(千)	04月 +290	03月 R+230	05/07	+175	2010-06-04	★★★★★
非農生產(%)	第一季 (P)+3.6	第四季 (F)+6.9	05/06	+0.8	2010-06-03	★★★★★
個人收入(%)	03月 +0.3	02月 0.0	05/03	+0.3	2010-05-28	★
個人支出(%)	03月 +0.6	02月 +0.3	05/03	+0.6	2010-05-28	★
工廠訂單(%)	03月 R+1.1	02月 +0.6	05/04	+0.3	2010-06-03	★★★★
工業生產(%)	04月 +0.8	03月 +0.1	05/14	+0.6	2010-06-16	★★★
國際貿易(b$)	03月 -40.42	02月 R-39.43	05/12	-41.0	2010-06-10	★★★★★
建屋許可(千)	04月 606	03月(R)680	05/18	680	2010-06-16	★
進口物價(%)	04月 +0.9	03月 +0.7	05/13	+0.9	2010-06-15	★
淨資本流入(b$)	03月 +140.5	02月 +47.1	05/17	N/A	2010-06-15	★★★★★
就業成本(%)	第一季 +0.6	第四季 +0.5	04/30	+0.5	2010-07-30	★★★★
勞動力成本(%)	第一季 (P)-1.6	第四季 (F)-5.9	05/06	-1.0	2010-06-03	★★★
零售銷售(%)	04月 +0.4	03月 +1.6	05/14	+0.2	2010-06-11	★★★★★
領先指數(%)	03月 +1.4	02月 +0.1	04/19	+1.0	2010-05-20	★★★★
耐用品銷售(%)	03月 R-1.2	02月 R+1.1	04/23	+0.4	2010-05-26	★★★
批發存貨(%)	03月 +0.4	02月 +0.6	05/11	+0.2	2010-06-09	★★
商業存貨(%)	03月 +0.4	02月 +0.5	05/14	+0.4	2010-06-11	★★★

圖 1-36　美國經濟數據圖表

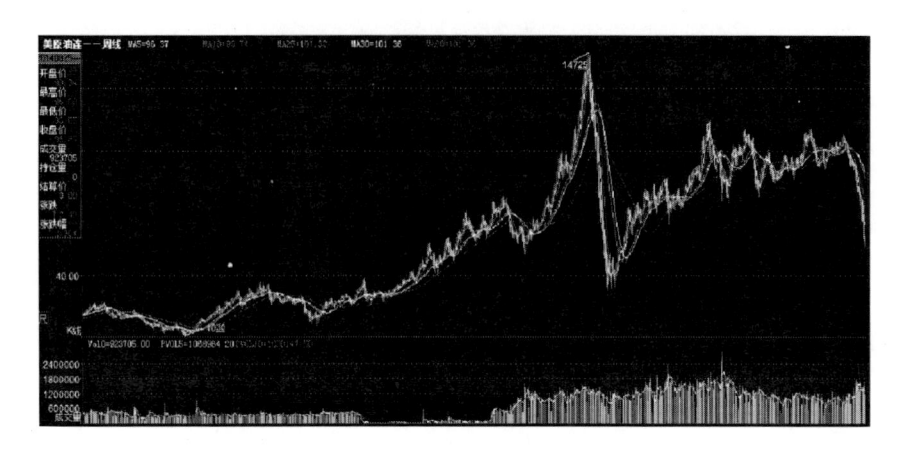

圖 1-37　美原油 K 線走勢圖

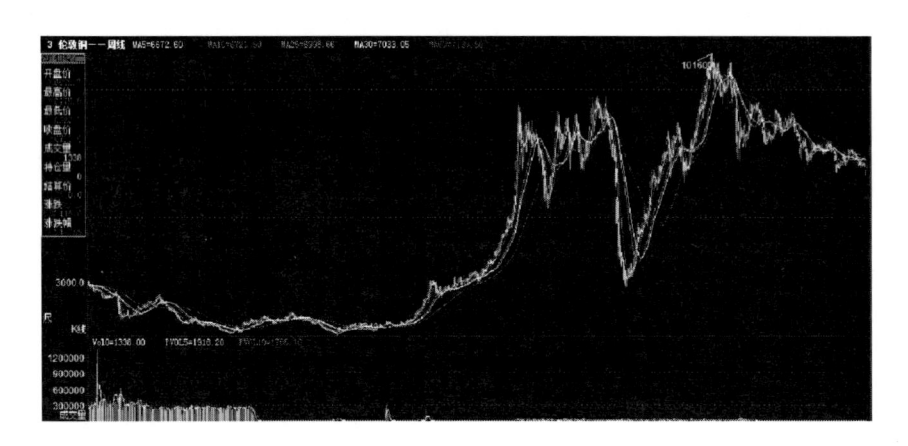

圖 1-38　倫敦銅 K 線走勢圖

　　從理論上來說，把錢用於投資永遠是對的，只要你守得住，忽略短期的利益得失，到頭來你總是能賺到錢的。在股市裡賺錢的有兩種人，一種是專業的投資人士，確實靠實力與能力投資賺錢；另一種是什麼都不懂的老太太，就死拿著，放個十年八年的，沒有虧錢的。虧錢的往往是那種投資水平「半桶水」的，說起股票來口若懸河，往往卻是連最基本的牛熊市判定這個入門的門檻都沒邁進去的人。專業的投資人士則謙虛謹慎，並永遠對市場抱有敬畏之心。

2

研究經濟和研究股市的方法

一、證券公司股市投資決策模型

證券公司代表社會的主流專業股票投資機構，這裡我們先來研究一下證券公司研究所或專業投資公司的投資水平。

大部分專業的證券公司、基金公司和投資公司一般是通過分析和研究國家宏觀基本政策、行業基本動向來進行投資決策，這種投資方式屬於本書中提出的第四層投資境界。這是一種相對而言很專業的股票投資決策方法。不過，這種投資方法也同樣會受制於國家政策制定者，而有的時候國家政策也不一定是萬能的，市場出現失控或「羊群效應」的非理性行為也很有可能，簡單地做一個國家政策的跟隨者也存在部分局限。相比於通過哲學思維來進行股票投資決策還存在著差距，也還稱不上最高的投資境界。

同時，同樣是證券公司研究所，也分三六九等，各證券公司研究所的研究水平也是不一樣的。宏觀基本面分析主要包括行業分析、國家政策分析、世界

基本面分析。其實從一個研究所提供的研究報告中也能看出該研究所的研究水平。一流的證券研究所研究的是世界經濟基本面，研究的是美元、歐元、美國經濟、歐洲經濟這些因素，並且結合中國的國家宏觀政策和行業政策來研究中國的股市；二流的證券研究所研究的是中國具體的國家宏觀政策及各相關部門的具體行業政策對股市的影響；三流的證券研究所就純粹可能是抄襲別家證券研究所的報告，鸚鵡學舌地從行業政策上來研究股市。

證券公司對於證券更偏向於建立數學投資模型或財務分析模型來進行投資決策，甚至試圖建立電腦自動操作模式，但對證券投資市場而言，股市投資更多地是科學和藝術的結晶體而不僅是一門單純的科學或藝術，有時候個人操盤手的盤感、對市場情緒心理的分析也同樣重要。因循守舊是證券公司最容易犯的毛病，但是市場每時每刻都在隨著經濟的發展而發生變化，證券公司試圖追求一勞永逸的投資操盤手法是不可取的。證券公司主要是試圖通過對上市公司的財務報表進行靜態分析，以試圖找出其認為「最有投資價值的公司」股票來進行投資，同時建立證券投資組合和固定的某個投資決策模型來買賣股票，一般證券公司的具體投資決策流程和投資決策模型如表2－1所示。

證券公司財務分析數據投資決策模型支持者的具體財務分析數學計算指標計算公式如下：

（1）盈利能力分析

比較常用的指標有：

淨資產收益率＝淨利潤／平均淨資產

總資產收益率＝淨利潤／平均總資產

營業收入利潤率＝利潤總額／營業收入淨額

以上3個指標值越大，盈利能力越強。

（2）償債能力分析

流動比率＝流動資產／流動負債（該指標應大於1，否則企業短期償債能力有問題，最佳值為2以上。）

表 2-1　　　　一般證券公司的投資決策流程和模型

財務報表分析	通過收集、整理企業財務會計報告中的有關數據，並結合其他有關補充信息，對企業的財務狀況、經營成果和現金流量情況進行綜合比較和評價，為股票決策提供依據。
資產負債表分析	證券公司認為通過分析公司的資產負債表，能夠揭示出公司償還短期債務的能力、公司經營穩健與否或經營風險的大小以及公司經營管理總體水平的高低等。
利潤報表分析	分析企業如何組織收入、控制成本費用支出實現盈利的能力，評價企業的經營成果。同時還可以通過收支結構和業務結構分析，分析與評價各專業業績成長對公司總體效益的貢獻，以及不同分公司經營成果對公司總體盈利水平的貢獻。通過利潤表分析，可以評價企業的可持續發展能力，它反應的盈利水平對於上市公司的投資者更有吸引力，它是資本市場的「晴雨表」。
盈利能力的指標分析	盈利能力就是公司賺取利潤的能力，一般來說，公司的盈利能力是指正常的營業狀況。非正常的營業狀況也會給公司帶來收益或損失，但這只是特殊情況下的個別情況，不能說明公司的能力。因此，證券分析師在分析公司盈利能力時，應當排除以下因素：證券買賣等非正常項目、已經或將要停止的營業項目、重大事故或法律更改等特別項目、會計準則和財務制度變更帶來的累計影響等。
財務安全性的指標分析	短期償債能力分析只能起到一種救急的作用，而不能真正做到救窮。從長時間來看，企業的財務是否安全，需要對企業進行資本結構分析，即企業財務安全性分析。公司的財務有無問題，可以通過兩個指標來觀察，即槓桿比率和長期資金對固定資產的比率。
資產營運效率的指標分析	營運效率指標主要是用來衡量公司在資產管理方面效率的指標。指標主要有：存貨週轉天數、應收帳款週轉天數、流動資金週轉天數、總資產週轉天數、營運資金週轉天數和營業週期（存貨週轉天數+應收帳款週轉天數）。
企業成長性的指標分析	上市公司成長性分析的目的在於觀察企業在一定時期內的經營能力發展狀況。成長性比率是衡量公司發展速度的重要指標，也是比率分析法中經常使用的重要比率，這些指標主要有總資產增長率、固定資產增長率、主營業務收入增長率、淨利潤增長率等。

表2-1(續)

財務報表指標綜合評價	財務報表綜合分析主要包括標準財務比率與綜合系數分析、杜邦分析法、沃爾綜合評分分析法。
財務前景的定性預測	定性分析法的概念在企業財務預警分析中,主要採用的是定量研究,雖然其是實證研究,帶有很強的說明力,但其僅考慮了財務因素,未將非財務因素納入財務預警的體系,並不能全面反應企業的全貌,為此應輔之定性分析法,使研究更全面準確,以此建立更為合理、準確的財務預警系統。
財務前景的定量預測	主要包括對上市公司現金利潤預測的起點和假設、現金利潤預測模型、情景分析和敏感性分析。
財務困境的預測模型	財務困境(Financial Distress)又稱「財務危機」(Financial Crisis),最嚴重的財務困境是「企業破產」(Bankruptcy)。企業因財務困境導致破產實際上是一種違約行為,所以財務困境又可稱為「違約風險」(Default Risk)。事實上,企業陷入財務困境是一個逐步的過程,通常從財務正常漸漸發展到財務危機。實踐中,大多數企業的財務困境都是由財務狀況正常到逐步惡化,最終導致財務困境或破產的。因此,企業的財務困境不但具有先兆,而且是可預測的。正確地預測企業財務困境,對於保護投資者和債權人的利益,對於經營者防範財務危機,對於政府管理部門監控上市公司質量和證券市場風險,都具有重要的現實意義。

速動比率=速動資產/流動負債（其中速動資產=流動資產-存貨-待攤費用,該指標大於1較好。）

資產負債率=負債總額/資產總額（可與行業平均值比較。）

（3）資產營運能力分析

總資產週轉率=營業收入/平均總資產（相似可以計算流動資產週轉率、固定資產週轉率、淨資產週轉率等。）

存貨週轉率=銷貨成本/存貨平均餘額

應收帳款週轉率=賒銷淨額/應收帳款平均餘額（其中賒銷淨額常用主營業務收入代替；週轉率指標越大,說明資產週轉越快,利用效率越高,營運能力越強。）

（4）成長能力分析

總資產增長率＝本年資產增長額/年初資產總額

營業收入增長率＝本期營業收入增長額/上期營業收入

以上指標公式中，有「平均」二字的，都是用期初數與期末數平均計算而來的。

證券公司用來判斷上市公司營運狀況的其他財務數據指標還有銷售利潤率、總資產報酬率、資本收益率、資本保值增值率、社會貢獻率、社會累積率，甚至證券公司也會自己發明一些自認為獨到的財務數據指標來對上市公司進行研判。對上述所有常用的財務指標進行歸納整理，結果如表2-2所示。

表2-2　　　　　　　　其他財務數據指標

指標名稱	計算公式	用途說明
銷售利潤率	銷售利潤率＝利潤總額÷營業收入×100%	銷售利潤率用以表明一定時期的銷售利潤總額與銷售收入總額的比率。它表明單位銷售收入獲得的利潤，反應銷售收入和利潤的關係。
總資產報酬率	總資產報酬率＝（利潤總額＋利息支出）÷平均資產總額×100%	總資產報酬率用以表示企業包括淨資產和負債在內的全部資產的總體獲利能力，用以評價企業運用全部資產的總體獲利能力，是評價企業資產營運效益的重要指標。
資本收益率	資本收益率＝淨利潤÷實收資本×100%	資本收益率用以反應企業運用資本獲得收益的能力，也是財政部對企業經濟效益的一項評價指標。資本收益率越高，說明企業自有投資的經濟效益越好，投資者的風險越少，值得繼續投資。對股份有限公司來說，這就意味著股票升值。
資本保值增值率	資本保值增值率＝期末所有者權益÷期初所有者權益×100%	資本保值增值率反應了投資者投入企業資本的保全性和增長性。該指標越高，表明企業的資本保全狀況越好，所有者權益增長越快，債權人的債務越有保障，企業發展後勁越強。

表2-2（續）

指標名稱	計算公式	用途說明
社會貢獻率	社會貢獻率＝企業社會貢獻總額÷平均資產總額×100%	社會貢獻率是指企業社會貢獻總額與平均資產總額的比率。它反應企業運用全部資產為國家或社會創造或支付價值的能力。
社會累積率	社會累積率＝上繳國家財政總額÷企業社會貢獻總額×100%	社會累積率用於衡量企業社會貢獻總額中用於上交國家財政和支持社會公益事業的金額，從而直接或間接反應企業的社會責任。

　　不過，相對於證券公司試圖利用建立數學模型和對上市公司進行財務分析來進行股票投資決策，股票市場上的股票價格更多地是各投資利益體的市場博弈行為，博弈理論和市場心理學分析更能有利於投資決策。前美聯儲主席伯南克在通過大規模的量化寬鬆貨幣政策將美國經濟從2008年金融危機中拯救後，曾經去華盛頓大學上過幾堂金融學課；華盛頓大學的提姆・福特博士在課堂上提到他對市場博弈理論和市場行為理論很感興趣。我們可以由此「管中窺豹」地認識到股市投資決策絕不只是數學、財務上的科學，還同時是一門心理博弈上的行為藝術。證券公司的投資決策模型有其局限性，更偏重於靜態的科學而忽略了動態的藝術，所以世界上在股市投資上做得最成功的並不是有大量數學家、科學家的某一證券公司，而是真正有投資藝術、投資天賦的個人──沃倫・巴菲特。

二、筆者股市投資決策模型

　　前人說過一句話，「站得更高，才能看得更遠」，這用在判斷證券公司研究所的投資研究水平上同樣適用。現實情況是，現在世界已經成了地球村，美國的金融危機完全波及世界，中國也不能例外。作為一個專業的投資人士

來講，對全世界的經濟信息保持敏感並合理分析才是真正的投資專業人士。

再次和大家分享一下投資界經典教父本・格雷厄姆的經典投資哲理名言，「別人同意你的觀點不一定證明你是對的，而別人反對你的觀點也不能證明你就是錯的！」本・格雷厄姆的《證券分析》是華爾街的經典，也是奠定格雷厄姆聲譽的里程碑，是投資方面有史以來最有影響力的著作，從1934年問世以來，至今仍是人們最為關注的書籍，被譽為投資者的聖經。大家對本・格雷厄姆不是很瞭解，但可能都聽說過沃倫・巴菲特，巴菲特就是從他的老師本・格雷厄姆處悟到了投資的真諦。股市向來被人視為精英聚集之地，華爾街則是衡量一個人智慧與膽識的決定性場所。本・格雷厄姆作為一代宗師，他的金融分析學說和思想在投資領域產生了極為巨大的震動，影響了幾乎三代重要的投資者，如今活躍在華爾街的數十位管理上億資金的投資管理人都自稱為格雷厄姆的信徒，他享有「華爾街教父」的美譽。

對於本・格雷厄姆的這句話我想再加上後半句，「觀點的對錯其實並不重要，一切會有實踐去檢驗，但你必須要有你自己的觀點。」因為「我思故我在」，人的存在體現於其思想性。一個沒有獨立思考能力的人是悲哀的個人，一個沒有獨立思考能力的民族是悲劇的民族。在以後的投資生涯中，巴菲特將其老師本・格雷厄姆的思想進一步發揚光大。巴菲特說，天天在嘈雜的市場裡，想要依靠巨大的定力免受市場誘惑是很困難的，唯一的辦法就是與「市」隔絕，遠離市場去更好地獨自思考以免受到繁雜市場的干擾。當然，是與「市場」隔絕，而不是與世界隔絕。安靜的環境下更有利於思考。在喧囂的市場裡冷靜的思考無疑是最重要的，這遠比去喧囂的市場裡獲取所謂的內幕消息更重要、更長久。股市裡最忌諱和最需要避免的就是盲目跟隨和盲目決策，最需要和最應該堅持的則是獨立思考和獨立決策。

要做一個專業的投資理財人士，其目光不應該只盯著中國，而要放眼世界！目前世界上最強大的國家是美國，最強的經濟體是美國經濟體，最強的貨幣是美元。在一定程度上來說，美元是世界範圍內幣值最硬的通用貨幣，

可以買到全世界的商品，而中國的貨幣——人民幣目前還只是嘗試在東南亞小範圍國家進行貨幣互換，連日本的日元也比不上（日元也是世界通行的五大貨幣：美元、歐元、英鎊、日元、澳元，之一）。中國雖然已經是世界上最大的外向型出口國家，但中國在國際上的一切經濟活動都是以美元來結算的（連慈善捐款都是以美元來計算）。說美國是世界經濟的中心，美聯儲執全球經濟之牛耳毫不為過，因此美元的走勢漲跌表現就會直接影響到中國的出口型經濟。2008年美國的一場金融危機從美國波及到了全世界，美國經濟增速的下滑迅速影響了美國民眾的收入也隨之迅速減少了其對中國外貿出口的需求，美國股市大跌的同時中國的股市也立馬從6,124點打回到了1,664點，我們可以看到美國經濟影響著全球。

當今中國和其他國家發展經濟的基礎和前提有兩樣東西：第一，原油，可稱為工業經濟的「血液」基礎；第二，以金屬為代表的原材料，可以稱為工業經濟的「肌肉」基礎。而當今這兩樣大宗商品的定價權由西方發達資本主義國家所掌控，原油是由美國的紐約期貨交易所控制，銅等工業基礎金屬則由英國的倫敦期貨交易所控制。期貨相對於股市不具有投資功能，但具有投機、套期保值和定價權功能。其中尤為重要的是定價權功能，因為定價國可以決定一切商品的價格。

作為世界工廠的勤勞員工，中國人無疑感到自己作為苦力的悲哀。當然這一切的控制是很隱蔽的，但仔細思考研究下，你就會發現，誰控制了原油和金屬就基本上相當於直接或間接地控制了世界的經濟。而現實中很不幸的事，這兩種商品的定價權都被其他國家控制著。誰也不敢輕易挑戰美國的原油定價權，因為這是美國的核心利益。對於原油的挑戰者，美國從來都是訴諸武力讓他們從地球上消失，美國總統宣誓時從來毫不猶豫地宣示自己將旗幟鮮明地為美利堅合眾國的利益服務。

事實上這個世界的經濟主要是由以美國人和英國人為代表的資本家控制的，他們可以通過控制原油（紐約期貨交易所），控制金屬（倫敦金屬期貨交

研究經濟和研究股市的方法

易所）來控制全世界的工業經濟。同時美國人還通過芝加哥期貨交易所的美國大豆間接地控制了全球的農業經濟（事實上中國東北的大豆產業已經被美國人摧毀了）。因此，對於研究中國經濟和中國股市的人來說，如果只知道整天盯著中國的國家政策和行業政策而世界經濟狀況的話那無疑是閉門造車，缺乏全球股市高度上的戰略考量。

真正的投資者必須理解六個最基本的指數、指標：美元指數、道瓊斯指數、美原油、美大豆、倫銅、現貨黃金。我在這裡先提出來然後在後面再逐個分析這些指數、指標與世界經濟的正相關關係或負相關關係，以及對於我們研究中國經濟、研究中國股市的啟示！沒有世界的眼光，沒有世界的高度，成天只看著個股的技術指標或相對高度的行業政策、國家政策，成天想著在中國的股市裡找支股票做個小莊家，希望通過控制個股走勢來騙取散戶投資者追漲殺跌從而實現盈利目的是卑微的。這類所謂投資者缺乏遠見從而注定了他們永遠也走不出他們為自身所畫的那個圓圈。當然他們對於怎樣散布謠言、操縱個股那是十分嫻熟的，玩弄散戶、賺賺散戶的血汗錢對他們來說也是得心應手的。

對於投資者來說，「思想高度決定投資成就！」要研究中國的經濟，研究中國的股市，前提條件就是要有世界經濟的大局觀。此外，對股市的研究要先從對貨幣的屬性研究開始，股市只是經濟的一部分，搞清楚貨幣的本質和來源有助於投資者更加深刻地認識股市。研究中國經濟和中國股市也必須站在貨幣發行權的高度去判斷經濟和股市趨勢動向，這樣才是科學的。如果缺乏對全球經濟的大局觀，缺乏對貨幣金融屬性的認識，那麼所有對股市和經濟的研究則類似於無根之浮萍隨處飄蕩而無定所。這樣的研究是經不起市場考驗的。深刻的研究能為投資者樹立良好的投資心態，而膚淺的研究則可能讓投資者在股市投資決策上變來變去、無所適從。

筆者認為研究中國經濟、研究中國股市的正確方法論，就基本面分析而言，應該是：世界經濟基本面分析──中國國家政策基本面分析──行業基本

面分析——個股基本面分析。單純地只關注某個股票暫時的基本面分析而忽視世界經濟趨勢無疑是不可取的。總結起來還是一句話，研究任何事物「站得更高，才能看得更遠」。與軍事上不僅追求戰術同樣講究戰略一樣，研究股市或任何其他事物先站在一定的戰略高度來考慮、判斷市場是很必要的，因為萬事萬物從哲學上來講是完全相通的。

石油是工業經濟的血液，倫銅是工業經濟的肌肉。美國和英國通過控制這兩種最基礎、最根本的大宗商品的定價權，直接或間接地控制了全世界的經濟。這直接體現了紐約和倫敦的世界金融中心地位。在世界金融版圖中，日本的東京和新加坡起碼還在一定程度上控制了橡膠的定價權。香港是所有貨幣自由流通的自由港，而要說中國的上海是全世界的金融中心，就目前來看，無疑還只是臆想而已。坦率地講，上海離世界金融中心的距離還很遠，差距還很大。

筆者認為，上海建立金融中心的出路不在於和中國另一金融中心香港爭奪世界貨幣自由兌換港的位置。短期來看，上海和日本的東京以及新加坡去爭奪橡膠的控制權也是個不錯的選擇，而追求原油和基本金屬的定價權並最終與紐約和倫敦形成金融競爭關係應是其長遠發展目標。當然，如果理性地分析的話，由於傳統的原油期貨交易中心紐約和金屬交易中心倫敦期貨定價機制已經非常成熟，東京和新加坡在橡膠定價權上也有一定金融優勢，因此上海無論挑戰原油、金屬、橡膠等三個期貨品種的任意一個都將面臨激烈的競爭，迎難而上、強行突圍可能只是中策的選擇，也不能算是最優方案。

上海建立世界金融中心的最大突破點其實應該定在確立滬鐵即世界鐵礦石的價格定價權上。有三個原因：第一，目前世界上還沒有鐵期貨（鋼材期貨不能等同於鐵期貨），上海選擇朝這個方向發展的話可以取得先機；第二，選擇的競爭對手是澳大利亞而非日本、新加坡。這樣不會對日本的經濟發展形成威脅，而會讓鄰居相對平和，可以實現毛主席思想的「團結一切可以團結的人」；第三，攻擊五大世界貨幣（美元、歐元、英鎊、日元、澳元）中最

弱的貨幣澳元並讓人民幣取代其位置，踏出成為世界貨幣目標的第一步無疑是最優的選擇。這跟打擊敵人先打擊其左膀右臂的道理是一樣的，目前直接挑戰美國無疑是雞蛋碰石頭——不自量力，而打擊澳元並取代其地位無疑具有最直接的戰略目的，而且不會刺激美國、英國、歐洲、日本等經濟體。

對上海來說，在當前的國際背景和國家戰略需要下，由上海期貨交易所來挑起鐵礦石定價權的大梁無論對國家、上海都是雙贏的結局。但目前很不幸的是，上海期貨交易所竟然不上鐵礦石期貨而上了線材、螺紋期貨之類的鋼材期貨。向國內的老百姓需求方去爭奪鋼材的定價權而不是向國際礦商去爭奪鐵礦石的定價權，這無疑是讓人困惑，不得其解的。其實學習倫敦期貨交易所控制倫銅，在上海交易所建立滬鐵礦石合約，爭奪世界鐵礦石的定價權才是上海期貨交易所真正應該做的事情。莫名其妙地搞鋼材期貨合約而放棄滬鐵礦石期貨合約無疑是舍本逐末，只會讓上海離世界金融中心的目標越來越遠。

世界最大的石油產區在中東，但美國人通過紐約期貨交易所控制了全世界的原油價格，要是不想讓原油漲，就公布下美國原油庫存增加，要是嫌價格低就發布下原油需求增長的消息，所謂「翻手為雲，覆手為雨」，美國人某種程度上在這方面比我們中國人玩得更加爐火純青。同樣，銅也一樣，世界上最大的銅產地在智利和非洲，但英國人在倫敦期貨交易所裡同樣決定了世界銅的價格。雖然澳大利亞是世界上最大的鐵礦石產地，但我相信中國完全可以學習美國人和英國人，通過建立鐵礦石庫存或標準鐵庫存及公布各種鋼鐵行業數據來控制全球的鐵礦石價格。要是上海做到了，那麼毫無疑問，世界金融中心必然有上海的一席之地。通過控制鐵礦石定價權間接控制澳大利亞經濟，讓人民幣取代澳元成為世界五大貨幣之一，那樣的局面無疑會讓中國經濟體朝世界發達國家經濟體前進了一大步，而如果上海真正控制了全球鐵礦石的定價權，國家層面的各種政治、經濟傾斜政策也會隨之而來以鞏固其金融中心地位。

總結起來，上海建立世界金融中心的上策是滬鐵礦石合約——世界鐵礦石的定價權；中策是橡膠合約——世界橡膠的定價權；下策是貨幣自由兌換中心——類中國香港模式。當然，最輝煌的頂點莫過於全球石油的定價權，而這可能需要中國人幾代人的努力才可以做到。

　　下面具體分析世界六大經濟指標指數同中國經濟、中國股市的具體相關關係。圖2-1至圖2-6分別為：美元指數、道瓊斯指數、美原油、倫銅、現貨黃金、美黃豆的歷史周K線圖（1995-01至今）。

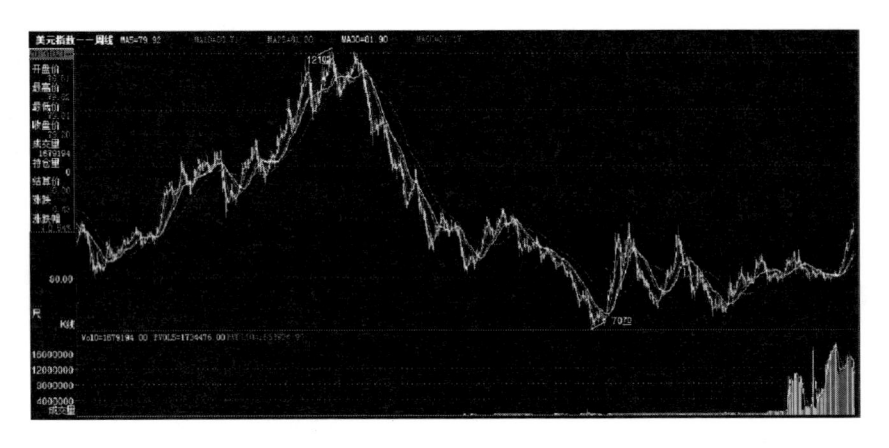

圖2-1　美元指數歷史周K線圖

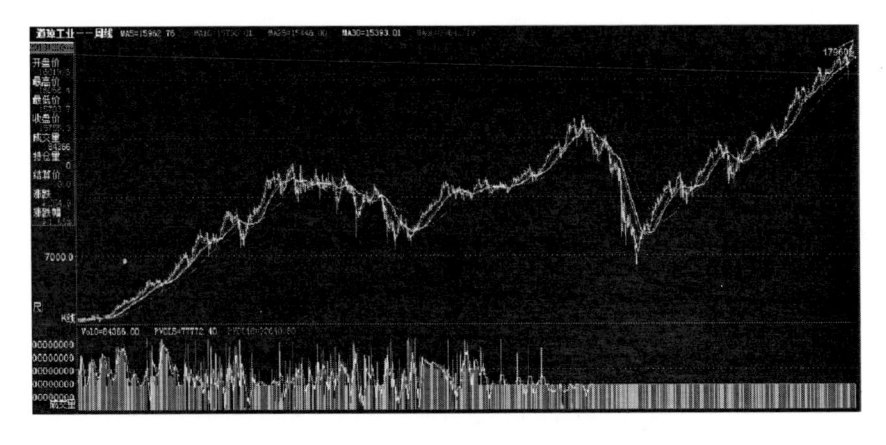

圖2-2　道瓊斯工業指數歷史周K線圖

研究經濟和研究股市的方法 **2**

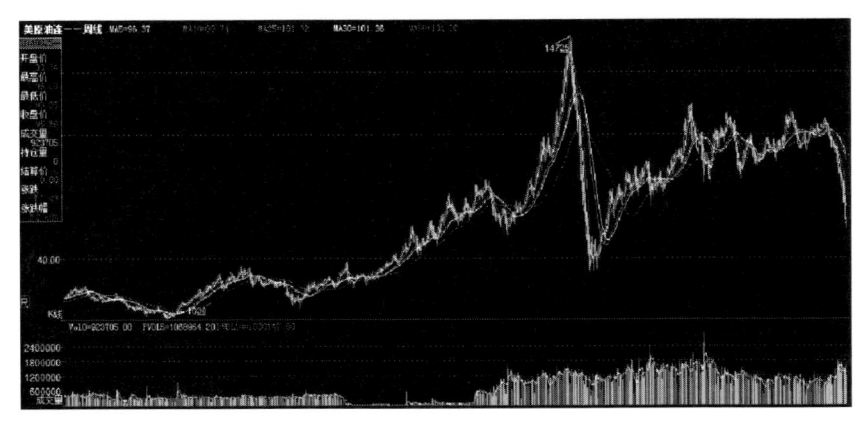

圖 2-3 美原油歷史周 K 線圖

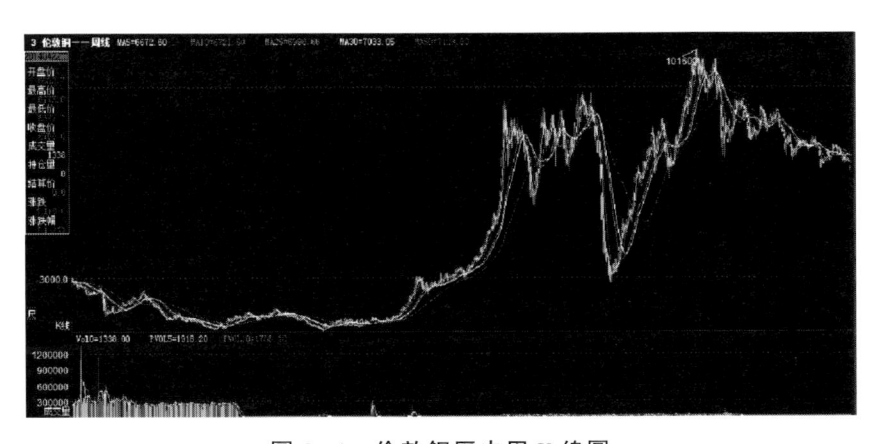

圖 2-4 倫敦銅歷史周 K 線圖

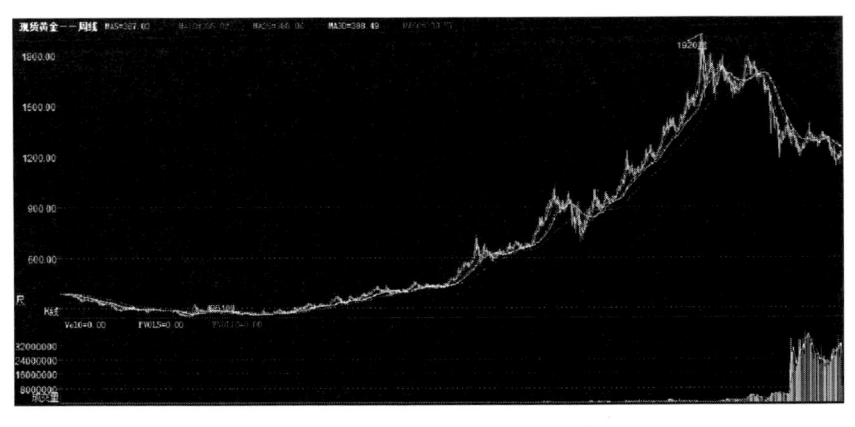

圖 2-5 現貨黃金歷史周 K 線圖

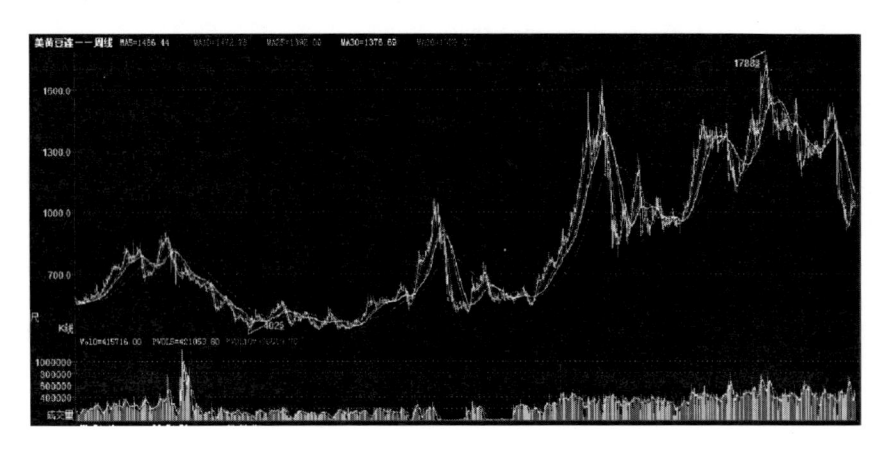

圖 2-6　美黃豆歷史周 K 線圖

中國股市從 1989 年開始試點，1990 年深交所正式成立宣告中國股市的誕生，迄今為止，一路走來只有 30 多年的歷史，因此，對於世界經濟六大指數、指標筆者也只是選取了 90 年代至今的周 K 線走勢圖進行類比分析。30 年來，中國股市大盤指數——上證指數歷史周 K 線圖如圖 2-7 所示。

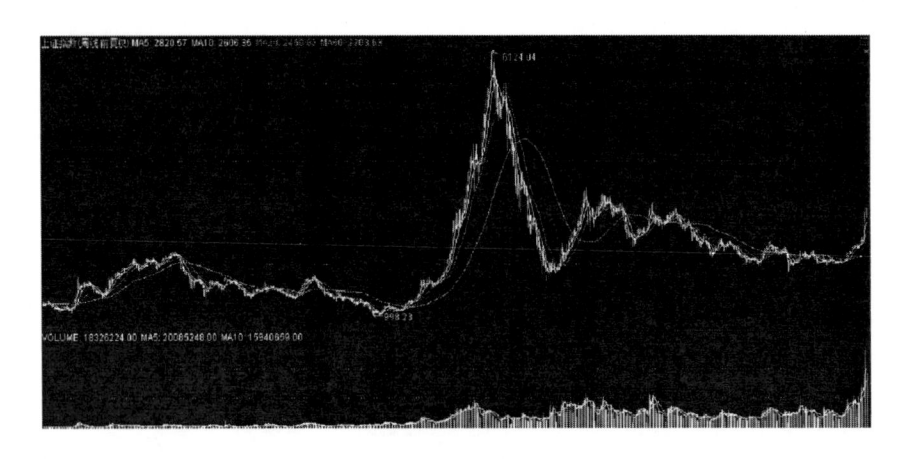

圖 2-7　中國上證指數歷史周 K 線圖

對世界經濟六大指數、指標與中國股市大盤——上證指數分時間段進行上漲趨勢和下跌趨勢初步對比分析，可以得到統計結果，如表 2-3。

表 2-3　　世界經濟指數、指標與上漲指數漲跌情況統計

指數名稱	各時間段內各指數行情漲跌					
美元指數	1995.1 至 2001.6 上漲	2001.7 至 2008.3 下跌	2008.03 至今 上漲			
道瓊斯工業指數	1995.1 至 1999.12 上漲	2000.1 至 2003.2 下跌	2003.2 至 2007.9 上漲	2007.9 至 2009.2 下跌	2009.2 至 2009.10 上漲	2009.10 至今 上漲
美原油	1995.1 至 2008.6 上漲	2008.7 至 2009.1 下跌	2009.2 至 2014.6 上漲	2014.7 至今 下跌		
倫敦銅	1995.1 至 2001.10 下跌	2001.11 至 2008.6 上漲	2008.7 至 2009.12 下跌	2009.11 至 2011.2 上漲	2011.3 至今 下跌	
美黃豆	1995.1 至 1997.5 上漲	1997.6 至 1999.6 下跌	1999.7 至 2004.4 上漲	2004.5 至 2006.9 下跌	2006.10 至 2008.6 上漲	2008.7 至今 下跌
現貨黃金	1995.1 至 1999.7 下跌	1999.8 至 2011.08 上漲	2011.8 至今 下跌			
中國上證指數	1995.1 至 2001.6 上漲	2001.7 至 2005.5 下跌	2005.6 至 2007.10 上漲	2007.11 至 2008.10 下跌	2008.11 至 2009.7 上漲	2009.7 至 2013.6 下跌
	中國上證指數在 2013 年 6 月見底後開始新一輪上漲徵程，上漲高度還未可知。					

對上圖各經濟因素相關性進行進一步的統計，得到統計結果，如表 2-4。

表 2-4　　　　　　各指數指標相關性統計

指數名稱	1995.01 至 1997.4	1997.5 至 1999.10	1999.11 至 2001.08	2001.9 至 2003.2	2003.3 至 2004.4	2004.5 至 2005.5	2005.6 至 2006.9	2006.10 至 2007.9	2007.10 至 2008.6	2008.7 至 2009.7	2009.7 至 2013.6	2013.6 至今
美元指數	上漲	上漲	上漲	下跌	下跌	下跌	下跌	下跌	下跌	上漲	下跌	上漲
道瓊斯工業指數	上漲	上漲	下跌	下跌	上漲	上漲	上漲	上漲	下跌	下跌	上漲	上漲
美原油	上漲	上漲	下跌	下跌	上漲	上漲	上漲	上漲	上漲	下跌	上漲	下跌
倫敦銅	下跌	下跌	下跌	上漲	上漲	上漲	上漲	上漲	下跌	下跌	上漲	下跌
美黃豆	上漲	下跌	上漲	上漲	下跌	上漲	上漲	上漲	下跌	下跌	上漲	下跌

表2-4(續)

指數名稱	1995.01至1997.4	1997.5至1999.10	1999.11至2001.08	2001.9至2003.2	2003.3至2004.4	2004.5至2005.5	2005.6至2006.9	2006.10至2007.9	2007.10至2008.6	2008.7至2009.7	2009.7至2013.6	2013.6至今
現貨黃金	下跌	下跌	上漲	上漲	上漲	上漲	上漲	上漲	上漲	上漲	上漲	下跌
中國上證指數	上漲	上漲	上漲	下跌	下跌	下跌	上漲	上漲	下跌	上漲	下跌	上漲

通過用心觀察指數、指標K線運行及對上面的統計圖表進行進一步的分析基本上可以得到以下三點：

第一，商品與貨幣之間的反相關關係表現最為強烈，即為強相關性。貨幣走強，即美元的貨幣購買力較強時，商品價格將表現為下跌；貨幣供應增加，美元下跌時，商品上漲的概率基本是確定的。從上面可以看出，包括黃金、原油、倫銅、黃豆在內的大宗商品除了黃豆意外在美元走弱時出現過下跌行情（這波行情結合歷史可以認為是美國人為控制針對中國的大豆產業）外，一般都是牛市上漲格局。這體現了最基本的價值規律：貨幣供過於求時，商品價格上漲；貨幣供不應求時，商品價格下跌。因此當美元下跌走熊時，貨幣疲軟則商品價格必定強勢，可以判斷世界商品牛市格局為大概率事件。

第二，從本質上來講，印鈔遠比生產實實在在的商品來得容易，也就是說人類有著多印鈔票的慣性和動力。從絕對觀念來說，鈔票永遠多於商品。所以我們看到，黃金市場相對於美元永遠保值增值，一路上漲。當人類發現黃金的保值增值功能後，就可以發現黃金市場一定程度上不存在熊市，即便經歷2008年金融危機，也只是短暫調整後拒絕走熊，繼續走牛。這在一定程度上也可看出貨幣的脆弱，以商品為代表的物質才是實實在在的保值增值的東西。當然，隨著全球經濟增長的逐步恢復，世界人民對包括美元在內的紙幣信心增強後，黃金的保值增值功能有可能被弱化，社會資金風險偏好的增強可能會弱化對貴金屬的保值增值需求。此外，因美聯儲停止量化寬鬆貨幣政策轉向加息進程，強勢美元也可能對現貨黃金價格形成壓制。不過，相對於其他普通大宗商品而言，現貨黃金的上漲衝動更為強勁，原因就在於黃金本

身具有貨幣屬性，各國央行都在儲備黃金，將其當作國家外匯儲備的硬通貨。

第三，基礎商品的價格變化能反應經濟的疲軟或強勁，美元的強弱可以通過影響商品價格來間接地影響經濟，並最終表現在股市上。當經濟好轉時，對基礎商品的需求會上升，一般來講商品的價格會上升，當然商品價格同時還受制於貨幣的供應量。所以一定程度上，商品的價格與股市也在某種程度上表現為正相關關係。當然這個相關係數可能要低一點，沒有商品與貨幣的反相關關係強。我們可以從最近幾年中國股市和世界倫銅、原油的市場表現上看出來。中國股市在 2007 年 10 月 16 日從 6,124 點下跌前，倫銅在 2008 年 4 月就表現出了高位上漲乏力，破位下行的熊市預兆，而美原油則在 2008 年 7 月份創下 147.25 美金的新高後比中國股市提前 3 個月進入了熊市。所以說要研究中國的股市，先研究世界的六大經濟指標能更有預見性地真正地判斷出市場行情趨勢。因為如果世界經濟出問題，肯定表現為企業產品的滯銷，從而會壓縮減產，減少原材料的需求。而企業的復甦必然帶動對基礎原材料——銅和工業經濟血液——石油的需求。由於中國加入 WTO 後完全融入世界經濟，世界基礎商品的需求動向也間接反應中國經濟的運行狀況，世界基礎商品期貨行情趨勢甚至比股市更能直接地反應世界經濟，更能稱為真正反應世界經濟狀況的「晴雨表」。

「中國需求改變世界」的同時，世界基礎原材料市場商品的變化也更能提前反應出中國的經濟情況。也就是說我們研究世界的經濟指標更能富有預見性地研究出中國股市的動向。事實上，不光中國的股市，全世界的股市，包括美國道瓊斯工業指數、日本日經指數、法國巴黎 CAC40 指數、德國法蘭克福指數以及英國金融時報指數等都在美原油走熊後準時地進入金融危機。以上的基礎商品和美元強弱相關性分析會讓我們看到世界經濟和世界金融之間千絲萬縷的聯繫。世界上沒有預言家，我們投資者所能做的並不是去預測明天會發生什麼，但我們可以做到當事物發生變化時，我們能做出正確的選擇！

包括中國股市在內的全球股市在體現其藝術性的同時還是服從很多客觀數據統計規律的，單純地憑直覺去預測股市和做股票投資決策也是很不妥當

和極不負責的。就上證指數而言，最必要的條件是上證指數 K 線站上 60 日均線。我們同樣無法預測市場的上證指數什麼時候能站上 60 日均線，但當上證指數站上 60 日均線的時候，就必定是可以考慮入場的時候。現實社會經濟包括人類生活中都存在「不可抗力」和不確定性因素，意外事件無法避免，意外事件帶來市場的意外波動也在情理之中，只憑直覺預測事物並不可取。還是那句話：「世界上沒有預言家」。對於專業投資者而言，只允許合符事實並有充分論據支持的合理判斷和決策，而決不允許憑空的臆想和揣測。

從科學的角度來看，貨幣、大宗商品和股市的相關性是非常直接和明顯的。各國央行對貨幣發行量的控制直接決定著包括股票價格在內的社會商品和服務的價格水平，大宗商品價格的波動則最直接地反應了社會經濟的需求強弱，而社會經濟發展的強弱最直接地體現為上市公司經營利潤的多寡，上市公司利潤的多寡直接決定了相應股票的內在價值，而股市中股票價格的波動則符合商品價值規律，圍繞股票內在價值上下波動。可以說，股市是對一國經濟體強弱的最直接反應，而貨幣政策無疑是服務於國家經濟體的。靈活的貨幣政策，也就是說無論貨幣強勢還是弱勢，只要能讓國家經濟體持續增強，那麼反應經濟的股市就會強勢，形成牛市行情。

我們從美國經濟體來研究，美元強勢意味著美國內部經濟體強勁，全世界的資本都想要回流美國，去美國投資開公司或開工廠的想法加大了對美元的需求，在沒有進一步濫發美元的前提下，對美元的需求又反過來促進了美元的進一步強勢，而美國經濟體發展到一定階段後，美國為了進一步發展經濟，勢必要改變貨幣政策，形成弱勢美元以便促進「拉動經濟的另一架馬車」——出口，繼續保持美國經濟體的繁榮。所以貨幣的強弱和股市的相關性比較複雜，並不是簡單的線性正相關關係或負相關關係。

對於美國來說，一定程度上美元的強弱反應了其經濟體的強弱程度。而影響美元強弱的因素有兩個：第一，貨幣政策。貨幣政策是最直接的也是最具有決定性的因素，濫發美元會最直接地導致美元的疲軟；第二，當貨幣政策穩定，或者說美元貨幣發行相對停止時，美國經濟體的相對走強趨勢又會吸

研究經濟和研究股市的方法 2

引美元回流美國，從而導致對美元的需求增加，也間接地促使美元走強。

總之，貨幣政策的目的是服從和促進本國的經濟體，不管是強勢貨幣政策還是弱勢貨幣政策都是為了促進經濟體的進一步發展，反應到股市上，很直接地體現為股市的持續繁榮。很顯然，中國的貨幣政策還很「簡單粗暴」，經濟過冷就大量放貸，經濟過熱就馬上擰緊信貸閘門。中國股市對社會貨幣資金是非常敏感的，直接表現為資金市，股市行情總是上躥下跳，大幅波動。中國央行的貨幣政策對中國股市的影響也是非常明確的，當然，造成中國股市牛短熊長、大幅波動的大部分責任並不能完全賴到中國央行的貨幣政策上，主要還是中國股市本身制度不完善的問題。不過，就中國經濟30年來的發展狀況來看，中國經濟增速持續保持兩位數的較高速增長而未出現大的金融風險和經濟危機，這就說明中國央行的貨幣政策對中國經濟體本身的調控還是相當成功的。

貨幣政策和經濟體強弱是股市兩個最根本性的因素。貨幣強弱政策都是服務於實體經濟的，也會反過來影響經濟，所以適當的、合理的貨幣政策是必須的。同時，經濟體的強弱會直接體現在對世界基礎商品的需求上。反過來，商品的強弱一定程度上也能反應出經濟體的強弱。所以2008年中國看到世界原油和倫銅價格的提前暴跌就應該警惕中國的股市風險了。

影響基礎商品的兩個主要因素是貨幣的強弱和經濟體的需求強弱。當某一個因素穩定時，另一個因素的變化決定了商品的強弱走勢。目前的情況是，中國經濟體遇到發展瓶頸，對商品的需求增長有限，同時強勢美元打壓了基礎大宗商品的價格。倫銅價格的回調必然影響到中國國內有色金屬上市公司的業績預期，對國內的有色金屬行業形成打壓，而國內的有色金屬行業與大盤即上證指數的相關係數很大，相關性很強。因為有色金屬、鋼鐵、銀行、地產、石油、煤炭，是六個與大盤系數相關性最強的行業，這六個行業的走勢決定了大盤的走向。在有色金屬行業受到倫敦期貨交易所期貨銅價格和國家收儲金屬價格的打壓後，國內大盤也必將隨有色金屬股票下跌，形成惡性循環。

總結起來，貨幣強弱的決定性因素是貨幣政策和經濟體對貨幣的需求強弱，商品的決定性因素是貨幣的強弱和經濟體的原料需求強弱。股市的決定性因素是貨幣政策和經濟體的強弱。但貨幣、商品、股市之間又存在很強的相互影響、相互反應的關係。一定程度上，觀察把握某一個指標，可以提前判斷出另一個指標的趨勢和走向。而其中影響股市和影響商品的決定性因素又最為相近（都為貨幣政策和經濟體強弱兩個因素），所以世界基礎商品（尤其是美原油）的走勢是反應世界經濟和世界股市的最關鍵、最可靠的前瞻性指標。

筆者認為2010年中國股市走熊的原因應該是新股發行與貨幣政策，而非現在大家揣測中想拿來當替罪羊的股指期貨。因為中國股市走熊從2009年的8月份那一波下跌就已經確立了（筆者不認同大多數人認為2008年前到2009年初的行情為震盪市）。2009年8月份大跌的緣由在於2009年7月末的新股發行，再加上提高存款準備金率和央行票據回收流動性減少了貨幣供應量，從而讓中國股市全球表現最差。新推出的股指期貨可能只是進一步加強了空方力量，但那並不是決定性因素。決定中國股市2010年到目前走熊的根本原因還是發新股和緊縮貨幣政策所形成的貨幣供應減少的問題。股票多了，貨幣少了，股市當然就熊了。當然，這只是我個人從經濟上對股市的分析，僅供參考。

2010年拉動中國經濟的三架馬車：出口、投資和消費，其實並沒有多大變化，各項經濟數據表明中國經濟增速放緩但表現平穩。雖然說中國目前經濟遇到了瓶頸，沒有進一步發展的動力，但只是存在經濟增速減緩的可能，而並沒發生倒退或陷入第二波金融危機。從圖表上看，中國的經濟體目前還是很健康的。所以中國股市2010年到現在走熊的根本原因不在於經濟基本面的原因，而在於國家的新股發行政策和貨幣緊縮政策。同時，反應到國際上，中國股市表現最差的這段時間，中國對以石油和倫銅（倫敦期貨交易所的銅期貨交易產品）為代表的原材料的需求並沒減少，而是保持相對穩定，這也進一步支撐了國際原油和倫銅的價格在中國股市低迷的時間並沒走熊，而且

研究經濟和研究股市的方法 2

還不斷創出新高。當然,最近大宗商品價格受到強勢美元的打壓也產生了很大的回調壓力,對中國有色金屬行業的上市公司形成了較差業績的預期,打壓了中國有色金屬行業上市公司股票價格,進一步壓制了中國股市的上升能量。

歸根究柢,對於研究股市而言,貨幣政策、經濟體本身強弱的影響、新股發行及其他一系列因素的影響,最終都會反應在股市的股票價格上。所以,有時候也許並不需要去整天打聽或關注什麼消息(包括權威的貨幣政策信息),以哲學的眼光來看待股票的價格信息,做出相應的投資決策就可以了,還是一種更高的投資境界。因為,股市裡一切的信息都會在市場上反應。這其實屬於當今投資界兩大基本派別:技術分析派和基本面分析派之中技術分析派的理論基礎。不過,我是選擇性地吸收了而已(我反對一味看重對個股的技術分析而忽視對行業趨勢和大盤指數趨勢的研究判斷)。

中國股市從2009年8月就開始走熊了,2009年底我就叫客戶清倉了。那時很多人還在喊震盪市甚至期待新一輪的牛市,還在慶幸自己所謂的「專業水平」能夠在震盪市中進退自如,殊不知到今天才發現自己原來其實是在熊市中火中取栗。到今天他們可能不僅把原來震盪市裡賺的一點利潤都賠回去了,還搭上了自己原來的部分本金。隨著市場持續殺跌,「股市專家」逐漸湮沒。筆者2009年判斷出中國股市走熊的理由很簡單,就是根據我前面提到的指標「上證指數60日均線」。中國股市2009年8月暴跌開始調整,在2009年的股市行情中第一次下破60日均線,其後雖又再次反彈上60日均線,但也是未能有效站穩而是很快又繼續下穿該均線。根據我的股市投資觀點,上證指數於2009年8月14日跌破60日均線,清倉離場就應當是我們該及時考慮的。雖然2009年8月至2010年年底前上證指數又站上過60日均線,但2009年年底已基本確立上證指數下破60日均線的熊市格局。熊市中應清倉或謹慎參與,故我和我的客戶2010年年初就持續清倉觀望。

在我的投資操作系統中,大盤趨勢和行業趨勢相對於個股而言更為重要,選擇大盤趨勢和行業趨勢走強的時機比選擇股票更為重要。不過,這個也不

是固定不變的，在熊市裡沒有機會選時，要想賺錢的話只有精選個股。不過，從基金市場長期運行上來看，漲得最好的是最不愛選股的指數型基金。如果我有機會運作我的私募基金，我也會傾向於做成一個指數型股票基金，被動投資型的指數型股票基金投資業績要強於主動選股型的股票投資基金，這一統計結果對於家庭基金方面投資理財是一個比較重要的參考。這相對於選擇低價股或高價股，相對於選擇哪一個行業、哪一個個股等這一系列個股上的問題來講，能不能判斷出牛熊市的大趨勢才是最關鍵的。事實上，在每一輪牛市行情裡，買入任何股票，就算買個垃圾股都是能翻番的。中國股市股票供應量相對於美國 8,000 多只股票而言是有限的，中國股市牛市行情裡所有股票都會大幅上漲，有句俚語「站在風口上的豬都會飛」表達的就是這個意思。中國的股市尤其如此，一波牛市來臨時其實每個人都可以成為「股神」的，牛市行情中個股的市場表現差異性並不明顯，這更可以說是中國股市的機會。從這一點來講，中國股市其實是偏愛中國老百姓的。在牛市裡個股並不是絕對重要的，股市投資講究「順勢而為」，股票投資中更重要的是判斷時間上的牛熊市。

　　進一步梳理總結下我個人的投資決策系統，即我的投資決策模型，這也是我準備成立私募投資公司的投資決策系統。總體決策指標中最重要的是上證指數 60 日均線指標。上證指數 K 線站上 60 日均線為我的投資決策的必要條件，也是基本前提，所有其他貨幣供應因素、股票供應因素、經濟基本面因素等都最終體現在市場走勢上。當然，真正做出具體投資決策必須考慮更多因素以佐證股市牛市行情的真實性，通常在達到第一個條件且其他因素都滿足牛市趨勢，方為我進行具體股票投資決策的充要條件。在我個人的投資決策系統中，除必須達到大盤指數站穩 60 日均線前提條件外，其他需要衡量考慮的股票投資決策基本因素和超越因素如表 2-5 和表 2-6 所示。

表 2-5　　　　　　　　　股票價格影響基本因素

直接因素	重要性程度	間接因素	重要性程度
個股行業政策和行業趨勢	★★★★	市場心理情緒	★★★★
個股的行業地位和炒作題材	★★★	市場資金熱點	★★★
個股莊家的性質和盤面	★★	大盤上漲概率	★★

表 2-6　　　　　　　　　　　超越因素

直接因素	重要性程度	間接因素	重要性程度
中國央行的貨幣政策	★★★★★	美聯儲的貨幣政策	★★★★★
證監會股票供應	★★★	美國經濟體的發展狀況	★★★★
中國經濟體的發展狀況	★★★	世界商品的走勢	★★★★

3

股市困惑答疑與基金營運探討

一、股市運行機制答疑

提問①：

個人認為中國股市就是政府開立的合法賭場，是一個零和市場，甚至是一個負和游戲，因為股票交易時是需要付出交易成本的，何況還要繳稅。股市跟賭博一樣只是把一些人的錢從一個口袋合法地轉移到另外一些人的口袋。提倡中國老百姓把省吃儉用的血汗錢投入中國股市這個最大的國營賭場，這是一個好的投資方式麼？大部分做股票的人都是虧損的，老百姓在股市中賺錢的機會其實很小。

回答：很多人堅持認為股市是零和游戲，甚至是負和游戲，但事實上上市公司可以通過生產經營從社會上獲得利潤，再通過分紅的方式來回報投資者。比如說你持有工商銀行的股票，作為一個投資者來講，當工商銀行通過收取大量工行客戶的中間費用，比如說工本費、匯款費以及貸款息差等實現贏利，

到會計年度末，你就完全有理由要求工商銀行給你分取紅利。這一點是與打麻將之類的賭博完全不同的地方，其實也是股市最根本的利潤來源。

當然中國股市發展不成熟，很多上市公司只知道募資，不知道分紅，從來是「鐵公雞」。這是中國股市制度上的問題，只能說是中國股市的缺陷。但從長遠來看，股市上市公司分紅才是投資者最終所追求的。雖然說通過交易成本以及稅收的形式被證券公司和國家抽取了一部分資金，但當理性的上市公司回報給投資者的紅利超過這一部分成本和稅收時，股市就不能認為是零和游戲或負和游戲。這其中最關鍵的一點在於上市公司的分紅回報問題，雖然說這是中國股市規範化需要走的一條很長遠的路。但是也正因為中國股市的制度性缺陷，中國股市投資者投資股市最主要的利潤來源不是上市公司分紅而是資本利得，也就是所謂的股票差價，所以巴菲特的價值投資方法對於中國股市來講有其合理的地方，但並不一定完全適用！

「問渠哪得清如許，為有源頭活水來」。股市與賭場的區別就在於這一股活的清泉——上市公司經營利潤分紅，參股別人的公司獲得公司利潤分紅是天經地義的事情，而賭場不過是大家把他兜裡的錢掏到你兜裡，或者把你兜裡的錢掏到他兜裡。這就是股市與賭場的本質區別。關於股市到底是不是零和游戲或負和游戲，大家其實可以從我對股市金錢來源的分析上得出很明確的答案：現階段中國股市雖有不足的地方，某種程度上更相似於賭場，但並不能將中國的股市簡單地真正等同於賭場。很明顯，某個上市公司50%以上的股票肯定不能隨便由什麼人去控制，誰控制了誰就是企業的老板，股票至少具有控制權的價值。更深層次地分析還可以看到股票的交易價值，因此簡單地說中國的股市就是賭場，沒有投資價值是不妥當的，這一觀點是很失偏頗的。

股市中的投資風險和投資收益是相對的，二零零幾年的時候，股市連續5年持續低迷，很多中國的國有大銀行，比如說中國工商銀行、中國建設銀行想增發股票進行融資，但增發的股票根本賣不出去，沒有任何企業敢接受。最後朱總理成立了中金公司，去世界上的投資銀行推銷中國這些大銀行的股

票，最後美國的高盛公司和摩根大通等國際投行以極低的價格接手。

從當時來看，這一行動為中國的銀行募集了資本金，解決了中國的銀行的壞帳和資本金問題。但等中國發展到今天，中國的銀行上市成功後，股票價格上漲為高盛公司和摩根大通公司帶來了巨額收益，很多人又反過來說朱總理賤賣了國家銀行股權，是讓外國資本家賺錢而不是老百姓賺錢。但說句實在話，當時九幾年的時候國內確實沒有誰敢接手那幾大銀行的股票，當時基本上所有的中國人躲股票如躲瘟疫，就跟現在很多人一樣，把中國大銀行的股票當垃圾看待，實際上對現在攻擊中國股市不具有投資價值的人來說，當初就是把中國的銀行股票送到他家門口他也沒膽量接手。現在美國高盛和摩根大通雖然持有的建行等中國四大行的股票不多，但這些股票的控制權價值又讓今天很多中國人傷心與操心了，很多人自己排斥股票卻又擔心中國的銀行業被外資操縱。事實上，朱總理做事情還是有分寸的，中國的國有大銀行控股權還是在中國政府手中的，還沒到他們瞎操心的地步。不過，這個小小的事實案例無疑反應出了股票本身的控制權價值。

中國股市與全世界其他國家的股市一樣都存在投機行為，投資股票與在賭場賭博一樣都存在一個類似的投機概率問題，兩者都有相似的地方，但是單憑這一點就簡單認為中國股市也是零和市場，認為中國股市是「最大的國營賭場」是不妥當的。世界上很多事物都存在相似的地方，但正如哲學上說「世界上沒有兩片完全相同的樹葉」一樣，把股市完全等同於賭場也是不正確的，股市與賭場相似而不相同，更不能完全等同。對於一般普通投資者來講，他們很難成為10個人中贏錢的那一個，所以，對於不懂股市的人來說，不進入股市是次優的選擇，起碼可以做到不虧錢。但最好的選擇是將空閒資金交給專業的基金公司和基金經理來打理，也就是美國人通過基金間接參與股市的投資模式。大部分美國人都不自己做股票，都是交給巴菲特這樣的基金公司專業投資者來管理。

如果你能深入地研究股市的內在運行機制，就會發現股市與經濟密切相關，股市與實體經濟相互促進、相互影響而絕不是一個孤立的零和市場。當

然，要是你一味堅持中國股市是賭場的觀點，那麼最起碼對於你自己的「賭場論」，你要拿出能說服人的論據來論證支持，僅僅就憑自己一口咬定什麼事物是什麼、怎麼樣很難讓人信服。以前我自己覺得在大學裡沒學到什麼知識，但我現在則感覺到自己在大學裡學到的經濟學、金融學知識對我深入理解股市還是很有幫助的，紮實的經濟學、金融學理論知識有助於你正確地看待股市，而不是憑自己的一味想像就對股市做出輕率的「賭場論」結論。

對於股市投資，我的觀點很明確：在合適的時間合適地進入股市，在恰當的時間恰當地退出股市。一切以鄧小平的「貓論」為根本指導原則，一切靈活機動，不絕對化，不僵硬化。總體而言，股市投資是一項非常複雜而專業的金融投資行為，這需要紮實的理論基礎、專業的投資素養以及豐富的投資經驗，一般普通民眾直接參與股市投資大多會虧錢，真正能賺錢的機率確實很低，因此，我在本書中也希望普通民眾通過購買基金的方式間接參與股市而不是直接自己投資股票。

隨著中國資本市場的完善，中國經濟的主體包括大部分國有企業、民營企業都在上海交易所和深圳交易所上市，中國的上市公司最直接地代表了中國的主體經濟，如果一味地排斥股市則有可能讓自己與中國的經濟發展紅利無緣，不投資股市則可能無法享受到中國的上市公司發展壯大後的利潤分紅以及股票價格上漲資本利得。而隨著中國經濟貨幣通貨膨脹的持續存在，把多餘資金作為銀行定期儲蓄存在銀行則可能因貨幣的通貨膨脹而導致購買力受損，通過各種投資實現個人或家庭財富的保值增值是非常必要和必須的。

提問②：

個人認為中國的證券市場在全世界都是獨一無二的，就是一個赤裸裸的為上市公司圈錢的證券市場，什麼投資回報資本利得統統沒有。中國股市的特色是為國企融資。中國股市有投資價值麼？

回答：對於這個問題，我要先請問你資本利得的含義是什麼？資本利得是投資領域非常專業的說法，通俗的理解就是股票差價。資本利得是指股票持有者持股票到市場上進行交易，當股票的市場價格高於買入價格時，賣出股票就可以賺取差價收益，這種差價收益稱為資本利得。任何商品市場包括股市，只要商品價格存在波動就存在差價，那麼就存在資本利得。鄧小平說過「白貓，黑貓，抓住老鼠就是好貓」。你抓不住資本利得，沒賺到股票差價，但你不能否定資本利得的存在，同時你沒有賺到資本利得的差價也不代表別人沒從股票上賺到資本利得的差價。企業剛開始發行的原始股價格通常是非常便宜的，一般為一元一股，很多還是幾毛錢一股，而一旦上市成功則股票價格馬上達到幾元、幾十元甚至上百元一股的價格，很多企業老總在股票上市成功後就實現了巨額的資本利得收入。實際上，福建首富陳發樹就是靠收購紫金礦業的原始股票然後推動紫金礦業上市成功後登上福建首富寶座的。

投資回報即上市公司年底的分紅也同樣還是有的，不過不同的上市公司有不同的經營狀況。有的上市公司一年下來賺的錢多，分紅也很大方；而有的上市公司則可能一年下來並沒賺到什麼錢，也有的賺到錢了但不願意給股東進行現金分紅，但部分中國的上市公司確實是存在分紅的。雖然分紅的公司不多，實際分紅的現金也少，可能上市公司回報給投資者的錢遠遠少於他們從市場融資的錢，但你不能否認分紅的存在。建議你瞭解下中國股市分紅最大方的公司佛山照明（股票代碼000541）後再來下結論，佛山照明公司上市以來在中國股市裡多年來給股東的利潤分紅總金額加起來早已遠遠超過其在股市募集的資金金額。雖然中國股市制度建設不規範，但股市的分紅還是客觀存在的，部分上市公司的分紅也大大超過銀行定存利息。中國股市和外國股市都可以獲得公司分紅，而且上市公司投資分紅的方向是中國股市今後的發展趨勢和發展方向。

中國股市只是世界股市的組成部分，既然是股市，當然也具有全世界股市的基本特徵。雖然中國股市具有中國特色，但也是股市，同樣具有世界股市的基本特徵。與此同時，中國股市的不規範對投資者來說，往往意味著更多

機會。等中國股市真正成熟了，變成和美國一樣只會隨股市分紅單邊上漲的行情後，中國未來的聰明的年輕人可能就根本沒有抄底股市的機會了！

巴菲特甚至說過「中國投資者目前有著世界最好的投資機會」。股市裡的股票每天都在價格波動，資本利得每天都存在，理論上來講只要這個市場存在波動，就都存在有利可圖的機會！當然，肯定不是什麼人都可以賺到錢的，能不能把握住資本利得的賺錢機會關鍵還是要看個人投資水平！

提問③：

「雖然現在中國的股市還很年輕，很多地方不規範。但長遠來看，今後的中國股市也肯定是朝著股市分紅這一根本方向發展的。」分紅要多久才有這可能？國家給老百姓最早的承諾是什麼？一直以來的承諾是什麼？牆上畫出來的大餅還少嗎？結果呢？分紅，個人認為這輩子不敢想了。

回答：股市裡股票存在的意義不僅僅是分紅價值，還有資本利得和控制權價值，只盯住股市分紅，而沒有看到其他的賺錢機會並不是很可取的做法。把自己的主觀願望價值投資強加在中國股市上，只看到股市分紅那一點點可憐的天空，很有「井底之蛙」的不足。中國股市從誕生到現在才三十年，拿已經發展成熟且已經存在一兩百年的美國股市來要求中國股市是非常苛刻的，也不符合客觀實際。對於中國股市我們更應該有包容呵護之心而不是一味詆毀攻擊，中國的經濟發展同美國的經濟發展一樣也越來越離不開資本市場的支持，股市在促進國民經濟發展中的地位會越來越高。

就目前來看，因為中國的上市公司整體上分紅數量和分紅金額都很有限，中國的上市公司更希望把公司利潤留在公司滾動發展而不是馬上分給股東，投資分紅不是我們老百姓投資股市所追求的。另外戰略投資者收購資金，要賺這個錢也是比較專業、比較困難的。但資本利得這一塊則無疑是給了每個老百姓一個相對公平的機會，誰有本事抓住資本利得賺到股票差價誰就能在股市中賺到錢。股票作為一種人類創造出來的票據商品，股票的價格運行同樣遵循價值規律，股票的價格會圍繞股票的內在價值上下波動。有時候股票

價格高於股票價值出現高估現象，而有時候股票價格則遠遠低於股票價值出現低估現象，如果我們能在股票價格低於股票價值的時間點上買進而在股票價格高於股票價值的時間點上賣出則可以獲得資本利得的投資收益。同時長遠來看，一個正常發展壯大的上市公司，其股票的內資價值毫無疑問是會隨著時間的推移而不斷走高的，這也給了我們對好股票進行長期投資獲得股票內在價值，提升投資收益的投資機會。

我們每個人都需要適應社會、適應市場，盲目地去試圖改變社會、改變市場，試圖讓社會和市場適應自己是不現實的。我們能用自己的投資能力賺到資本利得的錢就行，一味追究股市的分紅投資價值對於投資操作意義不大。我們並非國家證券市場管理層，也並非上市公司實際控制者，有些事情個人是無能為力的，總是一廂情願地把自己個人的情感強加給市場對投資沒有任何益處。

另外，對於中國股市極少具有分紅的投資價值這一點，個人認為你只看到了這不好的一面，而沒注意到另外好的一面。正因為目前中國股市上的股票的投資價值不高和分紅較少，只存在資本利得，從而給了中國聰明的年輕人和後來者更多的投資機會。中國股市裡的股票有一個非常明顯的特點，那就是一波牛市過去後很多股票在熊市裡又跌回原來上漲前的價格，而美國的股票則可能十幾年一直保持在上千美元的價格而根本沒有抄底機會。

從這個層面上來看，中國特色的股市反倒是給了更多中國人更好的投資機會，要是中國的股市也成了美國的股市，中國未來的年輕人要投資股市、等待分紅就只能買上千美元的高價股了。在資本利得機會這一點上，中國股市是要優於美國股市、歐洲股市等西方成熟資本主義國家股市的，等中國股市也發展到像西方國家股市一樣只能靠投資分紅獲利時，那中國股市的資本利得投資機會自然也大大減少了。其實，眼界放開闊一點，只要肯思考，你就會發現中國股市更多的東西，你也就會慢慢地修正你的一些觀點。準確地說，中國股市的股票目前存在部分投資價值（指上市公司分紅，說絕對不存在投資價值是錯誤的），另外還最起碼包括主要的投機價值（資本利得）以及控制權價值（戰略投資者收購）。

提問④：

中國股市裡的股票存在投資（而非投機）價值，那為何炒股方法是個概率問題？我個人認為，股票是否存在投資價值同炒股方法是概率問題完全是自相矛盾的。概率問題往往與投機結合在一起，如何解釋投資股市是一個概率問題但又同時具有投資價值？投資概率在股市裡又是如何體現的呢？投資概率與市場趨勢的關係又是什麼呢？股票的市值是不是就等同於同樣的貨幣財富呢？怎麼解釋股市裡的「以小搏大」市場操縱行為？股票價格下跌後是不是就把相應的貨幣銷毀了呢？

回答：個人認為這是兩個問題，是事物的兩個方面而非同一事物的相互矛盾之處。對股票的投資價值分析是對股市的定義和定性，研究的是「股市到底是什麼」的問題；而炒股方法是哲學上的方法論的問題，研究的是「怎樣在股市裡賺到資本利得」的問題。炒股方法之所以被稱為概率問題是針對資本利得而言而不是針對投資分紅價值而言，在追逐資本利得上，概率理論適用於炒股是合適的，與投資分紅也沒有矛盾之處。我說過我是鄧小平的貓論的支持者，在認識到股市存在「資本利得」的潛在利潤後，怎麼去賺到這個錢，大家完全可以「八仙過海，各顯神通」。也許你有你自己的賺錢方法，比如說你在國務院、證監會或上市公司內部有親戚朋友可以得到內幕消息，或者和別人籌集了大筆資金控制了某只股票從而可以靠內幕消息獲利等。我提出用概率論的思想去指導股票投資，只是我認為該方法論適合普通投資者也適合專業投資者而已。我們追逐的是資本利得而非投資分紅，因此概率論與投資價值並不矛盾。

理論上來講，只有當股市分紅和戰略投資者收購資金之和超過上市公司向股民募集的總資金金額，股市才具有真正的投資價值。目前中國股市確實僅存在少部分股市分紅（說絕對不存在也不正確），而股市分紅和戰略投資者收購資金之和是小於上市公司向股民募集的資金總額的，這是中國股市目前實際的運行狀況。但同時任何市場不論有無足夠多的投資價值，理論上來說，只要存在波動就存在獲利的機會，從概率理論上參與股市投資是可以獲得資本利得收益的。

至於股市投資到底是不是一個概率問題，其實這個看法在全世界專業投資

界早就有了定論：世界上沒有任何人可以在所有的股票投資上百分之百的正確，包括世界上最成功的投資家巴菲特和索羅斯。巴菲特之所以能通過投資成為世界首富在於他能夠在投資上持續不斷地獲利，他的股票投資獲勝的機率遠高於其他人，但也不是絕對100%的賺錢。巴菲特也同樣可能在某只股票上出現錯誤而賠錢。筆者認為概率才是投資界的精髓，事實上中國股市的所謂投資高手（主要靠坐莊謀取暴利）一旦走出國門，比如說QDII，一走出國門都被人家玩得很慘。其根本原因是中國的所謂投資高手信奉操縱而不信奉投資概率。同時，國際市場上，操縱股票不僅較為困難而且違法，很可能會直接受到國外證監當局的法律追究而不是像國內對待證券操作案件只是簡單的罰款幾十萬了事。

對於投資概率如何在股市裡體現的這一問題，筆者是這樣認為的。研究任何事物（包括股市），去研究單個的個體是沒有任何意義的，因為不同的個體事物是存在著差異的，只有去研究事物足夠多的樣本表現出來的共同規律才有實際意義，一定樣本數的樣本共同特徵就體現了股市投資上的概率論思想。筆者更看重大趨勢而勝過個股，大多數樣本數的共同上漲或共同下跌就代表了市場趨勢，對此，我們可以簡單的定義：以大搏小，順從趨勢，叫做投資；以小搏大，逆勢而為，叫做投機。投資與投機的心態和方法是大相徑庭的。從心態上來說，想要快速的靠一筆小錢來累積成大財富，就是一種投機的心態。投機並沒有不好，個人並不想從高道德標準來批判投機行為是否適當，而只想說，投機的本質就是賭運氣，跟建立在概率論科學基礎上的順勢而為的投資行為是有根本區別的。

同樣一件事情不同的人去做會有不同的結果，同樣，面對股市不同的人也會有不同的結局，有的人是「以小博大」在投機，但也有人是「以大博小」在投資。但如果投資人想以正確的「投資心態」進入市場，那就且別忘記，投資是以大搏小，其游戲規則剛好都是投機的反面，也就是說，高明的投資必需：用合理的代價，花合理的時間，賺合理的報酬率，而且其成功率必須要建立在合理發生率的條件上。假如投資人想用十拿九穩的方式獲取報酬，

也就是想讓獲利機率高達90%以上，並進入百戰百勝的投資境界的話，那就請記住，合理的成本、合理的時間與合理的報酬率，是投資成功賺錢的基本要項。在熊市裡去做股票則是小概率投機行為，是「以小博大」，但在牛市裡你去買股票則是大概率的投資行為，是「以大博小」。任何事物是相對的，沒有絕對的「以小博大」或「以大博小」的事物，同樣一個股票，某個時間你去買進是投機，但在另外的一個時機去買進卻是投資。我更看重大概率下的投資行為而非小概率下的個股投機行為。這也是我現在不怎麼分析個股的原因，在目前的熊市行情下我選擇空倉，也就沒有研究投機個股的意義了。

關於股票市值與貨幣財富相等的問題，我覺得把股市和傳統意義的商品市場聯繫起來就很好理解，把買賣股票當作做生意來看待，我們買入什麼股票市值與貨幣相等的問題和我們進了一批貨物放在倉庫裡代售的性質是一樣的。當股票或商品以你期待的價格實際賣出去交換成功的話才能稱得上市值與貨幣相等，當你持有股票或商品而沒有賣出去也即沒有交易成功後，市值與貨幣只是會計意義上的虛擬相等，這些股票或商品只是反應市場的市場價格，市場價值並沒有真正地轉為真實的等值貨幣。這個狀況下並不能說貨幣與市值是絕對相等的，就像你囤積的貨物只有真正賣出去後才能拿到錢，股票也一樣，股票沒賣出去，那股票的價格就和貨物的價格一樣只是帳面上的。市值與貨幣只是帳面上的相等，只有真正變現後才是真正意義上的市值與貨幣相等！

你所理解的「以小博大」屬於「哄抬物價」的行為，也就是具體怎麼操盤騙散戶錢的莊家行為，所謂「虛擬經濟」其實跟這個是沒有必然的相關關係。市場操縱行為並非中國股市所獨有，事實上在任何市場化的商品市場，就像舊中國上海灘的棉花、糧食，現在中國的房子、大蒜、生薑、普洱茶等，任何市場化的商品都可以被商人以囤積居奇、散布謠言、哄抬價格、高位派發的商業行為去抬高價格謀取暴利。與實體經濟的商業行為一樣，中國股市的莊家其實也是在扮演「奸商」的角色，通過散布各種消息影響散戶來讓自己謀取暴利而已。

至於股市「銷毀貨幣的功能」則有點顯得可笑了，沒有誰在股市裡掙了

錢拿去放火燒掉。股市有「貨幣蓄水池」的功能，可以很大程度地容納可能產生巨大通貨膨脹的閒散資金但不是直接銷毀貨幣。股票價格下跌與實體經濟領域中進貨價格下跌後商品價值受損的道理是一樣的，但總體上商品流通領域中的貨幣並沒有減少而只是在商品上計提折價損失，僅僅是一種財務意義上的會計損失，所有國家發行的貨幣基本上還是一張不少地或存在銀行或流通於社會！

提問⑤：

中國股市和美國股市有什麼區別？個人認為中國股市不成熟，沒有投資價值，不值得投資，要投資只有去美國股市還差不多。

回答：很多中國人都推崇美國的股市而貶低中國的股市，認為中國的股市是「賭場」，美國的股市才是真正的投資場所。甚至一定程度上認為美國的所有一切都是好的，甚至美國的月亮也要比中國的圓。但我的觀點是中國股市和美國股市都有其各自的特點，應當理性地看待，就像美國也有睡大街的乞丐一樣，美國股市也遠非人間天堂那麼美好。

這裡引用下某些人對中國股市和美國股市的原話，先看看他們的觀點。

「當然我也知道中國 A 股都是騙人的，大戶玩散戶，每年分紅加起來都還不如手續費多，肯定不會去買 A 股（可能有人不同意，但我確實很難信任中國股市，別說 A 股了，就是中國的體彩我都從來不買，覺得都是騙人的，只在香港買過六合彩，至少不會突然出現一個牛人一下中 17 註頭獎）。所以明年如果能賺到點外快的話，可能會去買個幾千美元的美國基金或者有信心的股票。」

「到海外不是冒險，個人覺得美國當局對上市公司監管嚴謹，比國內股市安全得多。我從來沒有在國內買賣過股票，覺得不明白這個市場，估值也很高，公司的法人治理也是一塌糊塗，也不明白其中的會計術語。紐市和納市就熟悉多了。隔岸觀火，有時候比現場更能洞悉世事。」

誠然，美國股市有很多比中國股市先進的地方，但在這裡我僅僅從某一個小點一個細節上來比較美國股市和中國股市，就可以看出美國股市的凶險之

股市困惑答疑與基金營運探討 3

處。在 2008 年的美國股市上，美國國際集團（AIG）誇張的一天之內從 1,451.63 美元每股直接跌至 1 美元每股，你根本連拋股票的機會都沒有，要是誰家都是買了 AIG 的股票，基本上一天就完成了從富翁到窮光蛋的轉變。而有 156 年歷史的雷曼兄弟也從最高 65 美元每股直接跌至 0.19 美元每股，最後更是直接倒閉，65 美元每股的股票資產最後變為廢紙，所有股票財富全部消失。美國股市吞噬財富的胃口嚇人，吃下去泡都不冒一個。另外還有貝爾斯登以每股 2 美元被摩根大通收購，美林集團被美國銀行 500 億美元收購，還有很多精英很崇拜的美國花旗銀行也曾經一天之內從 55 美元每股的價格直接跌成幾美元一股的價格……

還是以事實說話，下面分別是美國國際集團和雷曼兄弟的股價走勢圖。看到這些，不知你是否會因為美國股市不寒而慄？

2008 年美國金融危機期間，美國國際集團（AIG）股價當天從 1,450 美金價位暴跌 99% 以上至 0.33 美金，接近破產倒閉並迫使美國政府接盤。

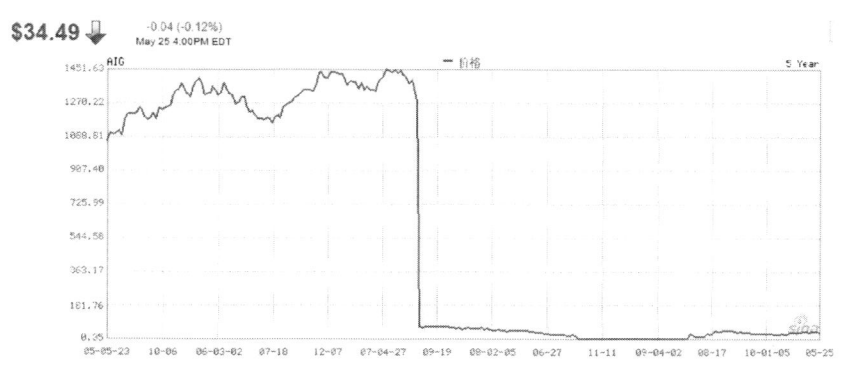

圖 3-1　2008 年金融危機期間美國國際集團股價走勢

2008年美國金融危機期間，美國雷曼兄弟（LEHMQ）股價在幾個月時間內從70美金價位暴跌為零，由於美聯儲拒絕救助而直接導致百年企業倒閉破產。

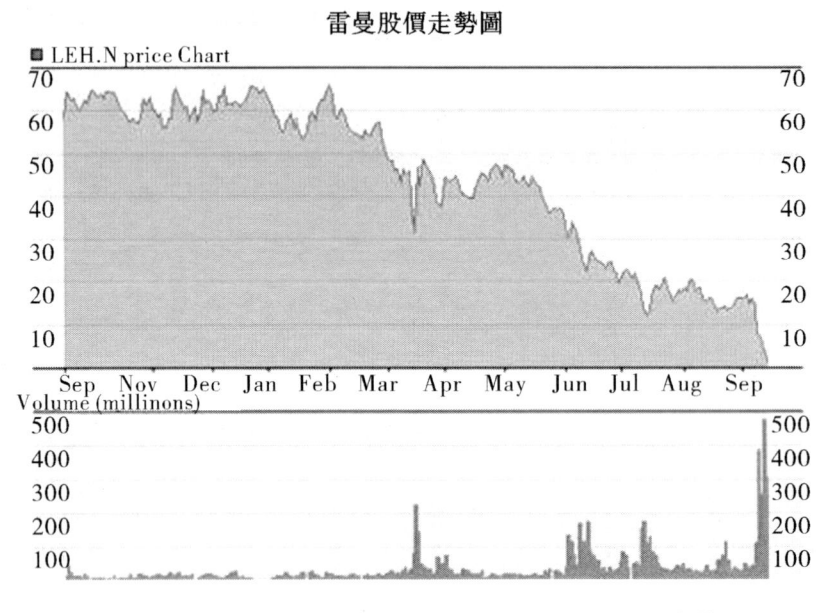

雷曼股價走勢圖

圖3-2　2008年金融危機期間雷曼投資銀行股價走勢

與美國股市比較可以初步得到中國股市至少具有這麼一個優點：不會出現美國股市那樣一天甚至一小時乃至幾分鐘的時間裡就讓股票巨額財富瞬間跌成零的情況。這緣於中國股市有中國特色的兩個制度：漲跌停板制度和逐步過渡退市制度。中國股市漲跌停板制度可以起到兩個作用：第一，在市場出現非理性行為時，可以通過漲跌停制度讓投機客暫時冷靜下來，就好比股市裡賭紅眼了的賭徒，在他急紅眼的時候，與其放任其連續地賭下去，還不如先讓他暫時離開賭場，衝個涼水澡冷靜下後再問他是不是願意繼續賭；第二，在冷卻的這段時間裡，股票上市公司可能會有很多最新的信息傳出，股市大盤短期趨勢也可能發生變化，這樣就會增大莊家操縱股票的難度。這樣可以最大程度地保護投資者，就算公司真正出現巨大經營問題，價值確實下降，逐步以漲跌停板的制度實現股價下跌也比美國AIG那樣一天股票就跌為零更

人性化一點，這也是中國政府對老百姓溫情的一面。儘管很多所謂的市場人士呼籲取消漲跌停板制度，但個人認為這漲跌停板制度是不太可能取消了，因為這是符合中國國情也更適合中國國情的制度。

另外，中國的上市公司破產機制不完善，股票退市制度不完善。明明經營不善要倒閉的公司可以再通過資產注入，通過「賣殼」等方式重新改頭換面存在甚至「烏鴉變鳳凰」徹底翻身。這可以說是中國股市差的一面，也可以說是好的一面。差的一面是市場機制不成熟，公司治理機制不完善，公司高管職業道德水準差，可能會產生「劣幣驅逐良幣」讓差公司擠占好公司生存空間的不公平現象。但好的一面是大大減少了中國老百姓股民因公司破產從而股票財富一夜消失的可能，中國證監會監管層費盡心力地給股市設計出ST、*ST、三板等股票逐步退出市場機制，給了中國大部分散戶很大的緩衝機制，這也是中國股市似乎更人性化的另一點。最後說到本質的一點：對於任何國家和個人來講，把命運掌握在自己手中才是最理智的，相對於把資金投資到美國股市，讓自己資金的命運掌控在美國人手中，還不如把自己資產投資於中國股市中的中國企業，把命運放在中國人手中還是相對更安全些。美國股市有其先進的一面，但也同樣存在不足之處。

提問⑥：

個人瞭解到，股票分紅就是在股票中扣除分紅的資金，打入股票帳戶，然後在股票中扣除相應的價值，股票比分紅前少了分紅的部分和所交的稅。這樣不就是本身在自己的股票帳戶中的那一些錢，自己的一部分，再給國家上點稅。這不是從我們的股票帳戶裡搶錢嗎？

回答： 對於你在股票分紅上的困惑，在這裡我用自己理解的例子來通俗地探討股市分紅這一關乎股市是不是具有投資價值的問題。

還是從開飯店的例子來進行研究。假如你和你的朋友倆人每人投入10萬元開了一個飯店，我們把資本股權化，總共20萬資本，分成20萬股，而且以每股1元的價格定格成20萬股的股票。很顯然，在飯店剛開業沒有賺到任

何錢時，股票價格一元每股是與實際價值相符的。但當你的店鋪經營一段時間，比如說一年，而且這一年下來賺的錢平時都沒有分配，累積到年底會計一算帳賺了10萬元，那麼大家會認為你們飯店的股票一直是只值一元每股麼？肯定是不可能的。到年底你和你朋友每人10萬的股票應該值的價值是15萬元，要是股票數量不變，一直是10萬股的話，到年底時股票價格應該是從原先的1元每股漲到1.5元每股。而且還有一個問題，這個從1元每股漲到1.5元每股的過程很顯然是你和你朋友一年365天辛辛苦苦每天累積下來的價值，這是一個逐步累積的過程，而股價也是一個逐步上漲的過程，理想化這個過程應該是每一個月股票價格從1元每股的價格漲到1.1元每股，第二個月從1.1元每股的價格漲到1.2元每股。當企業經營業績出現波動時，理論上來說股票價格還可能不漲反跌，從1.2元每股價格跌回1.1元每股的價格，期間還可能受到投機資金的追捧在某個時間點上突然拉升到1.3元每股的價格。總而言之，股票價格隨著飯店經營利潤的整體盈利而最終在年底漲到1.5元每股的價格。當然我說的這個情況只是站在純價值投資的角度，不考慮投機因素。

那麼在股市裡我們來分析的話，很顯然，某只股票進行現金分紅或股票分紅前的股價已經包含了上市公司利潤的分紅，而且是逐步365天累積到分紅前的價格。就如之前的例子，到年底時，年初1元每股的股票到年底實際價格是1.5元每股。我們再來看你和你朋友年底賺的這10萬元應該怎麼分配。很顯然，總體來看，有兩種選擇：第一種，直接把10萬元利潤按股份比例分了，每人拿5萬元的現金紅利。要是採取這種方式的話，很顯然，分紅前1.5元每股價格的股票在現金分紅後，股票真正的價值應該是重新值1元每股了，這整個過程就相當於我們股市裡的除息。也就是說，在除息這一瞬間，只是把1.5元每股的10萬股變成5萬元現金和10萬股1元每股的股票，總資產是不變的；第二種，飯店的10萬元利潤不直接分給你和你朋友，而是繼續留在飯店帳上作飯店的滾動資金繼續發展。這在股市上就表現為公司利潤轉送股，也就是通常所說的股票紅利。把這10萬元的利潤轉為10萬股股票，你和你

朋友每人多分 5 萬股股票，這最後的結果是將 10 萬股 1 元每股的股票變成 15 萬股股票，那麼，很顯然，沒股票紅利之前的股票每股值 1 元，分了股票之後真正的價值也應該是 1 元每股，這個過程就相當於我們股市裡的除權。

經過上面的分析，我想你想必已經發現了你的困惑所在，而這答案也是很明顯的，因為上市公司的利潤是一個會計年度公司辛辛苦苦累積下來的，理論上來說公司每時每刻的股價都反應了公司本身的價值，公司的利潤並不是在進行利潤分配的前一天或者公司進行現金分紅或股票分紅的前一天才賺到的。所以你說的股票在分紅除權除息日股票總資產不變是正確的，因為公司的利潤不是某一天分出來的，而是全年累積起來的。另外，公司在年底對公司利潤進行現金分紅或股票分紅時，國家對公司的利潤徵收 10% 的個人所得稅也是理所應當的，這就出現了你看到的股票帳戶分紅時表面上的資產不增加還反而多繳了稅，出現了表面上的國家從你帳戶裡搶錢的現象。

那麼，從這裡我們也看到了中國股市到底有沒有投資價值，更深入地分析，我們可以看到，上市公司選擇現金分紅和選擇股票分紅，其實對投資者來說，投資者的權益並沒有受到損害。其根本區別在於現金分紅是把上市公司的利潤直接從上市公司抽走分給投資者重新進入社會；而股票分紅是把公司利潤轉化為股本，繼續將利潤留在公司滾動發展。這兩者的本質矛盾是上市公司和社會資金的矛盾而不是投資者和上市公司的矛盾。

總結起來，上市公司的利潤分紅其實是一個動態的過程，每時每刻地體現在股價的變動之中，而不是單純靜態地體現為上市公司的分紅配股。在分紅配股前，上市公司股價的漲幅其實已經包含了公司的利潤，反應了公司本身的價值。這也揭示了做股票價值投資的真理在於長期持有，而不是想著靜態地等待分紅，你提到的不管現金分紅還是股票分紅其實只是一種會計手段，總資產是不變的，而且還要繳稅，本質在於你之前買入股票的價格已經體現了股票動態的分紅了。因為上市公司的利潤是整個一年累積的結果，股票的價格理論上來說無時無刻不體現著公司股票的價值。

股票的投資價值——上市公司分紅是和股票的投機價值——資本利得動態

地相伴相長的，靜態地盯著現金分紅和股票分紅只有會計上的意義而沒有任何實質性的價值意義。而且理論上來說，現金分紅和股票分紅對投資者來講沒有誰好誰好，並不能說只進行股票分紅的公司就比進行現金分紅的差，通過進一步的思考，單純地說中國的上市公司是「鐵公雞」是不正確的。

老太太死捂股的投資模式：假如她以前以 10 元每股的價格買了 1,000 股萬科 A，一直持有了十年的時間，到今天雖然萬科 A 的價格還是 10 元每股，但這十年期間通過送股、配股她持有的股數增加到了 1,000 股的 1,000 倍，達到一百萬股。雖然每次股票分紅後，除權價格低於 10 元，但隨著公司利潤增長，在每次送股除權後股價都反應公司利潤，進行填權行情，也就是說每次送完股後價格除權低於 10 元後又經常馬上能再漲到 10 元每股。那麼很顯然這就體現了她的價值投資價值，她當初投入的 1 萬元到今天就值 1,000 萬元了。

我可以很肯定地說中國的股市也有投資價值，而且分紅不比國外的少。雖然這分紅都是以股票分紅的形式被截留在上市公司了，相當於上市公司進行現金分紅把錢分給投資者後又馬上以發新股的形式把現金募集回去，但對投資者來講，價值投資的權益一直是體現了的。

可以下一個結論：單純地以中國股市缺乏現金分紅，只是股票分紅而判斷中國股市沒有投資價值是一個缺乏經濟基本常識的想法。當然，準確地說應該是看事物只看到事物的表面而沒有看清事物的本質。而恰恰可悲的是，當前中國相當一部分權威媒體，甚至包括大部分的所謂社會精英和政治精英，都只看到了股市的表面而沒有看到股市的本質，都在眾口一詞地說因為中國股市缺少現金分紅所以中國股市沒有投資價值。但是對於中國股市，我還是想說一句話：有錢就要買股票，要選擇合適的時間和機會去買股票！

判斷股市有沒有投資價值並不能簡單武斷地憑上市公司有沒有進行現金分紅來判斷。事實上巴菲特的 Berkshire Hathaway 只在歷史上分過 8 分美金每股的分紅，其他的現金紅利和股票紅利根本就沒存在過！Berkshire Hathaway 的股價最高攀升至 125,253 美元一股，好好思考下為什麼一個幾乎從不分紅

的公司（不僅幾乎沒現金分紅，連股票分紅也根本沒有）竟然是世界上最偉大的價值投資者巴菲特掌控的公司。單純地憑上市公司不進行現金分紅就判斷中國股市沒有投資價值的理論持有者在巴菲特的 Berkshire Hathaway 公司的事實面前不覺得自己幼稚麼？股票分紅對投資者來講同現金分紅，從投資者權益角度來看，沒有任何區別。在中國股市是否有真正的投資價值的問題上，我們不應當只看到表面現象而不去認識股市的內在本質。

提問⑦：

買股票的時候，「真金白銀」進去的，在高點的時候，成交量非常大，可是一旦行情不好，有可能連續無量 N 個跌停，或者是成交量非常小，這樣股票的市值肯定是急邊縮水，相應個人投進去的「真金白銀」也縮水了，那縮水的錢去了哪裡呢？是滬深證券交易所還是其他地方？我一直沒想清楚。就是您所說的資金入池的部分，在這種情況下，肯定比出池的多，溢出的那部分資金去了哪裡呢？我一直想不明白，難道股票連續跌停後的那部分資金憑空消失了麼？感覺股市投資賺錢太複雜了，股市投資有沒有什麼簡明扼要的投資法則或投資要點呢？

回答：

股票連續跌停後錢去了哪裡這個問題解釋起來也很簡單：比如你 1 萬 5 買的房子在行情好時可能值 2 萬元一平米，但那只是帳面價值，當房價下跌時你只能賣到 1 萬元每平米。那麼很顯然，整個過程，只有你實際虧損了 5 千元每平米的鈔票，其中還有 5 千元每平米是帳面的虛擬價值。當然如果 2 萬元能有人接手，那麼這由下家接手人付出的 5 千元就成了實在的金錢。你仔細想想股票，其實跟這個是一回事，股票不僅僅跟房產是一樣的，跟所有做生意的商品都是一回事。廠家生產的商品都是一層層加價最後才到消費者手中的，也都存在加價的泡沫。

其實做股票沒那麼複雜，你就用做生意的觀念來做股票就好了。做生意有一個永恆的原則：低價進貨，高價賣出。你只要先形成自己的一套判斷標準

去衡量股票：哪些值那個價，哪些不值那個價，什麼時候值那個價，什麼時候不值那個價，然後再根據判斷結果去買賣股票，你就會比較容易地在股市中賺錢，而這也正是筆者目前所努力的方向。

特別是你在股票漲了很多後再去跟隨買進，很明顯就違背了做生意的最基本的一個原則——高價進貨。至於能不能以更高的價格賣出去，那完全是把命運交給別人去掌控了。要是你在市場最低點進到了最便宜的貨，你會愁賺不到錢麼？當然，這什麼時候是市場最低點也是個值得研究的問題！不過我想你應該能從我的文章裡找到答案。

投資其實有五個要點，我只在我的這本書裡講了順勢而為。不過在股市裡已經夠用了，但如果要投資期貨或外匯市場的話，那麼資金管理這個要點是具有最重要的生存意義的！因為巴菲特說過：「在這個市場你應當記住三點，第一，活下去；第二，請記住前面一條；第三，請看前面兩點。」反覆強調在投資領域，學會生存保住本金不虧是最基本的，而後才應該去考慮怎麼賺錢。

五個投資要點：生存第一；資金管理；順勢而為；嚴格止損；利潤最大化。止損個人的創新：可以分為趨勢止損和絕對止損。你就定個簡單的絕對止損就可以了，比如資金量的 10% 或 20% 為虧損底線，具體多少百分比由你自己定。

提問⑧：

在我的炒股經歷中，賣股票時感覺比較難，掛的賣單時常要分幾部分才賣掉，買股票則從沒有這個現象。所以我認為股票市值很虛，股票只是一個等著裝錢的空盒子。

回答：賣股票時感覺很難賣，時常分幾部分才賣掉是因為你掛的賣單太大了吧？要是小的賣單不會存在這個問題，不過像這些盤口更多地是莊家操控的，所以會讓你有這種感覺，也很正常。至於股票市值是不是很虛，我覺得把錢抓到自己的口袋就很實在了，當你從股市賺到錢買房買車就更實在了。當你對股市的理解較為深刻的時候，你就會明白股市這一虛擬資本市場與實

體經濟其實是相通的，上市公司通過在股市裡募集資金去開工廠、投資項目，在股市裡賺錢的人拿著股市裡賺的錢去買房子或開工廠都是將股市資金轉移到實體經濟或實體產業中去了。而實體經濟做好了，把工廠或公司做到上市，實現實體經濟聯通資本市場虛擬經濟更是普遍現象，股票市值與實際財富是相對應的，並不是空盒子那麼虛無縹緲，股票市值其實就是實體產業在資本市場上的掛牌價格，非常實在和接地氣。股票買賣掛單成交時的不同感覺其實只是反應該股票的多頭、空頭氛圍，當多頭氛圍主宰時，股票很容易成交；而當空頭氛圍主宰時，掛出的股票賣單則確實不容易成交。這種市場現象更多地是反應市場多空雙方的博弈心態，更多地體現的是市場心理現象——惜售或惜買心理。

網友提問⑨：

中外股市成交撮合軟件是一個標準嗎？股市中是怎麼確定一只股票價格漲跌的？其中沒有「哄抬物價」的行為嗎？或者中外撮合軟件「哄抬物價」的能力大小有其他方面的差別？

回答：股市的成交軟件全世界都是採取一個原則：價格優先，時間優先。沒有哪個國家會做股票成交軟件上的手腳，那樣太小聰明了。股市的暴利更多來源於內幕交易和濫發融資套現，中國股市和外國股市最大的風險和區別也在於此。在交易軟件上做手腳只能是某個個人或某個公司的行為，國家層面做這種低級手腳沒有必要，證券交易所一般都是國家開的而不是某個私人可以開設的。「哄抬物價」的行為我前面就說了是莊家在做的事，在中國尤其普遍，就跟炒作大蒜一樣，先提前吸貨，再發布利好消息拉高股價，最後攤派獲利，這是莊家不二的獲利法則。認為股票交易軟件上也存在「哄抬物價」的能力大小區別，有點「草木皆兵」的心理了吧？至於哄抬物價，全世界商品經濟領域它都客觀存在，這與交易軟件無關。市場操縱和股價炒作行為在各國股市都客觀存在，像雅虎被微軟收購的消息不也經常在美國股市上被拿來炒作麼？美國人不也在哄抬雅虎的價格獲利麼？但這種炒作方式更多地是

通過資金買賣和輿論控制來實現，而沒必要在交易軟件上做手腳，那樣做事情不太符合情理。

提問⑩：

個人認為股票就是政府加上合法光環後賣給老百姓的欠款白條而已。中國股市的新股發行都存在過度包裝來二級市場高價圈錢的行為，甚至虛假信息、惡意包裝和詐欺上市的問題層出不窮，給二級市場帶來市盈率過高和業績虛高不真實疊加的雙重風險，嚴重坑害投資者，卻沒有法律制裁這些不法行為。中國股市把股市的融資功能擺在了投資功能的前面，股市一直以來被當成是圈錢的地方，保護中小投資者的利益成為了一種空頭支票。這對中小投資者太不公平，重融資圈錢，輕回報分紅少，沒有投資價值。所謂的藍籌股中國石油、中國神話等高價發行圈錢，現在跌去了發行價的1/2，比垃圾股跌得還多，政府不管百姓的死活，都跌到1,800多點，還發新股圈錢。中國股票市場是一個信息極不對稱、權利和義務極不對等的市場，另一方面，信息又是投資者從事股票投資的主要依據，投資者買賣證券，實際上買賣的是各種證券背後所包含的各種信息。

上市公司信息披露等方面存在的問題導致股民巨額損失，或上市公司大股東侵占上市公司利益、損害中小股民利益等這些違法行為，都得不到應有的法律追究。當投資者因上市公司違法違規行為遭受重大損失的時候經常欲哭無淚，求告無門，沒有一個政府機構出面替投資者伸張正義。誰是中國股市的游戲規則制定者？中國股市究竟維護誰的利益？誰才是中國股市中真正的受益者？

回答： 牛市中參與股市的人都賺錢，很少有人探討股市的問題及其出路。中國股民損失之慘重，主要源於持續的大熊市。每當市場持續震盪下跌，許多股市投資者就大吐股市苦水，甚至要求股市「推到重來」或直接關閉。其實，這更多地是反應股民的一些情緒化的不穩定的投資心態，而並不就是股市本身就坑害了股民。要說坑害，咋沒人說牛市中讓股民賺錢也坑了股民呢？中國股市確實存在很多制度上和監管上的問題，但這些有待於證券監管部門

在股市制度建設上去進一步完善，中國的經濟和金融已離不開股市。

股民在熊市中賠了錢大罵股市，更多地是期待央行放鬆貨幣政策救市以讓其回本或賺錢，而非真正地刻意攻擊股市，不過，股票價格運行的問題涉及影響股價變動最根本的因素，即股價和流動性的關係。眾所周知，經濟走勢即上市公司盈利變化和流動性寬緊是影響股價的兩大因素。

過去20年來，中國經濟形勢繁榮、上市公司業績好的時候，股市不一定表現較好，經濟低迷、上市公司業績不好的時候，股市不一定不好。其中一個重要原因可能是經濟繁榮的時候，官方實行宏觀調控緊縮貨幣；經濟低迷的時候官方實施寬鬆貨幣政策，從而造成資金推動型的股市上漲或資金緊縮型的股市下跌。官方的貨幣政策和宏觀調控直接影響了股市的流動性，說明過去20年中國股市更多地是受社會流動性驅動，社會資金流動性的變化對股價的影響大大超過上市公司盈利的變化對股價的影響。但是，隨著中國股市的發展，這種格局正在逐步改變，股價的走勢將越來越取決於上市公司的盈利變化，社會資金流動性對股價的影響將變得越來越不那麼重要了。而就中國股市目前經歷的資金流動性推動型股市行情狀況，美國和日本等成熟市場也分別在20世紀80年代和20世紀90年代都經歷了同樣的過程，可以說中國股市當前的資金推動型市場也是中國股市一個正常成長的發展階段。

股票市場之所以持續震盪下跌，個人認為總體上可歸結為三大原因：一是股市本身的制度缺陷和監管不力；二是經濟波動引起的股價震盪；三是人民對市場環境失去信心。探討股市的問題及其出路，並不是要尋求股市只漲不跌，也不是尋求多數股民只賺不賠，主要目的就是探討如何完善制度設計，減少制度缺陷帶來的投資風險和不公平，保護投資者合法權益，使投資者對股市的信心能相互傳遞。探討股市的問題和出路，也不是為了保證股市不出現違法、違規現象，而是為了保證一旦出現違法、違規現象能迅速得到追究和糾正。一個制度設計比較健全、運作規範、監管得力即所謂公開、公平、公正的股市，其波動和走勢主要取決於經濟的基本面和上市公司的盈利變化。股市本來就是讓上市公司優勝劣汰的投資場所，在這樣的市場投資當然可能

遇到經營不善的公司帶來投資損失，而股民應風險自擔，不可怨天，也不能尤人。前者即市場的框架或者說游戲規則是人力可以控制的，是政府的責任，後者即公司盈利所決定的股票價值則取決於經濟規律和上市公司經營狀況，這一點各國股市莫能例外。

客觀地講，過去二十多年來，中國股市自設立以來一直就有各種激烈的爭論和分歧，方方面面包括監管機構、仲介機構和投資者都為中國股市的健康發展做了大量的探索，特別是廣大股民為中國股市的大擴容做出了巨大的犧牲，付出了沉重的代價。每一屆證監會領導人上臺以後，也一直大力推進新股發行制度改革，抑制新股定價過高，鼓勵上市公司現金分紅，完善上市公司退市制度，提升股市投資價值，倡導價值投資理念。

但時至今日，許多根本問題一直沒有得到解決，我們還是沒有走出把股民當傻瓜圈錢的時代，其中最首要的、關鍵的問題就是中國的新股發行制度一直導致新股發行定價過高。根據 Wind 數據統計，從 1993-2012 年，過去 20 年新股發行市盈率經歷了 3 個大的階段：1993-1998 年 6 年市盈率只有 10~14 倍；2002—2008 年 7 年市盈率為 17~29 倍；2009 年起在新股發行急遽擴張的同時新股發行市盈率也在急遽提高。2009-2011 年分別高達 53、59 和 46 倍左右，許多新股市盈率甚至高達 70 倍、80 倍甚至上百倍。2012 年以來新股發行市盈率明顯回落，但依然高達 30 倍以上。這樣高的市盈率轉嫁到二級市場，給二級市場帶來了極大的風險，是二級市場很多年都難以消化的。其直接後果就是二級市場只能靠持續震盪下跌來消化這些風險。

更嚴重的是，為了高價圈錢，不少新股發行都存在過度包裝，甚至虛假信息、惡意包裝和詐欺上市的問題，給二級市場帶來市盈率過高和業績虛高不真實疊加的雙重風險，嚴重坑害投資者。因此，要減少二級市場風險，最根本的就是要抑制新股定價過高。

個人認為，要解決這個問題，在目前條件下只能由監管部門對新股定價進行干預和限制，新股發行的市盈率不能超過二級市場同行業的平均市盈率，應部分限制盲目市場化帶來的市盈率超高弊端。在這個問題上要打破教條主

义的市场化崇拜，有人片面理解市场化，把市场化過於教條化、簡單化，本該市場化的地方卻不講市場化，直接限制普通投資者的交易行為；而在一個不完全的市場，又把市場化教條化，認為對新股定價不能干預。其實，市場化並不等於去監管化。現代公司制度就是所有權與經營權分離導致的委託代理制度，委託代理制度有兩個難以克服的問題，即信息不對稱和激勵評價問題。股票市場是一個不完全的市場，不是一個自由競爭的市場，而是一個信息極不對稱的市場。特別是新股發行，交易雙方的信息極不對等，權利極不對等，義務極不對等。在這樣一個嚴重不規範的市場過度強調市場化，只能是迂腐的和不負責任的。

　　正因為證券市場是一個信息極不對稱、權利和義務極不對等的市場；另一方面，信息又是投資者從事股票投資的主要依據，投資者買賣證券，實際上買賣的是各種證券背後所包含的各種信息，因此，個人認為監管部門不僅不能取消或廢除對新股發行的審核，反而更要加強審核。但審核的重點不是上市公司業績的好壞，而是其財務信息的真實性。監管部門不需要也沒有義務代替投資者作價值判斷。監管部門的全部職責和所要做的全部工作就是審查上市公司信息披露的質量和相應的查處措施。除了新股發行和再融資的信息審查外，監管部門還要做好對上市公司新股發行和再融資之後的日常信息披露，加強持續監管，監督上市公司信息披露是否真實、全面、及時，對違規行為和內幕交易堅決查處。因為很多新股發行和再融資存在的問題和風險可能要過很長時間才會暴露，所以只有事後持續的日常的信息監管才可能發現當初新股發行和再融資存在的問題和風險。這方面我有一個特別的建議，即建議監管部門充分發揮證券公司廣大研究員的作用，充分利用券商研究員的研究報告，對券商的研究報告所發現的上市公司會計操縱，包括隱藏業績和轉移利潤等各種行為堅決查處，並對相關研究員予以重獎，使各券商研究員成為一個專業的有效的信息查處最好的幫手或特別助理，及監管部門加強監管最廣泛的群眾基礎。

　　很多人都呼籲暫停新股發行，給股民一個休養生息的時間，其理由是任何

事物都有一個平衡點，股市作為一種資源的開發也需要注意平衡。而反對者則振振有詞，說是要市場化，不能停發新股。

個人認為，把市場化過於教條化、簡單化和片面化；不管市場化的本質和前提是公正透明有效的制度設計；漠視信息不對稱所必然帶來的各種問題與後果，缺乏對交易雙方強勢者的監管和懲罰，其結果只能是市場交易的強勢者和內幕信息的掌握者對交易的弱勢方即廣大散戶的掠奪和圍剿。截至2012年8月，滬深兩市融資額已達3,440多億元，儘管比2010年和2011年大幅度減少，但在過去10年裡依然是一個比較大的規模。打一個比方，據說中國煤礦工人的死亡率全球最高，多年來中國的股市就像一座巨大的煤礦，礦主們不顧礦工們的死活，無視安全投入和環境保護，踩著工人們的屍體日以繼夜濫開濫採，肆意掠奪。如今富人們和財主們已經撈夠了，金盆洗手，卷款走人了，A股已經變成一座難以清理的尾礦。現在該是放下所謂的市場化，暫停新股發行，關門整頓，反思總結的時候了，順便讓股市和股民休養生息。個人是支持股市在適當時候暫停新股發行以休養生息的，股票供應和貨幣供應都可能最直接地通過供求關係影響股票價格，這對股民的股票投資結果的影響是相當大的，市場的股票吸納也有其內在承受力，盲目擴容是有風險的。

不過，暫停新股發行是不是等於不讓企業融資呢？不是。我們討論股市的出路，目的不是限制企業融資，而是為了提高上市公司的質量，防止和減少虛假信息、過度包裝和詐欺上市等情況，保護投資者利益。怎麼樣更好地保護投資者？我覺得就是少發新股，多發可轉債。為什麼我建議少發新股，多發可轉債？

我們現在新股發行，有點象舊社會男女結婚，要麼就是媒妁之言，要麼就是父母之命，新郎和新娘對彼此雙方都不太瞭解，只有到了洞房花燭夜，新郎揭開新娘的蓋頭才知道新娘長的好壞，以後過日子才知道其性格品德好壞，持家能力高低。現在新股發行，一個新股好比一個新娘，大股東和仲介機構把它包裝得很漂亮，站在城牆上面拋繡球，問你們誰來買。新股發行跟投資者之間純粹是閃婚，由於信息不對稱，投資者很難徹底瞭解上市公司。

所以我建議減少新股發行，多發可轉債。比如說所有的可轉債三年之後再轉股，三年期間像上市公司一樣履行信息披露義務，發布財報和重大事項公告，這樣投資者就可以在三年的過程中充分瞭解上市公司，並決定要不要轉股。這樣既解決了企業融資的問題，又為投資者瞭解上市公司提供了一個緩衝期（戀愛期）和保護機制；同時又加大了上市公司的責任，如果投資者三年之後不轉股，公司就得還債。現在上市公司之所以趨之若鶩去發行股票，高價圈錢，就是因為這個資金不用還，所以大家把股民當成搖錢樹、絞肉機、唐僧肉來爭相瓜分。

中國股市要想找到出路，保證健康發展，還有一些認識上的問題需要澄清。比如，很多人攻擊中國股市重融資、輕投資。筆者認為，就股市主要功能而言，它就是一個融資平臺，就是讓上市公司來圈錢的。但是，上市公司能否圈到錢，能否贏得投資者真金白銀的投資，應當依靠其真正的營運能力、真正為投資者賺取投資利潤的能力，而不是由其他一些非正常的因素決定。

只有上市公司不斷為投資者帶來投資回報才能持續融資，只有這樣才能夠讓中國經濟步入良性的投融資循環，相反，如果真正能夠為投資者帶來投資回報的企業無法融到資金，而弄虛作假，只會講故事的虛假企業反倒在股市上融到了資金，這無疑是對股市投融資體制的破壞，毫無疑問最後將出現「劣幣驅逐良幣」的經濟現象。因此，股市監管並不意味著監管部門就應該代表上市公司的利益，處處為上市公司著想。恰恰相反，正因為股市就是一個融資平臺，就是讓上市公司來融資、擴大投資的，所以監管部門就只能代表投資者，完全站在投資者一邊監管上市公司，確保讓真正營運良好，能為投資者帶來合理投資回報的企業融到資金而不是讓騙子企業融到資金。

但是，個人認為這些年監管部門在投資者教育方面消耗的精力過多，甚至直接限制投資者的權益和交易行為，而對上市公司的監管不夠。比如，為了限制新股上市首日過度炒作，限制小市值股票和績差股即所謂的 ST 股和垃圾股炒作，監管部門和交易所不僅直接限制漲跌幅度，還直接限制換手率，甚至直接限制投資者包括散戶的交易行為，限制投資者下單，這些措施嚴重違

背市場化原則，也嚴重侵犯了投資者和股東的正當權益。事實上，個人認為類似於新股上市首日過度炒作是一個似是而非的問題：往上拉是炒作，需要干預和限制，那先死勁往下打，過一段時間再往上拉就不是炒作，就不要干預和限制？這個邏輯是不對稱的。個人認為，沒有特別的原因，不應該限制某一個個股的換手率，更不能頻繁限制普通投資者的交易行為，除非有確切的證據認定該投資者涉嫌違規或違法。建議監管部門和交易所把精力多用於監管上市公司，監督上市公司是否誠信盡責，信息披露有沒有問題，公司董事會和公司高管有沒有職務犯罪，大股東有沒有通過關聯交易等各種形式挪用侵占上市公司利益、損害中小股民利益；而對投資者的監管應僅限於有沒有內幕交易和股價操縱。

中國股市目前最大的問題之一是由於上市公司的信息披露等方面存在的問題導致股民巨額損失，或上市公司大股東侵占上市公司利益、損害中小股民利益等行為都得不到應有的法律追究。本來投資者已經為上市公司的融資擴張做出了重大犧牲，由於上市公司高管或其大股東胡作非為導致公司破產或退市所釀下的這杯苦酒還要投資者喝下去，實在是非常不公平。

因此，個人一直呼籲在健全退市制度的同時必須盡快建立對上市公司高管、董事會及其大股東的問責追究制度和集體訴訟制度，盡快建立對投資者的補償制度。儘管對後者的認定和實施比較複雜，但這不能成為拒絕和否定補償制度的理由。再健全的法律制度，再嚴密的游戲規則，如果缺乏監管，或有法不依，執法不嚴，都只能停留在紙面上，其市場秩序及由此產生的後果可想而知。個人感覺中國證券市場和期貨市場重前端限制，輕後端追究：前端這個也禁止，那個也禁止，這個也不行，那個也不行；後端即有人違規了甚至違法了，其法律責任等相關條款卻十分粗糙，導致違法、違規行為的法律責任很輕，得不到應有的法律懲處。如現行的證券法第11章法律責任所規定的各種違法、違規行為多是罰款3萬到30萬元。證券法第11章第189條規定詐欺上市僅處以責任人3萬到30萬元的罰款。一個小偷偷個麵包可能被判好幾年刑獄，而在證券市場通過詐欺上市騙取幾億甚至十幾億、幾十億資

金，或通過關聯交易轉移巨額利潤卻僅僅罰款幾萬到幾十萬元，這樣的法律責任與其說是懲罰，不如說是縱容上市公司和證券公司犯罪。因此，強烈建議監管部門一方面對上市公司的董事會、高管人員和上市公司的大股東持續加強監管，看看他們是否勤勉盡責，有沒有發布虛假信息和過度包裝股票，有沒有詐欺上市，看看他們上市後在信息披露方面有沒有問題，有沒有挪用侵占上市公司利益、損害中小股民利益的行為；另一方面盡快健全完善現行的法律條款，加大各種違法、違規行為的法律責任，使其真正起到殺一儆百的作用。不加大法律責任，加強監管就是一句空話。

綜上所述，中國股市確實存在「重融資，輕投資」、新股發行價格過高、為上市公司圈錢、投資信息不對稱、上市公司大股東侵占股民利益、市場操縱違法成本過低等一系列問題，但簡單地認為股票是政府加上合法光環後賣給老百姓的欠款白條則過於偏激，中國股市今天所遇到的問題在成熟的美國股市、日本股市等發達資本主義國家的股市歷史上也都發生過。從根本上來說，一個真正維護投資者利益而不是一味偏袒融資方利益的股市才是真正健康的股市，這樣的股市才能源源不斷地吸納社會資金進入股市投資上市公司股票。短期的資金推動型股市幫助上市公司融資圈完錢就跑的做法不利於中國股市的長期發展，中國證券監督機構只有加強證券違法、違規行為的嚴厲打擊，真正做到「融資和投資並重」，切實維護股民投資者的合法權益才能真正讓中國民眾持續地通過股市分享中國經濟的發展紅利，這需要我們給予中國股市發展較大的耐心和包容。

摘自：向威達. 中國股市的問題及其出路［N］. 中國證券報，2012-09-21.

二、股市投資操作答疑

提問①：

個人覺得種種跡象表明目前（2012 年 6 月）股市到達一個階段性底部了，

而且國家彈性匯率政策出抬後，股市會迎來一個長期牛市。請問樓主現在是否應該買入股票了？

回答：不知道您所說的種種跡象是指什麼？是各種理性的邏輯分析還是個人的各種隨意猜想？就我個人的看法來講，按照我的投資模型，沒有出現上證指數K線站穩60日均線，我是不會入場的。對於可能的行情，我寧願錯過也不願做錯。我的原則是我不會拿自己的資金去當革命先烈，去為市場探明底部，我的投資風格是等市場底部真正明確後才入場（當然具體的底部信號有我自己的判斷標準，其中60日均線就是很重要的指標，市場的一切信息都會反應到市場K線走勢上），我目前的選擇是繼續空倉。

對於國家彈性匯率政策，理論上來說，如果是人民幣單邊升值，這無疑是對股市的大利好，理論上來說會讓股市迎來一個長期牛市。但另一方面我們要看到的是，人民幣升值可能會傷害中國的出口經濟，甚至如果升值過快，幅度過大，可能還會讓大批出口企業倒閉，讓中國經濟來個二次探底。如果出現這種情況，那麼股市也不會好到哪裡去。另外，央行貨幣政策委員會成員李稻葵已經明確表示，匯率改革的措施是增強幅度，其實質含義是有可能增值，也可能貶值，一切要視中國經濟的實際情況而定，這個政策的含義就意味著匯率改革也不一定對股市就是大利好。總之，目前的中國經濟在最近一兩年內會是一個比較複雜的境況，我的觀點還是繼續謹慎觀察為上，在上證指數沒有確定站穩60日均線上方時不能確定為牛市，這時不要著急入場而應繼續觀望，多看少動，不打沒把握的仗，一切須等趨勢真正明朗後再有所行動。

也有很多人私下問我是不是可以買股票了，看來大家入市心情都很急切，這是可以理解的。筆者的建議是：要是做長期投資，大盤指數在2,500點時絕對是一個可以考慮買進的點位，因為2,500指數點位位於中國股市價值中樞附近，該點位並不具備資產泡沫而是具有部分投資價值，該點位附近可以入場買進做長期投資。不過，要是做波段操作和趨勢投資的話，則還是繼續觀察下等股市真正反轉趨勢明朗後再行動，以上投資建議僅供參考。

股市困惑答疑與基金營運探討

提問②：

想問下面幾個問題：

1. 關於複利。複利（$S=P(1+i)^n$）的威力其實建立在 N 的基礎上。N 越大，複利的威力越大。但如果 N 小，它的威力卻是一般了。您只順勢而為，牛市的機會畢竟很少，這個 N 值是大不起來的。N 以波段為基礎，這種高手絕對沒有。以月計之，已相當少。但如以牛市計之，雖勝算大增，但它的威力幾乎失去。我也是一直因為無把握提高 N 的值，雖關注但目前未入市。複利投資模式是否和不同的投資市場有關？比如股票市場和期貨市場在複利投資模式上是否有所區別？如何才能實現投資複利盈利呢？

2. 關於人民幣升值，當然是有節有利的緩慢升值。但天量的貨幣發行，肯定會導致惡性通貨膨脹。如果 3～5 年升值到一定水平之後會否發生惡性通貨膨脹，人民幣突然貶值幾倍甚至幾十倍？這也是前不久天涯上大量唱空人士呼籲大家換美元保值的原因。如您所言，美元亦不必換，那假如買塊地，弄一個三年熟的作物（舉個例罷）來抵禦通貨膨脹，請問下這種實物資產從理論上是否比任何貨幣金融資產更保險？

3. 我判斷中國的經濟以後會朝著國家資本主義發展，作為個人向體制內靠攏當然是好。就算是私人資本主義，體制內的人也永遠都是既得利益的享用者。但對於絕大多數無法靠近圈子的蟻族、蝸居者，國家切斷了他們的一切生存渠道，他們該怎麼辦？創業，失去了創業的諸多有利條件，還要受國家資本主義的盤剝；工作，沒有國企內的工作，甚至連國家吃肉後剩的湯他們都嘗不到一口；住房、教育、醫療他們更是無法享受。對社會穩定而言，這不是一個很危險的炸彈？這種經濟模式長期發展下去會不會最後影響到社會的長治久安？

回答： 在投資市場裡有兩個代表性的宗師級的人物，也可以說分別是股票市場和期貨市場兩個市場的代表性人物：一個是巴菲特，主要投資於股票市場，追求價值投資；另一個是索羅斯，主要活動於期貨市場、外匯市場（成

名之戰是挑戰英國政府攻擊英鎊），著重於趨勢投資。但目前的事實是：巴菲特是比肩於比爾．蓋茨的世界首富，而索羅斯仍然在財富的邊緣掙扎，也許還有點日落西山的境地了，說沒錢還是有點錢，說有錢但起碼目前來看似乎永遠也無法超過甚至趕上巴菲特。很顯然，巴菲特持續穩定獲利的複利投資模式的累積財富的能力要遠遠超過索羅斯的短期內獲取暴利但獲利模式不穩定的單利盈利模式。

事實勝於雄辯，從前人用親身經歷留給我們的經驗來看，我們只需遵循成功者的足跡努力前行就夠了，沒必要再去走彎路，我們應當追求的是巴菲特的價值投資境界而非索羅斯的趨勢投資。這個世界上，試圖走捷徑，試圖投機取巧的人到頭來只會「竹籃打水一場空」，這也是中國人的人生哲學。表面上看起來我投資中國股市也是所謂的「趨勢投資」，但準確來講我追求的是靈活的「有中國特色的價值投資」，或者說是「價值投資和趨勢投資相結合的投資方式」。更為準確地說我追求的是中國道家裡的「大道無形」的境界，追求短期內的投資暴利並不是我十分認可的。個人認為，只賺取自己可以看得懂的股票的錢，穩定持續獲利，爭取實現複利盈利模式才是穩妥的投資之道。

然而，很多人都喜歡靜止地看待問題，認為價值投資就是買入並持有，永遠不要賣；認為買了股票過一段時間賣出就是投機，這與價值投資的複利盈利模式相悖。可事實上，投資與投機是相對的，在股市跌得很低的時候，可能跌到上市公司當垃圾賣也不止於其股票價格的時候，這個時候買股票可能認為是投資；但當股票價格超過上市公司實際價值時，雖然這個時候投資價值消失了，但由於市場規律，資金推動很明顯還處於上漲行情，這個時候你說你堅持價值投資而選擇賣掉股票或空倉那也是不合適的。其實市場經濟學的價值規律早就揭示了市場的奧秘「價格圍繞價值上下波動」。市場價格有低於市場價值，具有投資價值的時間段，也有價格高於市場價值，具有市場泡沫的投機時間段。而這投資和投機隨時都在隨著市場的變化而發生著轉換，我們應該用哲學的動態的觀點來看待問題。世界上不存在絕對的事物，不存在絕對的好或壞、善或惡，在投資領域也不存在絕對的投資或投機。就像很

多人最近又指責巴菲特在投機一樣,其實這些人連一個專業投資者的門還沒入,離投資大師還差很遠。

巴菲特已經揭示過了投資的真諦——複利,也就是說「持續穩定地獲利」,複利是他得以長勝的秘密。其實這也體現於中國的一個小故事「龜兔賽跑」。做期貨短時間內翻番甚至做外匯幾天內就翻番,似乎很讓人心動,但這充分說明為短期利益心動的人還遠稱不上一個專業的投資者。一段時間爆賺,但也許過一段時間就爆倉,連本金也虧了進去,而且就我的期貨市場和外匯市場的研究來看,如果沒有良好的資金管理能力,對於一般的投資者來說,虧掉本金,全倉爆掉幾乎是必然的最終結果。

您的關於複利的理解很正確,也確實如此,複利是一個數學上的概念,跟做股票或做期貨沒有關係。只要能讓資金利滾利,能夠每年都以一定的百分比持續增長就可以稱為複利。不過我認為目前在投資界能做到複利境界的只有投資股市的巴菲特,而期貨界的教父——索羅斯都做不到。我的意思很明確,我從來不認為自己是世界上最聰明的人,既然無數期貨界的高手都已經證明了要在期貨上做到複利是不可能的,那我也不想去挑戰他們。我的目標是走前人已經走過的成功的道路,即巴菲特的股市複利增長傳奇之路。因此,我的態度是:股市是絕對投資領域,期貨為輔助投機市場,兩者不可本末倒置。

準確地說,「條條大路通羅馬」。但我的觀點是,雖然道路很多,但沒必要去選擇前人已經證明是絕路的路,然後我們再去走一遍。當然,你想在規模小時短時間內就快速做大的想法可以理解,但有句話不是說「欲速則不達」麼?您未免有點太過「急功近利,操之過急」。巴菲特關於投資說過一句最經典的話,「投資的第一條準則是不要賠錢;第二條準則是永遠不要忘記第一條;第三條準則是請記住前面兩條。」事實上對於投資者來說,在這個市場裡不是看誰短時間裡賺得最多,而是看誰在這個市場裡活得更久。投資的旅途永遠沒有終點,如果在投資半途中就因為某一次投資的賭博心態而消耗了大部分本金,以至直接失去了持續投資比賽的資格,那還有去比較長期投資水

平的意義麼？

　　個人認為你對人民幣匯率的思考是正確的。一切經濟問題最後其實都要反應到貨幣幣值即貨幣購買力（匯率）上來，人民幣匯率持續升值或快速貶值都可能給中國經濟帶來較大不利影響。中國是一個在很多事物上都非常追求穩定和平衡的國家，中國經濟高層更希望人民幣匯率保持穩定而不是大幅波動。相信在人民幣匯率出現大幅貶值的不利境況時，中國經濟高層包括中國央行一定會採取措施進行干預，在人民幣可自由兌換資本項目尚未完全放開，中國政府仍然對人民幣匯率進行外匯管制的貨幣政策環境下，人民幣匯率出現大幅貶值帶來經濟恐慌的可能性並不高。至於買塊地，弄一個三年熟的作物來抵禦通貨膨脹則並不一定可行，也不能說這種實物資產從理論上就比任何貨幣金融資產都要更保險，因為實物資產還存在一個倉儲保管和銷售變現的問題，在資產流動性上要差於貨幣財富等金融資產。個人對中國經濟高層保持人民幣匯率穩定，防止人民幣匯率大幅波動引發經濟動盪上是非常有信心的。歷史上，共產黨和國民黨已經交手過多次貨幣戰爭且都以共產黨的最後勝利而告終，這還是在國民黨佔有絕大部分黃金、美元等硬通貨的金融環境下。當前中國已經擁有了世界上最多的美元儲備和非常大的黃金儲備，中國經濟抵禦人民幣匯率大幅貶值的能力已經大大加強，而且個人相信即使沒有這些硬通貨儲備，只要中國的糧食安全不出問題，中國也同樣可以保持經濟和社會的穩定。

　　中國的經濟逐步由計劃經濟轉向市場經濟，但中國的市場經濟確實不同於西方的市場經濟，中國的國有企業仍然占據煤炭、石油、鋼鐵、電力、化工、能源等經濟核心基礎領域，中國的市場經濟確實呈現出了國家資本主義的發展趨勢，這不同於西方完全私有化的市場經濟發展模式。

　　這也最直接地導致國有經濟企業的員工待遇要好於民營經濟企業，社會資本和人才都向國有經濟「體制內」流動，而民營經濟企業中的員工則有被邊緣化的趨勢。對於絕大多數無法靠近圈子的蟻族、蝸居者，國有經濟企業擠壓了他們的生存空間和創業空間。沒有國企內的工作，無法分享到國企的工

資發展紅利，而國企的住房、教育、醫療他們更是無法享受。這對社會穩定而言，確實是一個很危險的信號。人民生活水平的高低不是取決於各自創造財富的能力大小而是取決於是否能進入體制內工作，毫無疑問這是一個可悲的經濟發展模式。這種經濟模式長期發展下去肯定會讓社會民眾感到非常不公並逐漸累積怨憤情緒，對社會和經濟來說都是一種非常不穩定的因素。毫無疑問，中國經濟高層必須改變這一經濟現象，社會財富的分配應以個人能力的大小為標準而不能以是否體制內人士來區分，否則中國經濟也將逐步變成死水一潭，毫無生氣。

提問③：

我認為所有的交易都是藝術的。股票操作上你似乎比較偏好大盤股，「出於股票流動性考慮」有一定道理，但個人還是覺得中小盤股股性活躍，比較偏好操作中小盤股。另外，農行一上市就跌破發行價，打新和新買入的股民全部被套，賺錢的只有一級市場買原始股的人，你不覺得股市被操縱得太黑暗了麼？

回答：我對股市總的看法是：股市是科學和藝術的綜合體，而非單純的科學或單一的藝術，生搬硬套地用科學或公式去參與股市或單純地憑感覺做出股市的投資決策都是不可取的，應當將科學和藝術結合起來。我認為專業的投資者應當有穩定持續的獲利操作系統，可能我比較堅持自己的投資決策模型，但我也可能隨時根據市場變化做出相應的調整，我一向是讚成魯迅先生的「拿來主義」的，好的東西吸收，不好的扔掉。我一向認為影響市場的因素千變萬化，隨時隨地都可能有新的因素、新的事情出現，我們所能做的是隨機應變地適應市場而不是靜態地去預測市場，這方面我是很靈活的。但在投資專業領域擁有自己固定的能穩定持續獲利的投資模型是很重要的，這也是判斷一個投資家是否成熟、是否專業的根本標準。巴菲特的投資模型是價值投資，我只是提出了中國股市環境下比較合適的投資模型並盡力去堅持這個投資模型而已。中國人做什麼事情都講究藝術化靈活處理，但個人認為有

些問題，有些事情則是需要有所堅持的，比如說做人的道德底線等，有些事可以靈活處理但有些事是不能藝術化、靈活化的，在投資領域對於自己的投資決策模型更需要一份堅持，甚至需要一些「固執」，人雲亦雲沒有自己獨立思考能力的人在股市裡是肯定賺不到錢的。

「出於股票流動性考慮」是從大資金運作和莊家坐莊的角度來考慮的，對於資金量達幾億甚至十幾億的大資金來說，選擇去買幾千萬盤子大小的中小盤股無疑是死路一條。只要資金實力足夠強，中小盤股天天拉漲停都沒問題，但問題是這些大資金在股票拉升到高位時是根本無法出貨兌現的，其他機構不會傻到去接他的高位股票，散戶要去接也沒那個能力，一筆很小的賣單就很可能將股價直接打到跌停了，那樣最終後果將會是股票的雪崩，從哪兒來的最後還回到哪兒去，大資金很難獲利。只有盤子比較大或比較適中的股票才能有比較強的承接力，在資金想出逃的時候才能更順利，否則中小盤股價拉得再高都只是帳面價值，無法套現，最後大資金的莊家都會套死在裡面，而中石油以及銀行股等這些大盤股就不一樣了，每一天都有著巨大的成交量，對中小盤股可能是大賣單甚至特大賣單的單子在大盤股裡可能只是毛毛雨，是很容易兌現的，像中石油以及銀行股裡都是國家的資金在裡面，幾個億或幾十個億的資金賣盤國家買盤承接力一點問題都沒有。同樣一筆大賣單對大盤股可能只影響一分錢或幾分錢的價格就賣出去了，而中小盤股中大資金一筆大賣單就可能造成恐慌，就讓股價直奔跌停了，說股票流動性是從股票的資金變現能力來考慮的。

我並沒有對農行破發感到可怕，相反，也許農行破發的時候就是我買進股票的時候。目前中國股市面臨的最大威脅就是房地產，房地產熊則股市熊，房產漲得越高越讓股市承壓。個人傾向於認為這是一幅可能空間比較小的牛市行情，隨時有可能會在高房價崩潰時牛市終結，地方債務平臺會逐步攤薄處理掉，對銀行股構成業績上的沉重壓力，影響金融股的上升空間，恐怕也會間接地打壓大盤。股市對資金面信息更為敏感，今年的「下半年繼續實施定量寬鬆貨幣政策」還可能面臨修正，資金面上遠沒有 2008 年 4 萬萬億刺激

下的寬鬆。總之，對這一輪牛市的上漲高度個人表示相對悲觀，但只要有賺錢的機會肯定要及時抓住。個人認為房地產拉升的股市不可持續，回調同樣是必然，甚至還有讓股市熄火的可能性，個人仍然謹慎觀望，不到理想的買點不衝動進場。

提問④：

個人認為股市投資是一個非常混亂的領域，根本就沒有一定的章法可循。電視上股評人士天天馬後炮的解釋，讓你聽得、看得完全不知所措，聽他們的買什麼虧什麼。看好公司未來前景做長期投資，可一輪熊市下來股票價格又跌回原點；看財務報表做中線投資可中國的上市公司財務報表簡直眼花繚亂，弄虛作假的財務報表到處都是，根本無法讓人信賴；靠股票操作技術上的所謂「短線絕技」波段操作一年下來又賺到錢了嗎？我們具體應該如何投資股市呢？

回答：與數學、物理等科學相比，股市具有藝術性，美術上的0.618黃金分割點在股票走勢中常常得以體現；而在股市中單純地追求藝術而完全忽視價值規律也是完全不可取的。當股票價格上漲過高，大大超過股票內在價值時自然有價值迴歸的需求。個人一直堅持認為，股市投資是一門科學和藝術相結合的大學問，股市投資有很多需要用科學衡量的地方，但很多時候股價動向又呈現出藝術上的美學特徵。而在股市裡取得成功的人其所依賴的投資技能則千變萬化，確實沒有一定的固定章法可循。

有人依靠哲學思維來做股票投資，有人則完全憑市場感覺進行股票交易，還有人喜歡依靠宏觀基本面分析來決策，也有人更喜歡研究企業的財務報表。當然，還有人做出股票買賣決策僅僅是聽從朋友、同事、領導或鄰居的建議，也有人什麼都不看只是根據股票的K線圖表來決定股票的買進或賣出，甚至不乏扔飛鏢、拋硬幣乃至算卦來做股票投資決策的奇異人士。而從投資結果來說，英國著名科學家通過利用數學、物理等科學理論做出的股票買賣決策，其盈利結果與牛頓後來通過扔飛鏢做作股票交易決策的結果差不多，很難說

在股市投資領域有什麼一成不變的投資法則。觀察公司長期基本面也好，看企業的財務報表也好，單純依靠股票 K 線走勢圖表也好，只要是適合自己的投資決策方法，只要是能讓自己在股市中賺到資本利得的方法就是好方法。我們需要在實際的股市投資決策過程中建立自己成熟的操作系統，而不是簡單地去聽股評人士或其他朋友、同事及鄰居的投資建議做出決策。股市投資中的投資方法千變萬化，但要想在股市中賺錢有一點是確定的，那就是必須有自己獨立的思考能力，能夠對市場和股票走勢有自己獨立的判斷能力，有自己獨立的投資決策系統。

提問⑤：

請問你對天涯社區上的股市名人「纏中說纏」及「參禪」的哲學思想和股市投資觀點有何看法？他們都是股市投資領域的高手，也曾在股市中運作大資金，操盤過不少股票，擁有天涯社區股市方面最多的粉絲。個人覺得你對股市的思考也很有道理，他們也同樣提到從哲學的高度來看待股市和人性，很多方面你們在股市投資思想上都有相似的地方，你也可參考下他們的股市投資思路。

回答：「纏中說纏」和「參禪」的文章內容比較多，更是比較散，我仔細看了好幾遍，感覺思路比我還發散，研究的範圍也比較廣。這裡先大致概括下他們文章中的內容並說下我的看法：

1. 萬物之本源為元，為世界一切誕生的基礎。這似乎是道家學說的觀點，即中國的古樸哲學「萬物之始為元」。對於這個元比「道」更難讓人理解。我個人的看法是：中國哲學也只是世界上哲學中的一種。對於道家學說筆者也是採取魯迅先生的「拿來主義」選擇性吸收的，我讚同道家的「道法自然」和「上善若水」等觀點，但不認可其完全放任、逃避社會、遁世避俗的「黃老之術」，在這一點上我更欣賞儒家的「修身齊家平天下」。當然我也反對秦始皇的「罷黜百家，獨尊儒術」，也反對法家的嚴刑峻法，一定程度上又認可「人之初，性本善」。在看待世界的起源上，達爾文的「進化論」相對於

中國的「本元說」更具有科學精神，其他還有神學的「上帝論」等，我認為多吸收別人西方國家的哲學更合適些，而且我個人更讚同於達爾文的「進化論」多過中國的「本元說」。

2. 孔孟之學與易學的高低之論。我個人也是認為它們各有各的優點和長處，不能一概而論。儒家孔子的「忠孝節義」一定程度上也是中國人的精神靈魂所在，另外儒家孟子的「老吾老以及人之老，幼吾幼以及人之幼」也是中華文明的精髓所在，孟子的「得道多助，失道寡助」在今天也有現實意義，當今最強大的美國不也是在全世界找盟友麼？至於說易經是研究世界萬事萬物的轉化變遷，我對此沒有深入研究過，但想必也有其高明之處，另外易經的科學性似乎也還有待考證，有一部分認可其價值，但在有些人看來則某種程度上太過玄幻、虛擬。現實中國家決策似乎更傾向於數據的科學化決策，比如說央行的貨幣政策主要取決於經濟運行數據和企業的經營狀況，而非易經的推測，一般決策是否要加息主要是看 CPI 的實際數據來做最終的決定。

3. 從歷史的角度來研究股市，個人認為遠非他們這樣三言兩語就能說得清楚的。關於股市的產生，經濟學和金融學上有更為科學更為嚴格的論述，把世界變遷從村長的行為角度來分析有點過於草率和簡單，某種程度上有點臆想的感覺，我不認為這是科學的研究態度，而且世界經濟要遠比你所設想的「村長模型」要複雜，單就美國金融領域一個小小的金融衍生品，中國國內還沒多少個金融學家、經濟學家能說出個子醜寅卯來，在經濟上，金融上，美國是我們的老師是毫無疑問的。我個人自身的水平還是有很大差距的，我也一直正視自己的不足，所以常常保持魯迅先生「拿來主義」的學習態度，以便自己能不斷進步。世界政治經濟形態是各種利益團體、各個國家博弈的結果，對於這個世界英國、美國、德國的歷史地位問題，我更傾向於從博弈論的角度來思考，它們都有其自身的優勢和各種有利因素，而當今世界，美國也絕對不能說會一勞永逸地強大下去。是世界各種政治、經濟、制度最後的博弈造成了今天美國最強大的局面。

4. 歷史和經濟確實在某些地方有與哲學相通的地方。「貨幣的基礎是物資

交換」沒錯，事實上不光中國人知道這一點，西方人更比中國人懂得這一點，貨幣銀行學可還是西方傳來的經濟學科，而貨幣——紙幣也是社會發展的必然，並不簡單地定義為美國想怎麼樣就怎麼樣那麼回事情。紙幣的需求遠超過黃金的生產，布雷頓森林體系的美元、黃金掛勾解體也是經濟發展的必然。至於美元充當世界貨幣，那是因為美國有世界最強政治、經濟綜合實力，這也不是別人說想怎樣就能怎樣的，而是用紙幣來充當貨物交換的媒介客觀社會必然的選擇，除非能產生優於紙幣的交換媒介。現代社會中，電子貨幣似乎有這個趨勢，但電子貨幣的背後體現的也還是國家綜合實力，最終代表的還是國家強制力，這還是體現的貨幣本質——交換媒介。隨著科技的發展，貨幣存在進一步演變的可能，但萬變不離其宗，其本質屬性是不會改變的，貨幣的背後其實就是一整套完整的國家運作制度。

5. 對於美國的看法，我個人認為美國並不是一個黃昏的國家，就像社會中能夠開公司當老板的人必然有其過人之處，並不簡單地就是混上去的，就是混也必有其過人之處的混法。當然我也並不是美國死心塌地的崇拜者，還沒到頭腦發昏認為「美國的月亮比中國圓」的地步，對於美國，除了你認為的是「貪官的天堂」外，它更匯聚了全世界最聰明最有才能的人。美國沒有您想像中的那樣墮落了，相反目前在全世界經濟一片慘淡中，只有美國的經濟在復甦，雖然回復速度是緩慢的。而中國目前的經濟發展更是取決於美國的經濟復甦程度，因為中國內需嚴重不足，經濟的發展嚴重依賴出口，而出口的希望又完全寄托在美國人的口袋是否有錢上。說起來，勤勞的中國人辛辛苦苦生產了世界上最物美價廉的商品卻還要去求著人家享受，求著人家消費才能賺到養家糊口的活命錢，這在某種程度上還不能不說是中國人的悲哀。另外，文化上，中國的群體文化壓抑個性也有其缺陷性，美國文化的張揚個性造就了世界最先進的創造力。這個世界上，是美國在引領全球，目前來看，這無疑還是客觀事實。

6. 在談到具體股市上，他們文章中提出的暴利無法持續、經濟週期和供求關係這些理論上的框架我也是非常認可的，而且這些都是經濟學、金融學

上的內容，也體現了部分哲學思想。談到人性的弱點上，在當今的投資領域還有一種投資理論叫市場心理學行為理論，就是專門靠研究市場裡大部分投資者的投資心理來做投資決策的，也有其一定的科學之處。他們所說的這些都是一個專業投資者所必需掌握的知識和理論，我也很讚同。

總結起來，對他們的很多觀點和看法我感覺有待於進一步深入和探討，儘管有些觀點我不是很讚同，但還是尊重他們的思考成果。

提問⑥：

股市炒股只需要看股票技術走勢，經常盯盤、看盤就行了，不需要看什麼基本面分析，我通過盯盤觀察股票資金流向也照樣可以賺錢。不必要像你這樣又是研究宏觀經濟又是研究歷史、哲學的，反正買的股票上漲賺到錢就行。

回答： 我只能說我尊重你個人的觀點和看法，也對您表示尊重。這個市場上掙錢的方式千奇百怪，可以說是「八仙過海，各顯神通」，美國的高盛等投行也確實有通過比普通投資者快 0.01 秒左右的下單速度通過盤面從技術上在美國股市上進行無風險套利的，國外的通過各種各樣的數學投資模型進行電腦機械化下單獲利也是一大投資派別。也許你在看盤經驗和技術分析上略勝一籌，但正如「條條大路通羅馬」一樣，你說你通過盤面觀察早在 2012 年 7 月 15 日就看出了這波行情的反轉，那也是你的本事，但我也通過基本面分析和我的「60 日均線」理論同樣得出了和你一樣的投資結論，可謂「殊途同歸」。我是十分不認同你的僅僅注重盤面技術面而忽視基本面的投資方式，但我還是對你表示尊重，同在投資行業，口頭爭論並不能說明什麼，只有最後我們各自的投資理念最終都通過「投資實踐」去檢驗才能判斷出高低。

提問⑦：

個人最近看到兩條財經消息：一是險資入市比例放寬，A 股和股基投資升至 20%；二是中國將允許合格境外機構投資者投資股指期貨。我認為第一條可以理解為利多，畢竟可以入市的資金多了，但不一定是立竿見影的事，保

險資金都是先知先覺者，他們會選擇在合適的時機入市；第二條，我感到風險更大了，畢竟國外的金融機構玩這些，比起國內起步早多了，對他們的監管可能也會流於形式。這跟美國前期逼迫人民幣升值或許有一定的聯繫。中國不答應，那你開放股指期貨給我吧！然後在這上頭猛賺一把，我再以出口逆差或者別的原因逼迫你升值，外次兌換抽逃之後，又讓你迅速貶值。請問筆者怎麼看？

回答：對於第一條險資入市比例放寬 A 股和股基投資升至 20%，我認為其有兩層含義：首先，險資代表的是國家利益，險資表態一定程度上等同於國家對股市的態度，這表明國家對股市最近一段時間的急跌表示不滿，也表明國家領導層對目前的點位比較認可了；其次，只是放寬險資的入市比例而沒明確保險資金已經在買股票，也就是說國家隊資金有沒有實際行動沒有明確表示，只是表明今後可能會加大保險資金的入市資金量。這也說明了國家高層對股市的最高動向和指示，也就是說國家高層並不是把股市當作某些人認為的「賭場」來看待的，國家的養老金都能進入的市場是值得相信的，而且還將進一步加大保險資金的入場力度，這更表明了國家高層對於股市在國民經濟當中的地位是很清晰、很明確的。

第二條，中國將允許合格境外機構投資者投資股指期貨。我認為這也沒有你想像中的那麼嚴重，你太小看中國領導層的智慧了。可以從兩點來說明：首先，股市裡的 QFII 也即境外金融機構投資中國股市的合格境外投資者早就存在了，股指期貨再開放外資入場只是情理之中的事情而已。對於股指期貨和股市的關係，要認識到：股市在決定股指期貨，而不是股指期貨在決定股市。外國的 QFII 在中國證監會的嚴密控制下不能控制中國的股市，更何況去控制中國的股指期貨呢？外資要在股指期貨上興風作浪的話，國家隊只要控制手中大量的國家大盤股，稍微動動就夠外資操縱股指期貨的人喝一壺的了；第二，中國人可能沒有猶太人那麼有智慧，但絕對有小聰明。開放外資進入股指期貨是一回事，開放多少額度外資做股指期貨是另外一回事。就像 QFII 一樣，中國證監會都是會嚴格控制外資進入股指期貨的額度的。其實不光股

指期貨，凡是外資進入中國的任何一種投資方式，理論上來講中國人都是可以看到他們的底牌的，也就是外資到底是在幹什麼事情，是在炒房子還是在炒股票，都逃不過中國人的手掌心。中國人「無賴到極點」干得最無恥也是最漂亮的一件事情就是：不允許人民幣自由兌換。你外資就算在中國國內炒房子、炒股票，就算賺到大筆錢了，你也無法換成美元去外國瀟灑，你也不能卷款潛逃。你的錢轉來轉去，賺得再多，最後也只能把錢再花在中國，促進中國的經濟。

人民幣國際化的問題不是一個簡單直接的問題，不是說國際化就國際化了，這肯定是一個逐漸推進的過程，只有等中國真正強大了，外資真正想留在中國而不想流走的時候，人民幣才會真正可自由兌換。可以說，人民幣嚴格管制將會是個長期的問題，甚至在我們的有生之年，這將一直是中國外匯政策的基本國策。當然，逐步放松，逐步小範圍的兌換那肯定也是根本方向。事實上外匯管制越開放了，外資越不走，那正說明中國經濟真正強大了！

提問⑧：

我從 2009 年 7 月進入股市，到現在剛好一年的時間，由於初入股市不知風險的真正含義虧損了一部分錢，也沒有形成自己的操作系統。請問我該如何學習？比如央行的 M1 貨幣供應量等貨幣政策是如何判斷的？都有哪些可靠的信息研究渠道？我該看一些哪方面的書籍來讓我形成自己的股市操作系統？財經信息方面，有什麼網站看財經新聞比較權威呢？做股市投資需要關注哪些方面的信息？對於我們普通用戶來說，哪些財經消息可以作為參考做出投資決策的？現在新浪、搜狐、和訊網這些網站的新聞是很多，就是看不明白新聞的真正含義。樓主是怎麼看這些新聞的呢，是不是主要看頭版新聞呢？新聞信息多了又反而覺得不知道聽誰的，實在不行買只股放 20 年行不行？房價看樣子要一直漲上去了，股票放久了總還是會漲吧？國家經濟形勢變化太快了，有點閒錢都不知道買什麼保值增值。

回答：我這裡只是把自己對股市獨立思考得到的一些東西拿出來交流而

已，至於談到書籍或者網絡上的新聞，我個人倒是喜歡看哲學方面的書。至於 M1，我認為貨幣政策方面更應該關注的是央行直接的貨幣政策，比如說加息以及提高存款準備金率之類的權威信息，要真做專業的投資者的話建議你每天堅持看《上海證券報》，至少要關注這報紙的頭版頭條，並且自己最好能拿個本子做做筆記。高層次的人還看《人民日報》，在那些套話、官話中也能發掘出高價值的東西。我個人主要從哲學方面學到了怎麼去看待分析事物，看的書哲學和歷史方面多一點，比較喜歡看傳記文學。傳記文學很能勵志，我覺得家庭教育方面要多給小孩推薦這方面的書籍。其實知識方面想必你也能看出來，我對股市方面的心得主要來源於大學裡比較系統的經濟學、金融學以及貨幣銀行學等經濟方面的知識，另外還有統計學、概率論這些。說起來慚愧，本來以為大學沒學到什麼，但現在看來至少開闊了視野，也確實學到了一些很實用的知識！

一般來講新聞有三個要素：真實性、權威性、及時性。我提倡看新聞首先要關注新聞的真實性和權威性，因此新聞的來源是很重要的，所以我們不能把自己的分析和結論建立在八卦小報的造謠記者寫的東西上，否則分析來分析去卻是建立在錯誤的基礎上未免太過悲哀了。同樣一句話，比如說「保穩定」和「保增長」，由溫總理說出來是一回事，由中國領導層說出來又是另外一回事，《人民日報》新聞的權威性是很重要的。同時，一般媒體對某些新聞事件都或多或少地帶有他們自己的觀點，這會有意無意地影響你自己的思維和判斷力。我的觀點是不管新浪也好，搜狐也好，新聞只是一個基礎載體，也就是說原材料，我們需要做的並不是被動地去相信媒體的觀點，不是他們說什麼就是什麼，我們真正應該相信的是我們的獨立思考能力和自己大腦的分析能力。

網站都是引用報刊、媒體的新聞而已，就像前段時間胡主席的講話在新浪網上就分別有財新網版本和國家的《人民日報》版本，我們可以根據媒體的性質來判定新聞的權威性。其實不存在哪個網站權威不權威的問題，網站主要是引用別的權威新聞媒體比如說《人民日報》，新華社，美聯社，法新社，

美聯儲，《華爾街日報》的媒體新聞而已。網站本身不「生產」新聞的，網站只是個傳播新聞的高科技方式而已，不同的網站可能在對待同一件國家新聞事件有不同的解讀和傾向，而這些新聞背後的內涵需要自己去獨立分析，不能簡單盲從網站的新聞觀點。現在是網絡爆炸的時代，基本上權威的信息都會在主流網站上傳播出來，其實新浪、搜狐、網易等門戶網站的新聞大致都差不多。所以其實網站只是個傳聲筒，也不存在你說的網站權威性高低問題。

　　網站的管理者可以有意識地對某些新聞屏蔽或有意識地將某些新聞放在頭條而拒絕放上國家的權威新聞。比如說可以有意識地和房地產商勾結多放房地產的正面新聞而屏蔽負面新聞，通過這種有意無意的新聞管理模式來引導、控制輿論，但網站不能隨便編製想當然的新聞，否則國家有權利追究其新聞責任的。在網絡時代，網站對輿論的引導和控制遠比傳統媒體要強大，很多新聞完全可以通過網站放大化或完全屏蔽掉，控制網站可以很大程度地影響民意，所以網絡的法制監管也是很有必要的。

　　你有持有股票20年以上的超長期投資打算啊？個人看來你這做法在目前中國的股市不太合適，不過我說的合適是不能利潤最大化，但你若真能做到持有20年想必肯定還是可以賺錢的，關鍵看你能否說到做到。不能利潤最大化的原因在於中國的股市雖然具有股市的共同屬性，具有基本價值——投資價值，但個體差異上則還和美國的股市有很大的區別，最明顯的一點是投資價值比不上美國，當然投資價值是有的，但只是說跟美國股市不能比。準確地說應該定義為有中國特色的股市，個人認為並不能在中國的股市上簡單機械地執行巴菲特的價值投資策略，當然這要看你個人怎麼去執行了。至於那兩個股票，長江電力和民生銀行，我的判斷是都為大盤股，一為電力龍頭，一為銀行活躍股，在大盤牛市的趨勢下幾乎任何個股都是可以賺錢的，也包括你這兩只股票。就銀行和地產的關係來看，地產可倒但銀行不會也不能倒，大不了再多印點鈔票去註資銀行。而且就算地產上國家也只是希望穩定，而不希望暴跌，所以銀行破產倒閉的可能性基本可以排除。個人還是很看好中國的經濟發展的，國家經濟形勢確實發展變化快，做什麼生意或買什麼投資

品讓自己的財產實現保值增值確實是個需要仔細思考的問題。不過，不管經濟如何變幻，將多餘資金投入到一個有發展潛力的上市公司的股票上總還是一個較為可靠的選擇，哪怕股市低迷讓該公司股票短期股價低估，但隨著經濟週期的回暖，只要該上市公司經營良好，是金子就總會發光的，市場總有一天會對其股票價格實現價值發現，你的股票投資遲早都會獲得客觀的投資回報從而真正實現保值增值。

提問⑨：

看了你的文章我很受啓發，我也有幾點看法。我認同你將哲學用在股市投資上，特別是《道德經》。因為我發現《道德經》中的思想和巴菲特的理念驚人的相似。但用大宗商品價格趨勢作為判斷股市和經濟的先行指標，我覺得還不夠嚴謹。因為商品期貨和美元都包含了投機因素，已不單純是實體經濟需求變化的反應。看一下同期的原油走勢就知道了，世界經濟未明顯復甦，但原油價格已經漲到了70多美元每桶，這帶有投機抄作成分。所以現在股市的調整，不是因為沒有反應經濟基本面，而是提前反應了，甚至是過度反應，現在只是對前期過度樂觀的修正。而中國股市的調整很大程度上是反應了對房地產調控的擔憂，事實上對於中國的房產泡沫，投資者都很清楚，這也正是中國經濟最大的隱患。對於很多事來說是不能量化的，對於底部、頂部的判斷我認為用邏輯去分析甚至於直覺，比不現實的數字更有用。另外我想談談我買股票的感受，我買股票沒多久，也是追隨巴菲特的價值投資，2009年收益還不錯，但今年就不行了。所以我現在才瞭解到市場的可怕，這是因為自己當初不夠謹慎的結果。我想價值投資有兩個前提：一是足夠的安全邊際；再者是你有多大的確定性，投資虧損的可能因素是什麼。只有當你十分確定時，才能下註。但具體如何投機我現在還不得其法，希望你能指點一二。

回答：任何金融市場本來就是投機與投資的結合體，商品和股市對經濟的提前反應本身就是其優勢，做任何事情都講究先知先覺，正因為商品行情的提前反應才可應用商品的市場預測功能。股市本來就是社會經濟的「晴雨

表」，您認為很多事是不能量化的，這一觀點我很贊同您，因為股市準確地講應該是科學與藝術的結合體，單純地由一大群數學家、經濟學家去研究一大堆數據，去總結一個什麼固定的投資模型，其投資效果跟小孩子扔飛鏢去做股票的效果差不多，這在英國的股市歷史上早就證明過了，並不因為牛頓是大物理學家他就能在股市裡賺錢。股市除了講究科學外也同時講究藝術，比如股市裡有個很著名的黃金分割比例，這本來是美術上的知識，但是在股市裡也同樣存在驚人的一致的黃金分割藝術美。另外，影響市場的還包括市場投資者心理情況，這也體現的是股市的投資者心理狀態和投資藝術而不僅僅是科學。

　　商品期貨和美元走勢都包含了投機，這是很正常的，但一定程度上也能科學地真實地體現經濟復甦的需求，而且能真正提前反應出經濟的復甦和發展需求，當然具體利用這些指標，不能機械地去執行，要具體情況具體分析，需要藝術化處理！在以分紅為主要追求目的的美國股市，巴菲特的價值投資方法是可取的；但在以追求資本利得為主要投資利潤來源的中國股市，生搬硬套巴菲特的投資方法就不太合適了。對於有中國特色的中國股市來講，您必須要有適合中國特色股市的中國特色的投資方法才能賺到資本利得。對於如何投機，其實之前我都有講清楚了，最關鍵的一點在於判斷市場的趨勢。能否做到「順勢而為」是您能否在這個市場賺到錢的關鍵。當然股票本身是具有控制權的價值的，要是採取老太太死捂股票的做法，只要守得住，最後都會有收穫的。

　　筆者個人的投資理念是在堅持中國特色的投資方法趨勢投資的前提下應用巴菲特的價值投資方式。目前加倉股市，等到趨勢反轉，做空股指和大宗商品。我的投資原則是：在趨勢不明朗的情況下我選擇空倉而非與市場對抗。一方面買股票判斷股市漲，另一方面又做空股指認為股市跌，我認為你這似乎是相互矛盾的投資手法。另外，股市投資同樣講究趨勢的確定性，在市場趨勢不確定的情況下盲目地憑感覺操作也是不可取的，個人建議判斷任何事情都是要在充分佔有事實和證據的情況下用理性的態度來下結論。希望我對

股市投資的一些看法和投資思想能對你有所幫助，但關鍵一點還是需要你自己根據自身的特點建立適合你自己的股市投資操作系統。

提問⑩：

請問股票市場和期貨市場有什麼區別？期貨市場既可以做多又可以做空，看起來似乎更容易賺錢，如何在這兩個不同的市場裡投資賺錢？哪個市場更容易迅速賺錢？我想把我的資金轉過去做股指期貨或商品期貨，不知道是否可行？如果我的資金能夠以複利增長利滾利的模式變大那賺錢豈不是很快？

回答：股票市場和期貨市場都是投資工具，但兩者還是有很多不一樣的地方，在某些方面兩者還是有本質的區別。當然，在自己有本事在期貨市場也能達到複利狀態，能夠持續穩定獲利的投資境界下，那選擇期貨市場又有何不可呢？從投資結果來判斷，你的想法是正確的。但前提條件是您在期貨市場是否有複利獲利的能力？事實上我有自知之明，我承認自己做不過索羅斯。準確地說，「條條大路通羅馬」，通向複利獲利的渠道很多，巴菲特也在股市上證明了，但我的觀點是沒必要再在期貨上去選擇一條前人已經證明不可行的路，之後我們再去走一遍。當然，你想在規模小時短時間內就快速做大的想法可以理解，但有句話不是說「欲速則不達」麼？您未免有點太過「急功近利，操之過急」。巴菲特關於投資說過一句最經典的話「投資的第一條準則是不要賠錢；第二條準則是永遠不要忘記第一條；第三條準則是請記住前面兩條。」事實上對於投資者來說，在這個市場裡不是看誰短時間裡賺得最多，而是看誰在這個市場裡活得更久。投資的旅途永遠沒有終點，如果在投資半途中你就自己把自己送上天堂了，直接失去了投資比賽的資格，那還有去比較投資水平的意義麼？期貨市場最主要的價值是投機價值而非投資價值，這是索羅斯永遠也趕不上巴菲特的根本原因。索羅斯在期貨市場要想達到巴菲特的投資境界「持續穩定，複利增長」是不可能的。

還有一個客觀規律和事實：從統計學的角度上來研究投資市場可以看到某個投資市場的規模大小決定了該市場操縱的可能性大小。要參與一個市場，

前提條件是你要迴避對手出老千，就像賭博一樣，本身公平的賭博並沒有錯，但如果對方出老千那就是另外一回事情了。從我的投資理論上你可以看到這樣一點：因為 A 股的市值和成交量足夠大，幾乎相當於 GDP 的水平，達到幾萬萬億，理論上來說沒有任何人可以籌集幾千個億來操縱上證指數，但對個股來說就不一樣了，在中國隨便找幾個人籌集幾個億的資金來操縱一只個股（小盤股甚至幾千萬就可坐莊），坐坐莊那太簡單了，所以這是我的「重趨勢不重個股」的理論基礎。同樣，在面對期貨市場時，從其成交量來判斷期貨市場的操縱程度無疑也是一個很重要的標準。

根據我掌握的資料，目前中國的期貨市場保證金才突破千億大關，這還是中國三個期貨市場——鄭州期貨交易所、大連商品期貨交易所、上海期貨交易所的總和，和股票市場的市值幾萬億不在一個重量級。也因此期貨市場的市場操縱風險大大增加，隨便弄個幾百億就完全可以操縱期貨市場裡的一個交易品種。事實上也確實如此，浙江資金基本上坐莊了上期所裡的銅、鋁、橡膠、鋼材等期貨品種，而中糧集團基本上壟斷了小麥、大豆、玉米等期貨品種。同時很明顯的事實是，從市場參與規模上可以很明確的判斷出一個問題：鄭州期貨交易所規模最小，市值最小，市場操縱也最嚴重。很多期貨資深人士都是不參與鄭州期貨交易所交易的。這也進一步證實了筆者的判斷：當市場規模沒有足夠大，市場的操縱風險是時刻值得警惕和關注的。

如果有可能，就算遇到中國股市的持續大熊市，就算想參與中國的期貨市場，我也會嚴格控制資金風險，絕對只會拿出總資金裡占比不超過 20% 的資金去參與期貨，其他 80% 的資金就算存銀行我也不會拿去做期貨，因為那是客戶的錢，賺錢之外，我必須首先保證客戶的本金安全。其實說到期貨市場的操縱風險而言，外匯市場比期貨市場的風險更大，外匯投資甚至可能存在系統性風險，甚至有可能你下的交易單子都不直接進入國際外匯市場，直接在你所開戶的公司對賭掉了。你可以想像一下，外匯公司在他們公司後臺的平臺整天盯著你下什麼空單或多單，然後用他們公司的資金盯著你的單子和你對賭，你可以想像那是多麼的可怕，基本上「人為刀俎，我為魚肉」就是

這種感覺了。把自己的身家性命押註在一個對方知道你底牌，隨時可以抽老千的賭場上，那是多麼的可笑。試圖拿資金在股指期貨或商品期貨上實現複利我認為是不可取的，在股市投資市場裡，巴菲特早就已經證明了「複利的威力」，但在期貨市場中則還沒有看到複利的成功投資者。因此，我們應當對期貨懷有敬畏之心，只需踏著股市成功者的複利足跡前行即可，而沒必要另闢蹊徑自作聰明地去走捷徑。而且，本身我的投資基金公司籌集到的資金都是老百姓的血汗錢，在面對沒有絕對把握賺錢的市場，我的選擇是寧願解散清算基金也絕對不會參與期貨投資。

股市最主要的功能在於投資而不僅僅在於投機，我的最終目的在於通過股權投資去控制某家上市公司，有必要的話直接去做實業，直接去做某家上市公司的老板，去經營這個公司，去為這個公司研發、生產、銷售產品，也就是大家眼中的踏踏實實地通過做生意去賺錢。就算在股市上沒為我的客戶賺到錢，但通過做實業也照樣可以給投資我基金的客戶一個說法。而期貨市場主要有功能投機、套期保值、定價權三個功能，其中定價權是國家政府應該考慮的事情，其他的投機和套期保值都不值得我們專業投資者去研究、去追求。關於期貨的風險問題，期貨的風險遠大於股票是毫無疑問的。同時說到投資市場，要回到絕對單純、理想化的市場是絕對不可能的。我選擇10個個股去投資也是從最大限度地分散風險的角度來考慮的。而且我進入股市是要有前提條件的：牛市的趨勢下才會買股票，其他時間都會存銀行。在大盤牛市的趨勢下，任何個股的莊家也要把握牛市的賺錢機會，該拉升的還是會拉升，我每只股票的倉位又不重，當然，要是我全倉某只股票，那莊家則有可能是不會按計劃操作了，莊家的選擇肯定是先洗掉我，或者聯繫我來聯合坐莊。這種投資方式不是筆者認可的，我只願意賺取大盤指數的利潤而拒絕操縱市場的違法利潤。

三、股市與經濟綜合答疑

提問①：

看到一些房地產方面的財經新聞：美國房地產公司百仕通公司將重磅投資中國房產市場。美國黑石投資公司也已投資大連房地產市場。您對這些新聞怎麼看？這是否意味著中國經濟繼續走房地產拉動經濟增長的老路？中國的房地產價格還要繼續上漲？股市中的房地產股是否還要持續走強？

回答： 百仕通投資大連房地產與美國基金世邦魏理仕投資基金、黑石投資基金在房地產調控期投資開發北京和上海的高端房地產項目的性質是一樣的。他們主要是面向美國國內的高端客戶，有點「類租界」性質。也就是說他們房地產項目做好後，並不需要國內的中國客戶來購買，外國資本就可以完全消化掉，所以某種程度上說他們這些項目是可以獨立於中國的房地產宏觀調控的。他們在中國投資高端項目並不能說明什麼，要是他們自己建設和中國房地產開發商類似性質的住宅或收購中國人建造的商業地產項目那才真正說明外資還在看好中國的房地產。不過事實上，李嘉誠和外資都在拋售他們在上海和北京持有的商業地產項目套現。個人認為外資的這些房地產行為才真正體現外資對房地產業的真正態度，其他外資繼續投資高端房產項目也只是這些外資針對高端美國人在中國的「剛需」而已，外資繼續投資高端房產對中國房地產價格及股市中的房地產股的走勢並不具有代表意義。

提問②：

向您請教一下外匯是什麼啊，有個疑問，比如說：國內一個公司出口了一百萬美元的產品，通過正常貿易，應該收到一百萬美金的款項，好像按照中國的規定，公司只能按照外匯牌價取得相應的人民幣，比如說680萬元，那一百萬美元就留在政府手中，作為外匯。疑問啊，產品被老外拿走了，對應的，公司拿走了錢，可是國家卻取得了外匯！這樣的話我們是不是可以這樣

理解，外匯僅僅是暫時存放在國家手裡，就像居民的存款暫時存放在銀行手中一樣？國家動用外匯儲備再次對銀行註資放貸，是不是意味著相應外匯貨幣的重新印鈔放貸行為？

回答：您理解得沒錯，通俗地理解國家的外匯儲備就是這麼一回事情。不過不能簡單地等同於放貸，放貸是指銀行針對企業發放貸款，要求企業到期時連本帶利一起交回的投資行為。企業出口收到外匯再換成人民幣的行為準確地說是國家的「貨幣發行權」的「印鈔」行為，不過這種「印鈔」行為是有實物即出口企業的商品和勞務作抵押和交換的正常金融行為。但是國家把外匯收走後再把外匯當作資產向銀行再次發行人民幣進行註資則明顯是一種濫用「貨幣發行權」的金融行為，其本質是對民眾財富的重複掠奪。因為老百姓的錢是通過辛辛苦苦出口拿血汗換來的，但國家卻對已經發行過一次人民幣購買過的外匯資產做抵押重複發行人民幣，這無疑是二次註水，是再一次的金融掠奪，這樣肯定會產生通貨膨脹來變相掠奪老百姓，也就產生了我們手中的錢越來越不值錢的經濟現象。正如我最初對金錢的本質分析的那樣，老百姓通過做生意獲得金錢，而國家通過印鈔機印刷金錢，任何有錢的個人或企業，就算是中國首富或中石油這類超大央企，在國家的印鈔機面前都是卑微和渺小的！

提問③：

我長期對宏觀經濟和國外經濟局勢對股市的影響不是很明白，為什麼國際石油、金屬等漲價，股市的相關板塊就會上漲呢？還是說這只是大資金持有者在借機炒作？還有這次樓市的調控，為什麼就能直接影響股市呢？而且每個板塊都影響，不僅僅是金融和地產，我不太清楚其中的根本原因是什麼，還是說這有借機出貨呢？樓主可以幫忙解答下疑惑嗎？

回答：這些都是經濟上比較基本的問題，其實解釋起來也很簡單。大宗商品中石油是工業經濟的血液，金屬礦產等原材料是工業經濟的肌肉，全世界的傳統企業要製造產品出來必須購買原材料，而運輸原材料以及運輸商品都

離不開石油吧？要是沒有石油汽車、輪船以及飛機不都成了破銅爛鐵，生產的商品沒法流通了麼？同時原油的價格不就直接決定了企業的運輸成本麼？金屬代表的企業原材料更是企業產品最基本的成本。在市場需求方價格穩定的前提下，原材料和運輸成本的高低肯定會直接影響到公司的經營利潤，而公司的盈利能力會直接反應到股價上。

從價值規律的角度來看待原油市場和金屬等原材料市場很能理解這些關係，原油和金屬等原材料漲價一般來說都是由需求方增加引起的，供不應求，價格上漲，而供不應求的背後肯定是企業生產能力擴張、產能大規模擴大引起的，而企業擴大產能肯定是因為有利可圖，企業都是以盈利作為經營目標的，企業擴大產能就意味著企業的利潤可能要增加，這自然會引起股市的上漲。所以本質上來說，原油和金屬等原材料可以傳導到股市上，某種程度上來說原油和金屬等期貨價格是比股市更能反應經濟發展狀況的「晴雨表」，當然股市更直接而已，直接反應上市公司的盈利能力。社會的資本也是一直在追逐利潤的，所以股市相關板塊的上漲並不簡簡單單地是大資金操作的結果，而應當整個是社會投資資金綜合博弈最後一致性表現出來的結果，當然，某些個股的操縱那是另當別論了！

關於樓市的調控我前面也分析過了，股價是對公司盈利能力的反應，樓市的調控對房地產公司的商品——房子的價格帶來了下跌的風險，股市一向是靈敏地反應市場的預期的，上市公司的商品價格面臨下跌，其盈利能力肯定是要大幅下降，那麼投資者拋售其股票導致其股票價格下跌也是再正常不過的事情。房地產股下跌是經濟基本面的正常反應而已，要是哪個企業生產的商品價格下跌了，盈利能力下降了，股價不跌反漲那才是奇怪的。

談到樓市的調控對股市的影響，要從房地產股在中國股市的權重地位上來分析，就像實體經濟中房地產行業綁架了地方政府和中國經濟一樣，中國股市裡的房地產股也綁架了中國的股市，房地產股和金融股的權重加起來占到了中國股市的40%以上，所以我說房地產股部漲股市是斷沒有反轉的可能，而房地產股大跌也將直接將股市的牛市拖入熊市。至於每個版塊都影響則牽

涉到「勢」的問題了，「覆巢之下，安有完卵」，也如國家關係上的「皮之不存，毛將焉附」，沒有國哪來家的道理是一樣的。這其實也是我的投資理念注重趨勢的原因所在。所謂大資金持有者借機炒作和借機出貨，個人認為倒沒有你想像的那樣「陰謀化」，事實上大資金也是無法違背經濟基本趨勢的，大資金可以操縱短期內少部分個股的行情但也無法對抗大趨勢，同時你所謂的大資金也是相對的，股市裡大魚吃小魚的事情也是經常存在的，國內所謂的某些坐莊的大資金走出國門還是小散戶一個，因為要論操縱市場，國際資本的實力無疑更為強大。

提問④：

債券和股票，都是融資的方式吧，那兩者有什麼聯繫和不同的作用呢？一個公司又發行債券又發行股票，是不是兩種融資方式主要的區別是時間限制上和融資量不同呢？此外，個人認為中國經濟體中房地產行業的比重過大，股市中房地產股的權重也占了股市中的絕大部分，房地產股不漲，股市恐怕難以走強。股市和房市在國家政策層面可能會存在博弈，但最後哪一方勝出還不好說。

回答：債券融資和股票融資最根本的區別在於投資者權益屬性的不同，而不在於時間限制或融資量的不同，債券融資是企業的債務到期後必須由企業還本付息，股權融資則是對企業經營的控制權稀釋，買入股票的投資者在意的是企業控制權和投資分紅形式，兩者從根本上來說是債務資本和權益資本的區別。簡單一點，企業就是倒閉了有些債務也是需要償還的，而公司倒閉了股權就直接價值變為零消失了。

債券和股票都是公司、政府、金融機構為追加資金而籌集資金的方式。股票是募集資金做自有資本，用於公司的經營發展；而債券的投資人的權限是有權取得利息，到期索回本金，無權參與公司的經營管理。股票投資人有權按股分紅，要取回本金只能靠轉讓股票，有權參與公司的管理決策（優先股除外）；而債券收回本金的方式則是到期償還時可以向發行者索回本金，也可

以通過流通轉讓的方式索回。股票一般不能退股，只能通過市場上交易轉讓。風險與收益高企業對債券負無限責任，而債券收益與企業的經營好壞無關。風險小，收益相對固定且少企業對股票負有限責任，股息高低與企業的經營好壞掛勾，風險大，相對來說收益期望值大。而債券是一種債權憑證，還款是鐵板釘釘的事，就算公司破產倒閉也不能少一個子兒，要求償還的權限優於股票；股票是一種所有權憑證，公司破產倒閉時，股票投資人只有最後的要求償還權或剩餘清償權。稅收上債券一般來說是免稅的，而股票要徵收所得稅。

　　債券和股票對企業的作用上，跟開飯店、做項目一樣，如果開飯店面臨資金不足，你無非就是兩個選擇：一，向親戚朋友借錢，需要還本付息，就算飯店沒開成功，虧錢倒閉了但你欠親戚朋友的錢還得償還；二，找一個合夥人一起投資，每人投入十萬，賺錢平分，虧錢時則也各自按股份承擔風險。如果你認為飯店必賺沒有任何風險那麼你可能會趨向於選擇債務融資，借錢用完後償還本金並給點利息就行了。但如果你認為這飯店你雖然很看好但還有較大風險時，你可能會找一個人合夥來開，賺錢平分，虧錢各自承擔風險。總之，債務融資和股權融資各有各的優點和缺點。債務融資不跟你分飯店的利潤，你賺再多你只要償還本金和利息就行，利潤全部歸你；而股權融資風險共擔但同時你又要和合夥人利潤分成。具體選擇債務融資還是股權融資就看你個人或者上市公司的需求和取捨了。這個問題應該從會計財務的角度來進行專業化評估，具體看哪種融資方式對企業最有利就採取哪種投資方式。一般傾向於股權融資，不過有時候企業急缺資金的話，就是高利貸的債也得借，就像目前的房地產企業，證監會估計是不允許他們股權融資了，而想借信託利息高達20%的高利貸還不一定借得到。

　　你的房地產股不漲股市難漲的觀點我是認可的，房地產佔有股市很大權重，並影響金融板塊，基本上和金融板塊一起決定了大盤的生死。甚至我目前的觀點比你更進一步，房地產股不漲，但只要不大跌、穩住股市也同樣會有牛市上漲的機會。事實上國家的政策現在也體現了這一思路，中央明顯希

望在房價「軟著陸」的同時不傷害經濟，不傷害股市。在中國股市最早深圳只有深發展和中國寶安，上海只有「老八股」等，整個股市加起來還沒多少股票的中國股市初期或前期，說「股市是中國經濟的晴雨表」可能不夠準確，但中國股市發展到今天，中國的煤炭、石油、房產、金融、鋼鐵、有色、電力、電信等國家基本各行各業的代表性企業都在中國股市上市了，現在的中國股市具有「晴雨表」的功能是沒有疑問的。2009年的那波小牛市雖然最直接是4萬萬億元貨幣刺激政策推動的，但事實上你去看中國的出口數據、投資數據以及消費數據的話，確實是出現了「V」型反轉的。

至於對房價的判斷我還是堅持我的觀點和看法，也尊重你的觀點，但最後到底誰對誰錯還是讓時間和實踐來檢驗！股市從2,319點以來主力拉升房地產帶動了大盤的上漲，最根本、最直接的因素應該是央行的重啓定量寬鬆貨幣政策吧？這與2009年的4萬萬億元貨幣刺激計劃是具有「異曲同工之妙」的作用的，也是對股市、房地產最直接的刺激。個人認為政府收回閒置土地和中房協上書都是最近才發生的事情，而房地產股拉動股市最準確的時間點就是7.15下的貨幣政策，政府閒置土地收回只不過是李總理眾多調控政策中的一個小政策而已，對於房價控制最根本的殺手鐧在於保障房和房產稅。中房協的上書我更認為是房地產企業自身利益的一種抗爭訴求而不是政府授意下的找臺階下，再過幾個月就能驗證到底是你的判斷對還是我的判斷對了，靜待時間檢驗。

國家確實是想擺脫房地產拉動下的經濟增長模式，所以在新能源政策扶持上甚至比奧巴馬的政策強度還大，國家一直在搞各種開發區也都是希望到尋找新的地區增長點，擺脫沿海地區拉動經濟的主導作用。在穩定房地產的同時找到新的產業經濟增長點應該是國家決策層目前最主要的經濟發展思路。房價再漲上去可能給中國帶來更多的負面作用而不僅僅是拉動GDP了，要是房地產債務控制得不好，捧得越高摔得越慘，中國步入日本的「停滯的二十年」經濟發展狀況甚至步入拉美化都是有可能的。

股市的正面作用正越來越被中央決策層認可，李總理對於房市和股市截然

不同的態度顯示了李總理專業的經濟素養。中國的高層從前期認為「股市是資本主義的東西」，一直反對，但在鄧小平的開明政策和強行推動下，今天股市的低位和作用正得到更深一步的認識和提高，20世紀90年代還有「關閉股市」和「推到重來」的各種論調，但現在這兩種聲音基本已經絕跡了，不出意外的話，「股市賭場論」的聲音也會隨著股市的內在作用被更多中國人理性地認識而慢慢改變社會看法。股市不僅僅可以反應經濟，還可以塑造經濟，這一點我是認可的，雖然沒怎麼深入研究。但如果我在股市中賺到錢了，我可能不僅僅會去收購企業，拿股市的資本去創業，創造實體經濟也是完全可能的。

提問⑤：

您對歷史的研究很透澈，您提出的以歷史的視野和哲學的思維來對待股票投資對我很有啓發，我也非常認同。那麼請問我們該怎樣去讀歷史呢？又該如何把歷史中領悟到的知識運用於股市投資呢？

回答：個人在這裡談談讀史與思考歷史。古代埃及有一句名言「我看到昨天，我知道明天」說的是以古知今的道理；「綠窗明月在，青史古人空」，時間是永恆的。歷史是一條時間的大河，擁有大量史籍的中國人可以從中得到更多歷史的啓迪，而不是通過戲說的電視劇，或者八卦新聞式的「新編歷史」。拋開人為的陰霾，去掉時空的面紗，對歷史我們需要的是虔誠和對於真實不斷的探索！

二十四史中史記地位最高在於其「嚴謹實錄」。雖然司馬遷的創作宗旨是要「究天人之際，通古今之變，成一家之言」，但作為史家，首要的是本著實錄的精神，要反應真實的歷史。司馬遷堅持「實錄」精神，在給人物作傳記時，並不為傳統歷史記載的成規所拘束，而是按照自己對歷史事實的思想感情記錄。司馬遷撰寫史記，態度嚴謹認真，實錄精神是其最大的特色。他寫的每一個歷史人物或歷史事件，都經過了大量的調查研究，並對史實反覆做了核對。

寫史要堅持「實錄精神」，有理有據。對於讀史我們更需要有理有據地思考，在客觀真實史料的基礎與前提下才展開縝密的思考，而不是純粹個人天馬行空地發散思維，個人憑空想像地揣測產生所謂「陰謀論」「推背圖」，以近乎虛幻的態度來讀史我認為是不可取的。我對世界的歷史研究不多，僅對中國二十四史中的《史記》和另外一部宋代史書《資治通鑒》略讀一點，個人認為寫史最重要的一點在於其客觀真實性，文辭倒是其次，像《晉書》的執筆人，大多數擅長詩詞文賦，撰史過程中，有片面追求詞藻華麗的傾向，我個人認為倒是不可取的。同樣，我認為我們思考事物也首先必須在佔有客觀事實、客觀論據的結論上才能表達自己的觀點或看法。

　　讀史要讀嚴謹真實的史，而不是通過看戲說歷史的電視劇或所謂的歷史小說來讀史。另外，說到讀史，真是遺憾自己的古文知識太過欠缺，看《史記》都看得非常費勁，《資治通鑒》更是連猜帶蒙，很多古字都不認識，沒見過，更不知道其含義。很羨慕臺灣的繁體字國文教育，一定程度上說中國的傳統文化保存在臺灣也是有一定道理的。當然，簡體字也是必不可少的潮流，知識和文化絕不應當僅僅成為少部分人的專權而應當在普通民眾中得到普及。歷史朝代的更替某種程度上和股票的上漲下跌週期有相似之處，其實，任何事物都有一個從醞釀、啟動、拉升、回落的榮辱更替過程，包括大自然中的動植物生命週期也概莫能外，多讀歷史有助於我們對人生、對股市有更深刻的理解。

四、股票型基金營運探討

提問①：

　　什麼是基金？基金有什麼作用？為什麼要買基金？基金跟股市是什麼關係？什麼是公募基金和陽光私募基金？買基金和做股票有什麼不同？為什麼說普通民眾更適合買基金而不是直接做股票？

回答：談到股市和股票又不可避免地要談到基金，準確地說必定會談到股票型基金。因為在中國，普通民眾除了直接投資股票、參與股市外，還有很大一部分普通民眾在通過購買基金的投資方式間接參與股市，而美國普通民眾更是90%以上都是通過基金參與股市而很少有自己直接做股票的。因此，在這裡我們有必要對基金的歷史與發展追根溯源，以讓我們對基金和股市的關係有一個較為深刻的理解，也能讓我們更為正確地認知基金這種理財產品。筆者也更讚同廣大民眾學習美國民眾通過基金參與證券市場，分享中國經濟發展紅利，而不建議大家每個人都去炒股直接參與股市，美國的基金業發展歷史也表明投資基金是一種綜合權衡風險和收益後最為妥當的投資渠道。

廣義的基金是指為了某種盈利性或非盈利性目的或其他目的而設立的面向所有社會成員、特定群體、國際企業、國際民眾募集的具有一定數量並持續運行的資金集合體。按募集資金方式初步分為公募基金和私募基金，按投資目的初步可分為盈利性投資基金、非盈利性公益基金及社會政治團體基金等，還可以按基金資產的不同投資方向和不同用途分為證券投資基金、股權投資基金、產業投資基金和教育慈善基金在內的各類型基金。盈利性投資基金又可分為產業基金和證券基金，產業基金可按房地產行業或新能源行業等細分為房地產基金和新能源基金，證券基金按投資對象分為一級市場（PE）投資基金和二級市場證券投資基金。

自2005年中國股市股權分置改革以來，中國資本市場發生了巨大的變化，滬深股市市值已與中國GDP相當，證券市場資本化率已接近100%，以公募基金和社保基金為主體的機構投資者迅速壯大，改變了以往中國股市由券商和散戶控制市場的「坐莊時代」，形成了以基金為市場決定主體的全流通機構博弈型資本市場，催生了以公募基金、私募基金為主體的中國證券投資基金行業的超高速發展。中國的整體金融制度和金融結構在堅持中國特色「摸著石頭過河」的同時，都在以美國為學習對象並逐步向美國金融體制轉變，國際視野下中國的私募基金市場前景廣闊、光明。美國基金的運行模式是出資人占基金的99%，基金管理者出資1%，按基金規模提取2%到4%的

管理費用，投資收益採取二八分成。中國則分別以收取管理費的公募基金和收取投資提成的私募基金進行運作，但美國的證券投資基金更類似於中國的私募基金，因此，中國的陽光化私募基金擁有比公募基金更為廣闊的發展空間，這也將是中國基金業發展的主流方向和時代趨勢。截止目前，中國公募基金公司已增至近80家，基金產品總數達1,000多只，公募基金資產管理規模有望升至4.2萬億元人民幣。相對公募基金而言，私募基金在2007年陽光化操作以後更是超速發展，2008年私募基金發行成立131只，2009年為309只，2010年為651只，每年幾乎以翻番的速度在遞增，目前總計已有1,063只私募基金產品，私募基金資產管理規模已超過1萬億元人民幣，多個陽光私募公司管理總資產已超10億元人民幣，且整個基金行業已出現高端人才從公募基金向私募基金流動的發展趨勢。

中國證券市場上投資者從個體投資者時代進入到公募基金時代，也對陽光私募基金體現出了極大的接受度和支持、追捧。信託制陽光化私募基金取得同公募基金同樣的主體地位得以通過銀行渠道發行銷售，大批中高端客戶對私募基金表示了極大的認可。鑒於投資的專業性，中國的證券投資文化也將過渡到類似美國以基金投資為主、個人投資為輔的私募基金管理時代，未來的中國民眾很可能同美國民眾一樣將養老金類銀行存款也交於私募基金來管理，目前階段已經出現了社保基金和保險資金將社會養老資金委託公募基金公司來管理的投資趨勢。由於私募基金相比公募基金更能激發管理者的主觀能動性，私募基金更能贏得專業投資人才的青睞，規範化的優秀私募基金未來也極有可能獲得社保基金和保險資金的認可，同樣獲得管理社保基金和保險資金的資格。

中國的陽光私募基金經過2006年、2007年以來的超速發展，規模越來越大，權威數據統計，中國陽光化的私募基金運作規模就已達1萬億元人民幣以上，加上非公開化的私募基金，中國私募基金規模並不比公募基金規模低多少。中國資本市場上，陽光化的私募基金大約占證券市場總交易金額的30%左右，已成為資本市場中非常重要的組成部分，某些小波段行情很可能

由私募基金直接發動和推動。私募基金對於 2010 年中獨立於主板行情之外的中小板和創業板行情的發展就起了主要的作用。中國私募基金的增長速度極為迅猛，目前全國私募基金的規模大概比 2001 年時增長了十倍左右，中國政府高層對待私募基金的政策也趨向於推動私募基金陽光化。作為投資行業內投資收益最大的領域，私募基金公司的崛起已是不爭的必然結果。自 2004 年初，趙丹陽推出首個信託私募產品「赤子之心」以來，中國正式步入私募基金陽光化的跨越式大發展時代，適合中國私募基金生存土壤的法律基礎、文化傳統、政策環境以及信用體系逐步成熟，包括銀行在內的資金供應方對私募基金均表現出了認可包容的投資環境，信託化陽光私募證券投資基金得以獲得同公募基金相似的生存環境。私募基金公司與信託公司合作將募集資金由信託公司和銀行來共同監管標誌著中國私募基金陽光化與規範化的開端，新基金法也將會把陽光私募基金作為主要修改條款納入法律監管範圍，為陽光私募基金提供法律基礎。

　　投資基金的最大特點就是低風險和相對固定的投資收益。與直接投資股票等證券標的相比，個人投資者更適合通過基金投資證券市場，原因在於證券投資基金能夠通過對不同收益率和風險系數的證券品種進行投資組合，有效降低單一品種投資的非系統性風險，獲得持續穩定的組合投資收益。當前陽光化私募投資基金已經具備了政策面規範化的發展環境，主要有以下幾點：

　　1. 中國人民銀行在 2008 年 5 月前公布的《信託投資公司管理辦法》中明確了信託投資公司可以進行資金信託。私募基金合法化以及政策支持力度加大促使這一類型的私募投資公司擁有巨大的發展空間。利潤分成的盈利模式賦予了私募基金強大的生命力，信託制資金第三方監管則讓私募基金得以陽光化，得以獲得與公募基金同樣的資金信用地位從而可面向社會募集資金。中國陽光化私募基金資金管理規模迅速壯大，資產管理規模已達 1 萬億元人民幣以上。

　　2. 資本市場的波動性市場特點，給了中國私募基金更大的發展空間，相對於美國市場的持續上揚，中國資本市場行情波動更為顯著。2006 年、2007

年的中國股市從 1,000 點大漲到 6,500 點左右，但最後在 2008 年又迴歸到 1,600 點。由於公募基金必須接受證監會「窗口指導」，擔當穩定資本市場的政治使命，在熊市裡也必須保持最低 60% 的持倉，而私募基金由於不受限制，操作靈活，可以在熊市裡採取完全空倉的策略來規避熊市風險，而且今後還可以通過做空等其他投資方式來實現在熊市時的資金保值增值。具有優秀資金管理能力的陽光私募證券投資基金更有發揮能力的市場空間，這也是眾多優秀的公募基金經理轉行投奔私募基金的重要因素之一。

3. 中國經濟體系中，金融業的地位在不斷得到重視和提升。中國政府高層對資本市場作用的認識不斷深化，已將金融證券業的地位上升到了國家經濟安全的重要位置，而基金作為二級市場主要的直接參與者，更是受到中國政府高層的重視與支持。發展壯大基金力量，維護金融穩定，已逐步在中國經濟高層中達成共識。公募基金與私募基金這一基金行業不同類型的基金，將同時受到政策支持。畢竟，像美國金融領域將民眾資金集合起來交由專業的投資基金來管理，是世界金融發展的潮流和趨勢，中國的私募基金也將逐步發展成類似美國共同基金的私募基金運作模式。信託制陽光私募證券投資基金是借助信託公司進行發行，經過監管機構備案，資金實行第三方銀行託管，有定期業績報告的投資於股票市場的基金。陽光私募基金與一般（即所謂「灰色的」）私募證券基金的區別主要在於其規範化、透明化。陽光私募基金由於借助信託公司的平臺予以發行，以此保證了私募認購者的資金安全，陽光私募基金投資公司只負責投資操作而不涉及資金監管，資金安全完全由第三方的銀行與信託第三方保證，在資金監管上達到了與公募基金同等的監管條件，徹底解決了募集資金的資金安全和投資者信用制度體系上的內在問題。此後，中國的陽光私募基金行業迅速發展壯大，並得以進入銀行理財產品銷售渠道直接向高資產的高端客戶銷售，業績好的陽光私募基金產品極為客戶青睞，常常供不應求，只有少數銀行 VIP 客戶才能購買到。

涉及中國陽光私募基金生存意義上的法律基礎、文化傳統、政策環境以及信用體系等基礎環境已經逐步完善。雖然在證監會暫時停批新開信託帳戶後，

陽光私募基金發展有所放緩，加之當前市場行情低迷，中國陽光私募基金發展暫時進入低迷期，但是中國陽光化私募基金穩健運行的政策環境已全部具備，且很可能在新《基金法》獲得全國人大通過後，在二級市場行情的推動下獲得新一輪大發展。基金已成為近年來投資者最為關注的理財產品之一。在目前中國民眾的投資體系中，基金投資超越股票投資而僅僅位居房地產投資之後，成為第二大主要投資領域。隨著中國房地產行政調控的推進，房地產投資有可能在政府有意打壓房產泡沫的行政推動下增速放緩，而基金投資則有可能獲得進一步發展。中國政府高層也有意驅動房地產資金流入股市而不是進入社會物資的炒作領域，以免惡化中國的經濟通脹，而基金是中國政府高層最直接支持和推動的投資領域。國內多家機構研究員認為，基金市場發展前景樂觀，基金的防禦型投資模式也使其逐漸成為分散投資的較好選擇。

　　陽光化信託制私募投資基金與信託是合作關係，合作發行陽光私募後，信託公司是法律主體，客戶直接與信託公司簽署投資合同，所有客戶資金直接進出信託公司銀行資金帳戶，不與公司資金帳戶發生聯繫，基金價格信息定期公布，公司財務透明公開，是當前中國公司實體中財務關係最為清晰的投資主體。投資方與客戶很清楚地知道每一分錢是用於支出何種費用，虧損盈利情況均可從證券交割單上明確查詢，具有同公募基金相同的社會公信力。

　　同時，由於私募基金更為透明和公平，有比公募基金更為嚴格的信息披露體制。因此，社會民眾對私募基金的接受程度實質上遠超公募基金，美國基金業即是以私募投資基金為主、以公募基金為輔的發展格局。陽光私募投資基金為投資於一級市場或二級市場的私募投資基金，在募集社會資金參與證券市場、調節社會資源配置、穩定證券市場及幫助民眾理性投資，分享國民經濟成長收益上有著積極的作用，也得到了中國政府的大力扶持。同時，證券市場私募投資基金也是國際證券投資基金發展的趨勢和方向，隨著中國資本市場地位的進一步加強和國際化進程，其將迎來更為廣闊的發展空間。陽光化私募投資基金在獲取投資收益後，本著「取之於民，用之於民」的目的可繼續發起成立公益性的教育醫療基金，並利用成功的優秀私募基金投資經

理的廣泛社會影響力和個人人格魅力為社會做更多公益性事業，為中國的經濟、教育、醫療和福利事業做出廣泛而深刻的社會貢獻。如巴菲特即捐出伯克希爾·哈撒韋公司全部股權同比爾·蓋茨一起發起設立「比爾與梅琳達·蓋茨基金會」。基金行業有廣闊的社會舞臺，將盈利性的私募投資基金與公益性的福利基金結合起來，由盈利性的私募投資基金賺取投資收益支持公益性的福利基金的運作，具有可持續性發展的良好發展前景，也是世界基金業發展的主流。

提問②：

個人認為要走得長遠還是遠離期貨市場為好。另有一事請教：由於每年通貨膨脹明顯造成人民幣大幅貶值，購買力急遽下降，手上有些閒錢的親友很是恐慌，對於投資的需求很迫切也很大，他們覺得自己投資風險過大，對公募基金也不太信任，因此本人想為親友代為理財，主要投資股市，目前想到的方式有兩種：一、保本保利，年收益10%給親友；二、風險收益共分擔，三七分，親友70%，本人30%。就以上情況想請教您，給點批評或建議。

回答：在當前的中國，由於普通老百姓專業投資知識的缺乏，今後中國的民眾像美國民眾一樣把閒餘資金交給專業的投資基金，專業的基金經理去打理也是必然的發展潮流。你的朋友客戶有這種投資理財的需求很不錯，不過最好做成類似公募基金那樣有銀行監管的公開的基金運作模式比較好。目前在中國的2,000多個基金產品中，還是有很多好的基金的，也有很多很專業的基金經理很讓我佩服，比如說管理華夏大盤基金的王亞偉，普通老百姓即使想買這個基金還買不到的。敢於前期投資基金產品的人中確實也有不少老百姓，他們通過買基金賺到錢了，雖然也像股票投資一樣是少數人。前仍然有部分民眾在股市高位時買的基金產品仍未賺錢，但等股市下一波行情來臨時只要基金還在回本或盈利賺錢都是必定的。個人堅持認為通過基金間接投資於中國股市，分享上市公司的經營紅利乃至獲得資本利得差價對個人資產財富的保值增值是一個較為妥當的投資渠道。

股市困惑答疑與基金營運探討

對於幫親友做股票投資並承擔部分風險，個人認為你做任何投資都會有風險，風險的存在是絕對的，風險的大小一般程度上也是和收益的大小成正比的。老百姓光想著獲取基金超過銀行存款的超額收益而拒絕承擔基金虧損的風險，這在哪兒也是說不通的，親友願意與你共擔投資風險是很不錯的。「基金有風險，入市需謹慎」也同樣適用，不過，親友之間這種運作模式還是類似於「灰色私募」，缺乏規範性，因為每個人都有各自不同的想法，對於股票操作每個人都可能發表不同意見並進行干預，從私募基金行業人士的從業經驗來看，這種沒有陽光化的「灰色私募」運作模式很難持續運作下去。

提問③：

這年頭再窮的人 10 萬總有的，淡定的複利下去，堅信 10 萬起步 10 年後的發展。不要說我只是想賺得快一點，其實虧的速度也是一樣的。說下目前我周邊實力派私募的模式。打 10% 的保證金，虧 20% 強平，盈利達到總資金的 10%（碰到最衰的停牌，復牌後連續跌停，私募最多賠付總資金 25%），利潤 55 開，翻番後 73 開。

回答：我追求的是持續穩定獲利，而非某一短期內的最大收益。這個市場賺錢的人有 10%，很顯然，由於中國目前有上億股民，十分之一的盈利者在人數上也有上千萬了，能在股市賺錢的並不僅僅是我一個人，或許你或他比我厲害，短期內賺得多，這種可能性完全是存在的。我針對的客戶不是你這種專業的自己就能賺到錢的客戶，我說得很明確：你有本事賺錢的話你就自己做。我針對的是股市中那 70% 的賠錢的客戶，針對的是那些在股市中經常坐電梯最後長期來看非但沒有保值增值反而本金都有可能虧損的客戶。要讓所有中國人都成為我的客戶不現實，理論上來講，你如果可以做到讓 13 億中國人每人給你一元錢你就是十億級別的巨富了，但實際上這是不可能的。

關於你那邊的私募運作模式，這是每個私募基金經理各自不同的選擇，而且像你所說的那些模式的利弊我前面也分析過了，當然，到底哪種模式能夠走得更遠，一切還是要靠實踐來檢驗。你們那邊那種模式做了這麼多年也沒

在中國做出什麼名氣，那就請你抱著試試看的心態關注下我的私募基金投資公司的運作模式吧！我是不讚同也不認可那種在熊市裡也做到10%複利的所謂「高手」，我對他們實際的熊市「業績」也表示懷疑，當然，實際上存在某些熊市裡也賺錢的能人的可能性。但這不是我的操作風格，在熊市裡我是選擇空倉迴避的，熊市裡能不虧就是我的目標。我的目標準確來講是把握一個牛熊週期的複利，並不是絕對意義上的每年百分之十的複利。同樣一波牛市，同樣翻一倍的話，個人的十萬資金和公司的一千萬資金可獲得的收益完全不是一個重量級別。

而且事實上，像你所說的能絕對地做到每年都收益10%的投資客是不存在的，可能有極個別人在極個別的某個熊市裡賺到了10%，但並不代表他能在所有熊市裡都能賺到10%，逆市場趨勢而為總是冒著很大的風險的。就算推崇複利的巴菲特也無法做到，巴菲特在熊市裡也是虧錢的，就比如2008年金融危機。巴菲特的複利也是平均他整個的投資生涯和所有牛熊市週期得出來的。

提問④：

作為一個業內人士，談一下自己對中國股市的看法。絕大多數普通投資者很難在股市中獲利，即便是大牛市，也是以更多的後來者如同飛蛾撲火般地把資金從銀行搬運來為前提的。價格操縱和內幕交易，依然是機構們掠奪小散的兩項法寶。就好比冷兵器的義和團要與洋槍洋炮的八國聯軍作戰，根本不在一個數量級上面。另外，中國股市真正的贏家是股票的賣方。從北京到南京，買的沒有賣的精。誰是股票的賣方？上市公司大股東，小股東，PE（私募股權基金），內部持股高管，股權激勵員工。對於分紅，我覺得是有意義的。雖然股市投資最好的利潤還是企業的成長帶來的資本增值，但現在大部分中小板、創業板股票估值昂貴，我不認為能夠發展出很多像蘇寧、華蘭生物一樣的個股。目前兩市分紅最高的企業是宇通客車，過去10年有9年大比例分紅，紅利收益率有6%以上，即便在國外，這也是少見的。其他分紅收

益較高的企業有寧滬高速、中國工商銀行、中國建設銀行、中國銀行等。我覺得以長線投資的心態，每月定額投資，一定能獲得很好的收益，個人認為指數基金和封閉式基金也適合民眾定投做長期投資。另外，中國的股市歷來是牛短熊長，要是遇到中國股市一直熊個 30 年的話，你從事私募基金股市投資的話該如何應對呢？一般證券公司都有龐大的證券研究所提供研究支持，你單純地依靠 60 日均線指標來指導股市操作是否顯得太過單薄了點？

回答：作為證券行業業內人士，你對中國股市認識很深刻，中國股市真正的贏家確實為股票的賣方。相對於我們辛辛苦苦趕上一波牛市，好不容易翻個一兩倍而言（事實上 70% 的人還是坐電梯，最後又把血汗本錢都賠進去），股票的賣方通過包裝炒作把一塊錢甚至幾毛錢一股成本的股票以市場價格而且是炒作過很高的幾十元甚至上百元的價格賣給老百姓，我們這些所謂的專業投資者在他們面前「自愧不如」。他們完全把公司上市作為一個項目來投資而不是踏實地去經營企業，回報股東，這真是邪惡，像某些上市公司老總把一個公司上市賣給老百姓後，自己辭職高價拋售公司股票，然後再找下一個潛在的上市目標，再來讓資金翻個兩百倍，還美其名曰把這種模式當作一種項目來運作，簡直不知道什麼叫羞恥，這種人以美國股市的價值觀來衡量的話是要判一輩子監禁的。

不過，在中國這一切都是合法的模式，始作俑者還是大國企。股市本來就是為國企圈錢服務的，國企可以搞一些超低成本甚至「莫須有成本」的股票來賣給老百姓換錢，老百姓作為投資的買方，確實沒有股票的製造者、股票的賣方精。「要風得雨，要雨得風」說出了目前中國股市的本質，像我們這種老老實實靠投資翻一兩倍的所謂「專業投資者」在他們面前是「小巫見大巫」了。不過，就全世界範圍內來看，可以說所有國家的股市本來就都是為了讓企業圈錢去投資實業項目從而拉動經濟增長和擴大社會就業的，當然與此同時也讓擁有企業股權的企業主實現其自身最大價值。不過，包括國企在內的中國上市公司似乎更熱衷於短期圈錢而並沒明白長期圈錢的好處，而要長期圈錢則需要把股東利益放在第一位，才能實現企業主、企業股東利益的

最大化。隨著中國股市的逐步發展，時間的推移，會有越來越多的企業最終明白這一點。圈一會兒錢就揮霍睡大覺的兔子做法最後是要輸給每天圈錢一點點堅持不懈的烏龜做法的，企業需要有長遠的資本市場運作方法，而不應該僅僅看到幾年時間內的短期利益。

未來3到5年大熊市還是有可能的，但未來30年都是大熊市比較極端了。第一，為了國企融資，為了發行新股，國家政治上都會想法設法地主動催生牛市行情，在中國還沒有共產黨想辦而辦不到的事情，很簡單的一點，只要銀根松動，向社會注入貨幣，股市都會有上漲行情出現；第二，從哲學的觀點來看，世界上萬事萬物都有其內在的規律，股市也有其必然的規律，有漲就會有跌，跌過頭了自然會漲。任何極端地看待事物都是不可取的，個人認為連續30年的超級大熊市不太可能，因為市場本身的規律早就注定了：沒有只漲不跌的股市，反過來也就是沒有只跌不漲的股市；第三，中國的股市目前還只是初級階段，以後會進一步完善，還有很長的路要走，金融行業從趨勢上來看只會越來越光明。要出現30年的大熊市除非中國再次「閉關鎖國」，關掉股市。而今天的中國以及明天的中國都不太可能返回到「閉關鎖國」的年代。總結起來，雖然極端情況下您說的30年超級大熊市的可能性也不能絕對排除，但這種可能性基本可以排除，就像明知道有交通事故但汽車的發展還是必然一樣，畢竟交通事故的概率是極小極小的，某種程度上可以忽略不計。

就我對中國股市歷史的研究來看，短短十幾年的中國股市就產生了9波牛市行情，個人判斷3到5年的熊市就算得上超級熊市了。對我個人而言，我有挺過3到5年熊市的心理準備和積蓄準備。而且就算3到5年熊市讓我的基金做不下去了，就算去其他行業打工或從頭拼搏我都會持續不斷地抽出個人的資金持續投入股市，就算三五年內我的基金沒賺到錢，但下個十年、二十年我也相信自己可以賺到錢。個人認為你說的30年大熊市的極端情況存在的機率很小。其實，「股市是中國經濟的晴雨表」這一說法已經越來越明顯了，最終中國的股市像美國的股市一樣與國家經濟息息相關也是發展的必然。與其

說30年的超級大熊市，還不如說對中國的前途不看好，認為中國的將來會越來越差。中國可能會有這類悲觀的人存在，但這不是我，我是堅定的愛國者，我看好祖國的未來。對於祖國的明天，我堅信：路途雖曲折，前程定光明。

　　還有一點，從價值規律的角度來分析也可以得到一個結論：我們把貨幣發行和股票發行當作一個函數來看待，即可以粗略地認為股市是貨幣發行的函數。我們來研究這兩個變量的話，初步可以看到：國家的貨幣理論上來說可以隨時隨地發行，甚至可以在國家政權的授意下無限制地發行。但股票發行是受到行情限制的，熊市階段是很難發出股票的，像現在急缺資金的房地產企業目前就根本無法通過上市或增發的方式從股市吸取資金。在整個行情絕望的時候，股票提都沒人提，更別提發行新股。這樣我們邏輯推理的話：理論上無限的貨幣去追逐有限的股權，必然會產生一個股權的相對稀缺性，也就是說相對於沒有任何價值的紙幣來說，具有控制權的股權更類似於現實中的商品一樣具有有限性。紙幣無限制，但商品必永恆。在股市上也可以類推：紙幣無限制，股權必有限。股權的背後是實業，國家可以沒有股市，但不能沒有實業，實業的股權必定有其相應的價值，而且理論上來說在無限的貨幣的追逐下，企業的股權必然會水漲船高，貨幣多了到一定階段就必然會產生牛市。當國家的貨幣不論股市熊市、牛市持續不斷地發行，而股市在熊市裡卻沒法發行股權，也就是股權的增量受到限制，那麼到一定程度，到處泛濫的貨幣必然會追逐有限的股權，也就是說不管國家的政治態度如何，到市場力量積蓄到一定程度，市場也會催生一輪股市牛市行情。

　　均線是有一定的滯後性，所以具體時間上選擇60日均線或50日均線等是根據個人的投資經驗來選擇的。但很顯然，太短，隨機性太強，並不能真正反應市場；太長，則滯後性嚴重，不具有可操作性。具體選擇多長時間大家可以根據自己的偏好進行選擇。這一點我前面就已經提到過了。但研究均線尤其是研究市場指數的均線無疑是最能接近市場真實規律的，其原因我已經在前面從概率論上和統計學上討論過了。其實，說起來也很簡單：中國人出了個姚明，但我們在研究中國人的身高時總不能說姚明身高2.2米，就說中

國人身高都是 2.2 米吧？還比如，看待一個人，不能因為他犯了點小錯誤就完全否定他，認為他是壞人。總之，評價事物，判斷事物，要考慮其均值意義上的總體水平。上證指數 60 日均線是從空間上（指數是所有股市股票加權平均）和時間上（60 日是股市 60 日內的平均價格）綜合平均的指標，最接近於市場的本質。當然這個 60 日均線的指標對個股來說是沒有任何意義的，這我在前面也解釋過了，因為個股的 60 日均線不具有空間上的平均意義。當然這只是我的理論基礎，一切要靠實踐來檢驗。故前面我也從中國股市上的 9 次牛熊市轉換圖上進行了實際驗證，我的這個點金術指標是能接受得起市場檢驗的！

提問⑤：

我也是從證券公司出來的，以前我證券公司的老總酒後經常跟我們說一句話：我在股市十幾年，沒見過幾個賺錢的，所以自己不要碰，一個是違規，一個是賠錢。說白了就是這個行業就是騙人的？至於為什麼有那麼多人被騙？為什麼會有股市存在？這些問題我也講不了很透澈，但澳門和拉斯維加斯的賭場也同樣可以存在。再一個，股票上市對公司是有好處，但對買股票的股民是不利的，上市公司空手套白狼，用別人的無息的錢來投資擴大事業當然很爽，但很少有上市公司願意把賺到的錢拿出來分給股民，回報股東，所以我還是不建議民眾參與股市。

回答：你對股市的觀點和看法未免太過於偏激，有失偏頗。物質是守恒的，貨幣也是守恒的。股市裡 70% 的人虧錢是事實，但他們虧的錢並不會憑空消失。股市裡虧錢的人我見過很多，但我也同樣見過很多靠股市買車買房的聰明人；見過死捂股發財的老太太；見過靠內幕消息利益輸送，當天股票一買進就有基金，立馬就拿錢封漲停的超級牛人（證監會官員親屬）。至於私募基金大佬更是見得太多了，只不過都很低調而已，賺大錢的人從來不大聲喧嚷自己賺錢了，都是理性居多，賺一千萬別人問到就打個折說賺百來萬，不問到絕不會炫富的；反倒是大部分虧錢的散戶虧幾千就總嚷嚷自己虧幾萬

以便博得別人同情。但事實上「市場不相信眼淚」，我對股市的觀點也很明確：第一，絕對不要借錢去炒股票；第二，不懂股票不是很專業的投資者的話就算有閒錢也不要去炒股票；第三，找專業的人來幫助自己炒股票，可以將閒錢買基金或交給專業人士來打理。當然，如果自己就是想拿點閒錢玩玩而已，盈虧無所謂的話那倒沒什麼關係。

在美國，一個富翁要死的時候，他有三個最重要的人必須見：一是他的律師，二是其保險經紀人，三是他證券經紀人。因為富翁的錢很少是以現金的形式存在銀行的，大部分都是以股票、股權的形式存在，基本上都是控股某家公司或某幾家公司，擁有某些上市公司大量股票。

至於你以前證券公司老總所謂的酒後吐真言，個人認為很可能只是他在跟你玩心眼，原因只有一個：他不想因為自己的員工去玩股票而牽涉到自己的前途。至於他自己到底有沒有炒股票，他自己有沒有拿他親屬的帳戶在炒股票，我想一切以事實為依據，你可以調查後再做結論。實際情況是，以前很多證券公司其實自己就是大莊家，像很多被其他證券公司收購託管的德恒證券、天一證券、南方證券等倒閉的證券公司，本身就是在拿自己的錢和客戶的保證金甚至向外借債在做股票，現在的每家證券公司都有自己的自營投資部門和證券研究所。中國目前的第一大券商——中信證券根本就是把自己做股票的自營業務當作主營業務來對待。對一切事物的判斷不必衝動，更不能武斷，只有當你深入瞭解清楚了才能下結論。毛主席說過：「沒有調查就沒有發言權。」

當然，說這麼多一切還不如事實更能檢驗觀點，我的私募基金快成立了，實際運作會堅持信息完全公開化，管理營運宗旨就是「陽光是最好的消毒劑」，基金每日基金價格和股票帳戶月度交易記錄（包括股票帳戶交割單和銀行對帳單）我都會準時發布，年度股東大會也將按時召開。您可以繼續關注，一切以我的基金表現為準，一切以事實說話。

別人的錢無息用來給你擴大事業，在你缺錢的時候你忍得嗎？關於這一點，我早說過了，做投資必須是閒錢，同時還會要求錢的正當來源（防止洗

錢）。我針對的客戶本身就有投資理財意識、風險意識，本身就在拿閒錢買銀行公募基金或者自己本身就在做股票但不理想的客戶，我只是憑自己的能力和業績來爭取這部分本身就在投資的客戶，似乎沒牽涉到您提出的這個問題。

也許您前面這句話指的是上市公司而非我個人，對於上市公司募集資本那就不是忍得不忍得的問題了，上市公司沒有現金流，不能從銀行融資就只能面臨倒閉，而就算是個很破的上市公司通過從股市融資繼續經營下去，一定程度上可以繼續養活企業的職工，實現社會就業。另外，上市公司沒有把從股市募集的錢用做技術研發，這個社會還會前進麼？理性地來講，把老百姓的錢集中到上市公司來，由上市公司來運作還是很可取的。事實上，朱總理就一直為中國百姓的高儲蓄率頭疼，後來進行了很多改革讓老百姓的錢流動起來，中國的經濟才繼續保持了活力。貨幣需要流動才能發揮其最大效能。

提問⑥：

說不定我入市的第一筆錢就放心交給你來運作。我投資股市也很多年了，賠的比賺得多，尤其是2007年的峰頂，530大跌之後，看著指數漲，我不敢進，一直到6,400點也沒敢進，在跌到5,000之後，我勇敢地衝進去了，而且全倉，賠得非常慘烈。而且我賠了就不割肉，結果越賠越深，到現在還有一支重倉股票深跌50%以上。2009年一年行情火爆，我一點都沒動，前些日子卻全倉進了，都跌了，拜讀了您的大作後，我覺得真的是完全反向而行了。從現在開始，真的該好好學習，多總結了。

回答：

毫無疑問，中國的股市因為其不規範、不完善而存在很多投資陷阱，概念炒作、財務作假、莊家操縱等投資陷阱更是無處不在，紮實的理論基礎必須有相應的實盤操作經驗才可讓運作的私募基金產品最終取得好的業績。所謂「眾人拾柴火焰高」，我的私募基金要發展壯大肯定需要大家的支持，也離不開中國老百姓的廣泛認可，如果你認購我運作的私募基金產品我將不勝感激。至於想將私募基金產品做大做強，在賺取到一定投資收益後想向實體產業拓

展，擴大企業併購乃至全球範圍內以資本手段收購他國產業，這純粹是一種人生展望，個人認為這也是在私募基金發展壯大後的一些水到渠成的事情。個人一直認為資本市場和實體產業是相通的，股市上上市公司可以通過發行股票募集資金去投資新的產業投資項目，以擴大社會投資、提供社會就業、促進社會經濟增長，反過來，金融資本也可以反向收購上市公司從資本市場切入到實體產業。中國股市發展三十年來，已經有不少金融資本通過收購上市公司迴歸實體產業的案例了，像中國股市上非常著名的「湧金系」資本集團就已經通過收購上市公司國金證券、九芝堂、千金藥業等實現了金融資本向產業資本的戰略轉移，在股市上賺到錢後去投資實業的資本人士也大有人在。金融資本的發展壯大離不開實體產業的發展壯大，否則單純依靠資金推動的股市上漲行情遲早有一天得實現價值迴歸，在市盈率較為固定的情況下，只有上市公司業績的增長才能對股價的上漲形成實質性的支撐，股市不可能永遠脫離經濟基本面而獨立存在。因此，個人的產業併購發展目標可能並未上升到為國家民族爭光的道德境界，只是因為經濟發展的內在需求會推動金融資本和產業資本的融合，一切似乎是「水到渠成」的事情。

對於具體股市投資，個人還是建議以做生意的態度平和地面對股市比較好，在生意場上，「低價進貨，高價賣出」乃是獲取生意利潤的不二法門，因此，股市投資上也非常忌諱追高的投資行為。不過，中國股市的價值中樞也同全球股市一樣會隨著社會經濟的發展而不斷上移，在中國央行貨幣政策出現寬鬆為股市提供流動性支持的利好政策環境下，暫時被套住的股票完全是有可能在下一波牛市中解套並賺錢的。只要心態好一點，對股市的認識深刻一點，對股市投資技巧多領悟一點，那麼你就能對股市投資有一個更嫻熟的發揮和應用，並能最終讓你在中國股市裡實現家庭財富的保值增值。

提問⑦：

玩金融，美國華爾街的高盛、摩根才是師傅，人家都有兩三百年的歷史了，中國人玩金融風險太大，還是專注實業的好。你立志於運作私募基金，

不知道你對中國目前的私募基金的具體運作細節瞭解得多嗎？我經常接到電話說是什麼私募基金公司的操盤手，讓我跟他們一起做股票，但我看他們做股票的水平還沒我高。我還是認為中國股市沒什麼投資價值，做私募基金還是很難成功的。

回答： 中國的金融業雖沒有發展到華爾街的規模和影響力，沒有華爾街名目繁多的金融衍生品等金融產品，但毫無疑問，今天中國的金融業已經有了舉足輕重的影響力，在美國把金融業當作國家支柱性行業後，中國的金融業在房地產行業衰落後其地位也將越來越重要，越來越突出。因為，中國老百姓今後持有股票或基金人口的數量和比重、在金融業匯聚的閒散資金將會越來越多，金融業能否健康發展將越來越直接關係到老百姓的「錢袋子」。

但金融業是一個高度知識化、專業化的行業，甚至光有知識和專業，光聰明，光有智慧還不夠，甚至金融是更需要一定天賦的行業。面對股票、期貨、外匯、金融衍生品等更多的金融產品，別說中國的老百姓，就是美國的老百姓都不一定能有專業能力在金融市場裡管理好自己的資金。因此，對於自己在金融市場裡做不好的普通民眾而言，像美國一樣將資金匯集起來，以基金的形式交給專業的基金經理去管理操作，這也是中國經濟發展的必然。我很多時候說過，中國的發展某種程度上是以美國為樣板的，中國在努力學習美國很多先進的東西，中國的金融業也是在向美國這個頭號金融強國靠近的。

基金的本質就是把老百姓的錢集合起來去投資。如果是投向實業可以稱為實業基金或產業基金；如果投向股票可以稱為股票基金；要是投向期貨則為期貨基金；投向外匯為外匯基金……也有將匯集的資金同時投資實業和股票，或者同時投資股票與期貨，或者像索羅斯的量子基金一樣同時投資於期貨和外匯市場，通過去攻擊別國的貨幣來為基金賺錢的。

而基金又由誰來發起募集，又由誰來管理呢？從這一點上來區分的話，整體上可以將基金分為公募基金和私募基金。中國大部分的基金是由銀行、保險公司或證券公司發起成立的，稱為公募基金；而美國大部分的基金都是由私人銀行、私人企業或純粹私人發起成立的。如現在世界上投資界最有名的

巴菲特就是由幾十萬美金的個人私募基金開始做的，最後收購了伯克希爾‧哈撒維公司，並把伯克希爾‧哈撒維公司改造成了巴菲特的投資基金公司形式。其他索羅斯的量子基金也完全是由索羅斯和羅傑斯個人發起成立的私募基金。

公募基金普通老百姓都很瞭解了，我在這裡主要談一談私募基金。在這個有中國特色的國度裡，中國的私募基金行業也很有中國獨特的中國特色。真正的私募大佬選擇低調迴避，悶頭賺錢，但渾水摸魚的假私募卻天天跟你打電話說自己是機構，是私募。「招上十幾個剛畢業的大學生，每天打幾百個電話、約幾個客戶來聽所謂的週末理財講座，張口閉口稱自己是期貨私募的公司或者個人，你完全可以一棒子把他們全部打死，肯定是騙子。」而在北京建國門附近的某高檔寫字樓裡，一直存在著一個號稱北京「做得非常好」的「期貨私募」（期貨投資諮詢公司），但是，在期貨業協會澄清令發布之後，原本在其處聽過「培訓課」的客戶再想帶記者進去聽課時，幾乎已經不可能了。

「那些四處招攬客戶的私募，很多都在吃客戶。他們一半的收入都是來自於交易手續費而不是投資收益，通常情況下，他們也沒有盈利的信心，但是他們都與期貨公司有所約定，手續費的返傭都會很高，他們也會因此而頻繁操作（俗稱炒單）。」某期貨公司總監壓低聲音，「這是我們給一家私募公司的辦公室，他們放了兩個操盤手在這裡，每天都在打單（炒單），而且都是用的拖拉機下單軟件，只要做一個下單，其他所有帳戶都是執行同樣的操作——他們根本就沒有時間制定什麼投資計劃和分析意見，就是看圖下單（指依靠圖形的技術分析炒作短線）。」如果靠打電話憑運氣去給客戶點股票理財分成或者靠和證券公司或期貨公司狼狽為奸、相互勾結去靠炒作，靠手續費賺錢，要是這種形式也稱做私募的話，那麼我想上帝和豬都會笑了。

但很不幸的是，中國大部分的老百姓都被這所謂的「電話私募」和「講座炒單私募」騙了，被騙了會員費、分成利潤、交易手續費。真正的私募基金是靠真刀真槍的投資實力去投資賺錢的，其基金投資經理憑藉的是投資能

力，是靠真實的金融市場的賺錢能力而非碰運氣，更不是靠手續費生存，從基金經理是不是靠炒單或憑運氣在牛市裡打電話亂推股票分成，憑運氣吃飯就可以判斷出私募基金的真偽。成功的私募基金經理是很低調的，也不缺資金，也不需要去招搖撞騙。

從上面我們可以瞭解到期貨私募現狀：目前期貨私募的主流方式有兩種，一種是代客理財的炒手，他們往往不成立公司，在期貨公司裡搞幾個房間就成立了團隊，業內稱之為「期貨工作室」；另一種則通過朋友、熟人甚至海外募集資金，成立投資管理公司，相對而言比較正規。

期貨私募的另一種模式則是成立投資管理公司，相比代客理財的期貨工作室而言，他們的團隊人數更多，營運資金數量也更為龐大。投資管理公司的形式可以說是中國比較正規的私募基金模式了，雖然中國目前的《中華人民共和國基金法》並沒有包含私募基金的法律條款，但《中華人民共和國有限合夥企業法》則從公司法的角度相對規範了這種運作模式。要把私募基金做大，私底下的代客理財肯定是不規範的，永遠只能在一個小圈子裡做，而規範化投資管理公司才是真正的私募基金做大的前提，巴菲特、索羅斯皆是如此。

私募排排網楊志為估算了一下，江浙、上海、深圳三地期貨私募應在1,000家左右。在今天的中國，期貨私募都已經上千家的規模了，那股票私募更是不計其數了，像現在比較有名氣的新價值、赤子之心、武當資產、證大投資、重陽投資、睿信投資、淡水泉等都是以投資管理公司的形式運作私募基金的。(詳情參加私募排排網 http://www.simuwang.com) 如果大家有興趣分散下資金，在自己做股票和買公募基金同時也拿出部分資金去買私募基金的話，那麼瞭解真正的私募基金的運行狀態，去選擇真正的私募基金而拒絕欺騙性的偽私募——「電話私募」和「講座炒單私募」，無疑是必要的。

我的私募投資基金公司快成立了，也是以投資管理公司的形式運作的，「買基金從認識基金經理開始」是我的營銷理念。如果客戶買我的基金我更希望客戶認可的是我的為人和我的投資理念，我將奉行「陽光是最好的消毒劑」

理念來管理基金。我會讓我管理的基金完全透明陽光，讓客戶清清楚楚，明明白白地知道每一分錢是怎麼花的，怎麼賺的，怎麼虧的。真誠地希望大家能通過認可我這個人去認可我的基金，去買我的基金，去支持我的事業。當然也不是簡單的支持，讓您賺到錢，回報客戶投資利益也是最起碼的。「予我一滴雨露，還你一汪清泉」！

　　國企的運作效率低下注定了他們時不時地要通過股市融資圈錢來維持下去，否則靠國家印鈔票來補貼國企營運是不可持續的，只要低效的國企存在，中國股市就無法改變融資圈錢工具的命運。但國企要上市圈錢或增發新股圈錢就必須想盡各種辦法催生股市一波牛市行情，否則在熊市裡圈錢是很困難的。拋開股市的定性之爭，把握好股市牛市行情下的賺錢機會，加入牛市、逃掉熊市是我個人的投資理念。巴菲特的價值投資在中國並不一定適用，也許你堅持價值投資卻讓你在股市裡沒賺到錢從而讓你有了偏激地否定一切的激動情緒，但個人建議你還是以冷靜地仔細研究股市的規律並更新自己的投資理念為上，不要總是怨天尤人。

4

抓住股市的本質——價值規律

從前文的分析我們可以看到，影響和決定股市或股票的上漲或下跌具體行情的實際因素是很多的，貨幣政策、經濟環境、風險偏好、企業營運乃至市場心理和輿論導向都可能對股票價格帶來直接或間接的市場影響。不過，這所有的一切經濟、金融因素最終都是要通過影響股票市場的供求關係來起作用的，經濟學中的價值規律最終體現股市運行的真正本質。

站在哲學的角度來看待中國股市，我們可以認識到中國股市與全世界其他國家的股市，如美國股市、英國股市、德國股市、法國股市、日本股市等其他主要經濟體的股市一樣有著股市的共性，即都是上市企業通過增發股票的形式進行募資來進行項目投資，都同時具有投資價值和投機價值。事實上，不管哪個國家的股市，影響某一公司股票價格波動的因素都是差不多，都主要為我前文分析提出的該國央行貨幣政策、上市公司股票供應、企業經營業績、基礎原材料商品價格變動、國家行業政策、市場心理博弈因素等。將這些影響股票價格波動的因素進行細分分類的話又可以將其主要劃分為影響股票價格的兩類因素：影響上市公司經營業績即改善或降低企業股票價值的因

素和影響市場資金供應和股票供應帶來的市場心理博弈因素，如表4-1所示：

表4-1　　　　　　　股市股票價格運行影響因素分析

投資價值	投機價值
影響上市公司經營業績，決定股票價值的因素	改變貨幣和股票供應關係的因素
企業採購原材料價格變動因素	央行貨幣投放寬鬆或緊縮帶來股市資金流入或流出影響因素
企業產成品價格、銷售價格、營業利潤變動因素	某時間段內股票上市數量帶來的股票供應影響因素
企業管理層經營管理能力影響公司業績因素	市場輿論熱點引導的資金具體流向某行業或某股票的因素
國家行業政策或市場突發事件對公司經營的影響因素	企業股票價格上漲或下跌帶來的風險偏好影響資金買賣因素
企業新投資項目獲得成功或失敗對企業業績的影響因素	股票發行制度失調帶來股票供求機制失靈，改變股票供應因素

不過，相對於國外其他國家的股市而言，中國股市又有著哲學意義上的個性，而且個性非常明顯，非常具有中國特色。就拿中國A股與中國人相對而言比較熟悉的香港股市進行對比，你就會發現港股市場相對A股更為成熟有效，A股資金話語權大，而港股則是上市公司的股票價值話語權大，A股中小市值股票估值更易受到資金操縱而影響股票價格。直白地說，就是中國大陸的A股與全球其他經濟體的成熟股市對比而言，投機價值更多。資金股票的供求因素更大程度上地決定了中國股市股票價格的運行趨勢。

由於中國股市的投機氛圍過於濃厚和股票市場制度的缺陷，中國股票市場上出現了虧損ST股漲幅反而大幅高過績優藍籌股漲幅的奇異現象。中國的散戶股民更熱衷於投資企業經營不善瀕臨倒閉但又有重組預期的虧損類ST股，即使不投資虧損類ST股票，中國股民也更傾向於投資中小盤市值的個股，這與國際股市中偏愛藍籌投資績優股的投資風格大相徑庭。這種情況使得部分專家、教授、學者大罵中國股市「毫無投資價值」，還不如「直接關閉」，把中國股市「推倒重來」的呼聲也一度甚囂塵上。中國股市的股票由於更多地

受到改變貨幣和股票供應關係的因素影響而較少地跟隨影響上市公司經營業績，決定股票價值的因素波動運行，股票這一虛擬商品在中國股市上對供求關係這一市場經濟價值規律的敏感度更高，資金的供求因素直接決定了股票的價格演變並出現了很多脫離股票基本面而強勢上漲的市場格局。

長期以來，A股市場有一種奇怪的審美觀和偏好，喜歡炒作績差股以及公司治理有問題的股票，按常理來說這類股票應該是風險比較大的，完全可能讓投資者血本無歸，難道因為一些投資者就是喜歡刺激勝於盈利嗎？我們通過對歷史的數據做些統計，期望瞭解市場參與者在這些股票上的整體收益情況究竟如何。為了具體量化研究這個問題，我們用被警示股票（含ST及*ST）作為業績差的公司的代表；用被交易所及證監會等譴責過的股票作為壞公司的代表，然後分別用全市場符合條件的股票構建了兩個虛擬指數：ST股票指數和被譴責股指數，以便從整體上對兩類股票的收益進行統計。

其中被警示股票指數的樣本採用所有被ST或者*ST的公司，從被警示開始進入指數，摘帽後剔除出指數，指數內成分股權重採用流通市值加權法。被譴責股票指數樣本則採用市場上所有被交易所、證監會及其他相關機構譴責過或處罰過的公司，從被譴責或處罰開始進入指數。指數內成分股權重也採用流通市值加權法。此外我們用市場上主流的綜合指數比如中證全指、滬深300指數、上證綜指等作為比較基準，比較全面地反應A股市場整體的漲跌和損益情況。

統計結果令人瞠目結舌，從2007年1月1日到2015年3月20日的八年間，ST股票指數累計收益竟然高達800%，而被譴責股指數期間累計收益率也有182%。同期中證全A指數收益為170%，滬深300為91%，上證綜指為35%。ST股票指數和被譴責股票指數均顯著跑贏市場，尤其是ST股票指數超額收益巨大，即使分年度來看ST股票指數在絕大部分年份都顯著跑贏市場指數。比如在行情比較好的2007年和2009年，ST股票的收益分別達到了215%和166%，遠超大盤指數；而在行情比較差的2008年、2010年及2011年ST股票指數分別為-61%、11%、-22%，基本超越了大盤或基本與大盤相

差無幾；2015年以來ST股票取得了49%的累計收益，也遠超市場上各主流指數。

從上述統計可以看出來，A股市場的差公司和壞公司的股票收益超額顯著絕非個別時期的偶然特徵，是A股市場的一個長期現象。這個統計結果很好地說明了A股投資者喜愛炒爛公司的理由。從盈利的角度看，投資者炒差、炒壞其實反而是一個聰明的選擇，無怪乎一些著名的「牛散」長期喜歡在ST股中墊伏。不過這個結論卻令人唏噓，績差公司為什麼受追捧？

很多投資者潛伏在這種股票裡坐等公司重組，原因不外乎公司上市管制太多，股票供應一直不足導致殼資源的價值不菲，缺乏嚴格退市制度和市場化的上市公司破產制度，同時對借殼重組等又過於寬鬆，這當然和市場炒作文化也息息相關。所以我們的資本市場的現狀顯然有違市場進行資源有效配置的初衷，同時也很難真正培養起價值投資的理念。當然，我們很欣慰地看到註冊制越來越臨近，更加市場化的制度和機制或許能夠逐步根治A股市場的這些弊病。

如果問你投資什麼最虧錢，你會回答二級市場炒股，因為連年都是九虧一盈的狀況。如果再問你炒股什麼品種最有風險，你會回答ST，因為專家、媒體都是這麼說的。但中國股票市場要告訴你的是：第一個問題回答正確——因為二級市場炒股確實風險巨大，散戶盈利概率確實很低；第二個問題回答則大錯特錯——相對於普通績優藍籌股票而言，ST家族裡被關ST裡有黃金，炒股只做被停牌的ST股。空口無憑，我們看事實說話。

先看2006年股改後至2012年的6年時間內所有被ST的股票統計數據：6年時間內合計共62家ST股票暫停交易，其中44家（30+14）經過重組後恢復交易，成活率70.97%；5家退市，全部發生在2006年特定政策期，死亡率8.06%；重組過程中有待恢復上市13家，其中10家均已經公布重組方案等待批准或辦理恢復上市手續，它們恢復上市也是遲早之事。這樣合計計算，被關ST股票的恢復上市率為91.94%，死亡率是8.06%，如表4-2所示：

表 4-2　　　　　　2006 年至 2011 年 ST 股票退市統計

年份(年)	暫停上市數	已上市數	明確將上市數	待定數	退市數
2006	19	11	0	3	5
2007	19	7	8	4	0
2008	5	3	1	1	0
2009	7	4	2	1	0
2010	9	5	3	1	0
2011	3	0	0	3	0
6 年合計	62	30	14	13	5

再看 2009 年至 2012 年三年期間恢復上市的被關 ST 股票漲幅年收益統計（每年平均收益率＝上市日上漲幅度/投資年限），我們可以看到，2009—2011 年三年中恢復上市的品種最低平均每年收益在 55% 以上。統計數據顯示，2009 年前的 ST 股票平均收益是在 150% 以上，2010 年 ST 股票平均收益在 60% 以上，2011 年 ST 股票平均收益在 70% 以上。投資 ST 股票所獲得的投資收益遠遠超過投資普通股票所能獲得的投資收益，甚至 ST 股票指數要超過大盤指數接近 2000 點。

分析表 4-3、表 4-4 和表 4-5 的統計數據圖表，我們會發現中國股市一個啼笑皆非的市場現象：投資者在二級市場中的績優藍籌股中每年忙來忙去也很難有 50% 以上的投資收益率，但投資被停牌的 ST 股每年只需一買一賣就可以取得年均 50% 以上的投資收益率，就這一點而言，說中國股市缺乏投資價值某種程度上來說也是無可厚非。站在散戶投資者的角度而言，上市公司經營業績如何跟他關係不大，他更關心的是他買的股票是否上漲賺錢。

表 4-3　　　　　　　　2009 年 ST 股票走勢

復牌前名/復牌後名	復牌日期/投資時間	每年平均收益率
ST 黑龍/國中水務	2009.4.17/3 年	4.58 倍
ST 蘭寶/順發恒業	2009.6.5/3 年	10 倍

表4-3（續）

ST東泰/中潤投資	2009.6.5/2年	73%
ST中遼/萬方地產	2009.6.5/5年	148.07%
ST美雅/廣弘控股	2009.9.11/3年	3.49倍
ST天香/天津松江	2009.10.28/2年	91%
ST春蘭/ST春蘭	2009.11.13/1年	78.19%

表4-4　　　　2010年ST股票走勢

復牌前名/復牌後名	復牌日期/投資時間	每年平均收益率
ST中華/ST中華	2010.3.18/3年	55%
ST廈華/ST廈華	2010.5.14/2年	56%
ST威達/銀都礦業	2010.6.9/2年	60%
ST昌河/中航電子	2010.9.20/1年	206.71%
ST三農/泰禾集團	2010.9.30/3年	88%

表4-5　　　　2011年ST股票走勢

復牌前名/復牌後名	復牌日期/投資時間	每年平均收益率
ST化工/方大化工	2011.3.11/1年	86.63%
ST張桐/沙鋼股份	2011.4.8/1年	99.84%
ST聖方/新華聯	2011.7.8/5年	188.16%
ST三聯/國美三聯	2011.7.25/1年	90.33%
ST魯北/魯北化工	2011.8.18/1年	55.42%
ST蘭光/銀億地產	2011.8.26/2年	88.02%
ST夏新/象嶼股份	2011.8.29/2年	73.97%
ST萬鴻/佛奧置業	2011.9.8/3年	55.21%
ST白貓/浙報傳媒	2011.9.29/1年	92.17%
ST華源/大名城	2011.10.11/3年	82.38%

市場經濟的市場本身就是一個自由競爭、自由選擇的市場，依靠行政命令去強制散戶投資者買藍籌績優股不現實，對整個經濟、整個股市而言，這種市場現象很明顯出了大問題。股市是為了給優秀的上市公司融資去擴大投資、促進經濟增長和擴大社會就業的，但如果社會資金最後都往虧損的ST公司股票上流動，那顯然違背了國家設立股票市場的初衷。如果社會資金不是被優秀的上市公司募集起來去投資新的經濟項目而是被股票莊家炒作從一些人的帳戶轉移到另一些人的帳戶裡，股票僅僅成為一個轉移社會財富的工具，那麼毫無疑問這對國家經濟和社會就業並未起到應有的積極作用，這也應該是中國證券監管當局所應該竭力避免出現的資本運作現象。

很顯然，中國的股票市場運行確實出了很大的問題，而出現這一偏離正常資本運行軌道現象的根源在於中國股票市場的制度缺陷。要改變這一瘋狂投機現象需要從兩個方面入手：一是擴大股票供應，改變股票數量的稀缺性，做強上市公司的質量，提升股票的價值，但同時應當擴大股票供應的數量以減少因股票稀有而帶來的貨幣供過於求強硬拉升虧損ST股的問題。「物以稀為貴」的價值規律關係應當體現在股票的質量上而非股票的數量上，中國股市應盡快建立規範的股票退市制度和推行股票發行註冊制，降低上市公司股票發行門檻以為中國股票市場提供更多股票供應。上市門檻大大降低，隨便什麼公司都可以上市，但能否吸引到社會資金來購買自己公司的股票則需依靠公司的內在經營運作和市場營銷資本運作，一切按公平自由競爭的市場經濟規律來辦，這樣就可以極大地打壓市場的投機炒作熱情，從而引導投資者更專注於尋找業績優秀的真正有投資價值的上市公司。同時，當上市公司退市制度完善的時候，加大虧損類ST股的退市風險也將極大地遏制市場資金炒作ST股的投機行為。

中國證監會於2001年2月23日發布了《虧損公司暫停上市和終止上市實施辦法》，之後又於2001年11月30日在原有辦法基礎上加以修訂，規定連續三年虧損的上市公司將暫停上市，中國上市公司退市制度正式開始推行。退市制度的建立和實施對提高中國上市公司整體質量，初步形成優勝劣汰的

抓住股市的本質——價值規律 4

市場機制發揮了積極作用。但是隨著資本市場發展改革的逐步深化，原有退市制度在實際運行中逐漸暴露出了一些問題，其中主要表現在上市公司退市標準單一、退市程序相對冗長、退市效率較低、退市難現象突出；存在著上市公司通過各種手段調節利潤以規避退市的現象，導致上市公司「停而不退」，並由此引發了「殼資源」的炒作，以及相關的內幕交易和市場操縱行為，在一定程度上影響了市場的正常秩序和理性投資理念。退市制度數據顯示，自2001年4月PT水仙被終止上市起，滬深兩市迄今共有退市公司75家。其中，績差公司因連續虧損而退市的有49家，其餘公司的退市則被吸收合併。退市比例占整個A股掛牌家數的1.8%，而美國納斯達克每年大約8%的公司退市，美國紐約證券交易所的退市率為6%，英國AIM的退市率更高，大約為12%。

2012年3月18日，國務院轉批發改委《關於2012年深化經濟體制改革重點工作的意見》的通知，提出深化金融體制改革，健全新股發行制度和退市制度，強化投資者回報和權益保護。2012年4月20日，深交所發布《深圳證券交易所創業板股票上市規則》(2012年修訂)，自5月1日起施行。創業板退市制度正式出抬。其中規定創業板公司退市後統一平移到代辦股份轉讓系統掛牌，將不支持上市公司通過借殼恢復上市。2012年6月28日，上交所、深交所公布新退市制度方案，連續三年淨資產為負，或者連續三年營業收入低於1,000萬元，或連續20個交易日收盤價低於股票面值的公司應終止上市。

中國股票市場上股票上市必須通過中國證監會嚴格的審批條件才可以批准上市。中國的股市與美國股市及其他國家股市存在個性化差異的一點是美國民眾都是把錢交給基金公司以購買基金產品的形式間接參與股市，而中國股市則是中國民眾個人直接參與股市投資，這樣一來，掌握在散戶手中的社會資金在中國股市上逐漸形成了向虧損類ST股和業績較差的中小盤股流動的趨勢，並對虧損類ST股和業績較差的中小盤股有著非常大的偏好，對績優藍籌股則反而抱有抵觸反感心理。中國股市裡社會資金的流向形成了金融領域

— 175 —

中的「劣幣驅逐良幣」行為——「劣股驅逐良股」，面臨虧損倒閉的上市公司獲得了社會資金但無法有效地進行經濟項目投資以促進經濟增長和社會就業，反而真正有良好投資項目，真正有資金需要的優秀企業無法受到社會資金的青睞，這也正是中國股市最讓人詬病之處。

要改變中國股市這種社會資金青睞虧損類ST股和業績較差的中小盤股卻拋棄績優藍籌股的瘋狂投機行為趨勢，必須要從三個方面對中國股市制度進行較大程度的改革。

第一，推行股票發行註冊制改革，改變股票審批所帶來的市場稀缺效應，降低殼資源價值，也即是通過改變股票的供應來引導社會資本向藍籌績優股聚集。

上市公司能否吸引社會自己購買和投資自己公司的股票應該主要依靠公司的穩健經營和企業信譽，而不應該是依靠證監會的審批權限人為製造脫離企業基本面的股票供求失衡。讓「信譽代替權柄」的股票發行制度和市場運行規則才是最有利於中國經濟發展和資本市場健康成長壯大的根本發展出路，這也符合當今李總理提出的「簡政放權」經濟改革思路。

隨著股票上市門檻的降低，同類企業的股票可能越來越多，主力莊家利用某只股票概念題材的稀缺性進行炒作的可能性將大為下降，並可能增加因所控盤股票缺乏交易量而導致的流動性降低風險和退市風險，增大其博弈虧損類ST股和業績較差的中小盤股的投資風險。

第二，還是從增加市場虧損類ST股和業績較差的中小盤股的投資風險角度入手，加大對該類股票市場操縱和內幕交易的法律查處力度。任何市場投資行為做出投資決策無非是綜合衡量該投資方案的收益和風險來做決定的。當風險大於收益時，投資行為自然就會被否決；而當收益大於風險時，其投資虧損類ST股和業績較差的中小盤股的投資行為就順理成章了。

不過，對於直接投資中國股市的廣大中國散戶股民而言，很多人可能是孤注一擲地把全部家當投入了某只重組題材的虧損類ST股和業績較差的中小盤股，一旦證監會對該只股票的某一違法行為進行立案調查並確定違法從而採

取退市處罰措施時，散戶股民可能因股票退市，股票價格歸零而面臨傾家蕩產的投資悲劇，這顯然不符合中國國情，也容易引發股民採取極端行為，帶來社會不穩定因素。在股票發行制度與世界股市接軌實施註冊制的同時，對股市違法行為則應當實施符合中國國情的處罰方式。「鈍刀子割肉」是較為可取的做法，當證監會判定某一公司股票存在操縱行為或內幕交易時，可以通過中登公司把全社會所有持有該股票帳戶的一定比例的股票（譬如5%或10%，具體比例視犯罪情節而定）進行凍結並轉移至證監會司法部，然後直接在二級市場拋售並將獲得的資金建立一個「證券養老基金」，每年把這部分處罰所得向全國所有60週歲以上的老人平均發放。這種處罰方式對中國股市而言是可行並有效的，連續凍結轉移相應比例的股票將勢必打擊上市公司股票莊家的市場操縱行為。因為凍結股票比例固定，每次處罰受損失最大的也是上市公司和股票莊家，而買入該股票的散戶股民也同樣付出相應代價但總體是公平的，處罰風險也是相對可控的。

　　第三，也可以打破當前金融經濟領域非常嚴重的「金融空轉」現象。2008年金融危機以來，各國為抑制本國經濟快速下滑，採取了逆週期的寬鬆刺激政策，但逆週期政策刺激下的經濟復甦並不穩定，金融與實體的背離將導致全球系統性金融風險隱患不斷上升。當今中國金融經濟領域也同樣存在不斷攀升的社會融資總量以及表外融資與債券融資的大幅增長與持續下行，經濟增速與宏觀經濟產出形成了極大的反差和背離。釋放出來的貨幣並未進入實體經濟，而是在金融和虛擬經濟內循環，反應實體經濟的工業生產、製造業投資以及商業流通數據依舊十分疲弱。而另一方面，債務比率上升、銀行隱性不良資產風險抬頭，「金融熱、實體冷」所導致的金融空轉以及流動性自我循環和膨脹蘊含著巨大的金融風險。「證券養老基金」在合理適度處罰上市公司股票操縱案件的同時，將資本市場裡的違法處罰資金直接發放給全社會的老人，然後讓廣大企業通過為老人提供產品和服務的方式轉變成實體企業的經營利潤，而上市公司經營業績的改善則將吸引更多社會資本流入股市，反過來間接地促進了股市的繁榮。「證券養老基金」直接打通了金融與實業的

藩籬，真正實現了金融和實業的親密接觸和相互融合，並有利於提升整個社會對中國股市的看法，改變社會人士對中國股市只會圈錢而不服務社會經濟的狹隘偏見。

理性觀察和分析，我們可以看到中國股市還存在非常大的改進空間，其中尤以股票供求制度改革和資本市場法制建設最為重要，市場經濟的價值規律在中國股市這一資本市場得到最為直接的體現。當前中國股市還處在股票價格由股票供應和資金供應決定的時代，還沒有發展到靠上市公司經營業績和企業信譽來決定資本流向的更高階段。不過，中國股市的前途是光明的，股市制度改革措施正在逐步推進，註冊制改革和加強證券市場法制監管也正是目前國務院確立的促進資本市場建設的兩個主要突破口。中國證監會司法部門有望像環保部一樣在證券市場監管上獲得更大監管權利，而上市審批部門的審批權將逐步弱化並直至取締，中國股市有望向市場化和法制化的道路大步前進，這也將為中國經濟的結構轉型貢獻巨大力量。中國資本市場的前景是非常光明的。

後　記
讓中國經濟在適度股市泡沫中前行

毫無疑問，為了讓我們的國家富強和人民富裕，我們國家必須繼續努力發展經濟，我們需要實現經濟巨著《國富論》中國富民強的良好經濟發展局面。不過，如果把當前的中國經濟比喻成一個人來看待的話，那麼股權融資和債務融資就分別是這個人的兩條腿。中國的經濟和金融目前出現了一條腿非常強壯甚至龐大臃腫而另一條腿則弱小纖細的畸形狀況，目前中國的銀行業只知道通過給企業以資產抵押的方式發放貸款來拉動經濟增長而無法向低資產、無抵押的知識型新經濟注入資金，沒有核心競爭力的企業在傳統信貸銀行的信貸債務支持下持續生存並占壓了本應該屬於社會優秀企業的社會資金，以至於中國經濟領域出現了貨幣領域裡的「劣幣驅逐良幣」現象，好的項目、好的公司無法獲得資金，而某些不為社會創造財富的公司或企業則通過依靠行政權力不斷霸占央行新增貨幣。中國銀行業通過債務放貸的模式來拉動中國經濟增長效果越來越低下，劣質企業無法在市場經濟的競爭中被淘汰掉反而不斷地消耗央行發行的貨幣資金，中國經濟成了一個背負厚厚外殼的蝸牛。如果中國經濟金融體系不進行實質性的改革，如果中國經濟還繼續走依靠信貸銀行放貸來拉動經濟增長的老

路的話，那麼中國經濟增速越來越慢直至出現停滯將不可避免。

　　股市與實體經濟的關係是密切相關和相互促進的，而不是很多人認為的「此消彼長」「股市擠占實體資金」等。在股市上漲時，很多人只看到了眼前的社會資金流入股市，好像擠占了實體經濟的資金，以至很多人包括企業老板及中國經濟高層在股市上漲一段時間後就出來大喊股市傷害了實體經濟，因為眼前確實看到股市裡的資金多了而企業裡的資金少了，但他們並沒有看到股市長遠的一面，股市上漲後企業可融資的機會多了，企業可以投資的項目不缺錢了，中產階級的財富增加了，民眾消費熱情高漲了，企業銷售前景看好盈利增加再反過來促進公司股價提升，最終實現經濟上的良性循環。我實在不理解為什麼國人非要把股市往死循環的路上推，股市下跌企業融資困難，企業如果無法在銀行貸款就意味著無法取得資金來做投資項目，也就無法雇傭更多民眾，無法提振就業，同時股市下跌民眾財富受損、民眾消費熱情下滑，就業疲軟工資只夠溫飽導致老百姓只能花錢買點衣食住行，高層次的企業產品比如精神文化生活要麼免費或廉價入市要麼就無人問津以至要請人免費參加提高入座率的境地，股市下跌從各方面來仔細分析對經濟、企業、民眾都是一件有百害而無一益的事情。大部分中國人對美國1929年發生的股市崩盤，金融危機感到害怕，但事實上美國2008年的次貸危機發展證明即使股市或樓市發生崩盤，給社會經濟帶來系統性風險，最後也是可以通過央行註資進行拯救的。即使中國的股市來一次美國1929年的崩盤危機，來一次社會大蕭條，其實也不是什麼天大的事。美國股市崩盤和金融大蕭條後羅斯福總統可以採取凱恩斯主義大幅度地進行社會建設來恢復經濟，美國次貸危機後美聯儲可以通過央行註資直接購買債券和股票的方式修復金融危機和經濟裂痕，中國在發生系統性金融風險和經濟危機時也可以採取同樣的措施來挽救恢復經濟。事實上，股市崩盤帶來的經濟大

後 記

蕭條並不是什麼十分可怕的事情，當時美國確實有人因炒股破產而跳樓自殺，但90%以上的美國人還是壓縮開支、努力經營從金融危機中挺過來了，這方面可以以科學的態度去實地調查驗證下美國1929年的股市崩盤金融危機到底有多少人因為破產而自殺。可以肯定的是，因經濟破產而自殺的絕對是少數，設身處地地站在美國人破產的角度來考慮，假如是你，因為經濟破產了你就會去自殺嗎？中國很多企業主借了高利貸早就破產還倒欠一屁股債，但真正跳樓自殺的畢竟還是少數。為啥被高利貸逼得破產了都沒自殺，而僅僅因為股市下跌把錢虧沒了就跳樓自殺呢？中國股市炒股融資的槓桿比例並不高，就算股市下跌券商也會及時平倉，大不了把全部資金虧為零，最多也就是股市資金一無所有吧，怎麼可能到自殺的地步呢？其實，理性地思考下，即使中國股市崩盤，股票大幅下跌，中國股民的財富最多也就大幅減少或者說縮水而已，心裡難受是一定的，但絕不至到自殺的地步。很大部分中國人盲目放大了美國股市1929年崩盤經濟大蕭條的社會效應，而缺乏自己理性的思考。很多事情，其實不是書本上說對就對，不是說書本上說好就好，不是別人說對就對，不是別人說好就好。其實我們更應該自己理性地去思考，這一事物好的話好在哪裡？壞的話壞在哪裡？好的話好到什麼程度？差的壞差到什麼境地？最好能好成什麼樣？最差能差到什麼樣？什麼原因帶來好的？什麼原因導致壞的？等。我們不應當害怕問題而盲目拒絕，而是要勇敢面對問題努力前行。從資本主義國家的股市發展歷史來看，股市崩盤帶來的金融危機和經濟大蕭條並沒有想像中的可怕，美國人民早就在百年前就已經給我們找到了從經濟大蕭條中恢復經濟的良方——「凱恩斯主義」。在中國傳統的抵押貸款信貸銀行模式刺激經濟增長模式已經增長乏力，中國經濟增速和社會就業岌岌可危的關鍵時刻，中國經濟前景已經別無選擇，中國必須發展壯大股權投資資本市場，必須通過股市來對中

國的企業進行優勝劣汰和轉型升級，哪怕導致股市崩盤或經濟大蕭條那也是經濟轉型所必須付出的代價。即使發生了股市崩盤其實也並不可怕，相反西方經濟體每次經濟危機過後並沒有徹底垮掉而是讓社會經濟體的經濟運行狀況更加良性和健康。

中國銀行業的傳統信貸銀行領域已經達到頂峰，與中國經濟增長前景一樣面臨瓶頸和突破，中國的銀行金融業必須進行關鍵性的改革以適應中國經濟變革。中國必須誕生一大批像美國高盛、摩根大通、摩根斯坦利之類的投資銀行，並且由投資銀行取得央行超過50%以上的貨幣發行權，主要由投資銀行通過股權投資模式來促進經濟增長而徹底改變目前的中國銀行業以傳統信貸銀行債務放貸模式刺激經濟增長的做法，或者至少形成投資銀行股權投資刺激經濟增長模式和信貸銀行債務放貸刺激經濟增長模式並重的銀行業金融體系。銀行金融業只有經過股權投資銀行模式的徹底改造才能徹底激發經濟活力重回經濟增長道路上來，否則經濟增速下滑銀行將不可避免地陷入壞帳、爛帳死循環中而完全不可自拔。美國的財政部長和美聯儲主席等很多財政金融系統高官都幾乎出自於高盛或摩根之類的投資銀行而很少出自花旗銀行和美國銀行之類的信貸銀行，美國的經濟增長模式是投資銀行主宰模式而非信貸銀行主宰模式。美國的經濟不斷地通過股市股權投資泡沫擠壓對社會企業進行優勝劣汰，最終讓美國經濟形成自我更新的良性循環，而中國的經濟增長則飽受信貸銀行債務放貸投資模式困擾，同時中國的銀行業產生了大筆大筆因投資失敗而帶來的銀行壞帳。中國銀行金融業的大筆壞帳可以說是中國經濟的定時炸彈，中國的銀行要求中國央行不斷地通過新發貨幣，通過「借新債還舊債」來掩蓋銀行壞帳的做法毫無疑問是不可持續的，而且拖的時間越久最後爆發出來對經濟所造成的傷害將越大。讓中國的銀行金融業從信貸銀行模式向投資銀行模式轉型是中國經濟前行唯一的出路，中國的國家

級股權投資市場———股市，隨著時間的推移將不可避免地越來越受到中國經濟高層關注、認知和重視，這也將是中國經濟發展的必然趨勢。

與傳統的信貸銀行債務放貸拉動經濟增長模式相比，投資銀行股權投資模式拉動經濟增長的模式起碼在兩個方面有著前者無可比擬的優勢。第一，股權投資模式的投資項目面向全社會公開並接受全社會尤其是持有其股權的股民的高度關注。當然，對於虛假募資、亂用股民募集資金的違法行為要真正執行到位需要一個高度法治、高度權威的證監會執法機構，但相對於傳統信貸銀行在飯桌上或會議室裡決定投資項目而言，股市上對融資資金的使用相對更透明，中國股市的法制建設也必須推動股市投資決策更加公開透明。不過，即使太陽再大也同樣有照不到的陰暗角落，中國股市包括美國等發達資本主義國家的股市將一直存在弄虛作假和內幕操縱行為，但股權投資市場比傳統銀行信貸投資決策更透明是事實。第二，股權投資市場可以對社會企業進行優勝劣汰，讓好的企業獲得更好的發展而壞的企業直接被淘汰掉，這無疑對經濟是有利的。一個國家的經濟如同一個人的身體一樣隨時需要對肌體進行清理，人體的細胞每天都在不停地更新才能保持身體健康。股權投資模式把資金投到差的公司裡可能股權價值歸零，血本無歸，但投對了好企業的股權則可能獲利幾倍、十幾倍甚至幾十倍，總體上，投資收益是可以覆蓋可能面臨的投資風險的。而對傳統信貸銀行而言，由於信貸銀行對不管好企業、壞企業都是靠固定的利息收益生存的，一旦某家企業破產無法收回信貸本金那麼傳統信貸銀行就必須依靠多家企業的息差收入來彌補投資虧損，這就將不可避免地導致高息差金融現象，可以說中國的高利貸和小微企業缺乏融資渠道就是中國的信貸銀行金融體制導致的。對傳統信貸銀行而言，對小微企業的銀行信貸利息收入是無法覆蓋其投資風險的，唯一的出路就

是提高利息，這就是當前中國經濟領域中銀行批發資金給小貸公司或高利貸公司對小微企業進行二次高利息放貸的根本原因。但如此銀行金融融資模式很可能讓本來可以好好發展的公司被高利貸資金迅速拖垮，因為任何一個企業要發展成功都必須經歷一個從誕生到發展壯大成熟的過程，可以毫不猶豫地說中國的信貸銀行債務放貸模式部分扼殺了中國的經濟尤其是創新企業可能激發的經濟活力。

中國的經濟金融領域應當形成這樣一種發展模式：所有中國人，無論男女老少，無論你是否佔有權力或土地、房產、礦產等各種資產，只要你有一個好的能為社會提供社會所需要的產品或服務的想法。只要你「I have an idea」，那麼大家都可以通過股權融資市場通過中國的投資銀行獲得資金啟動項目，而不需要像傳統銀行一樣必須要有資產做抵押才能借到錢去投資一個生意或項目。當然，所有股權融資過程必須全程公開透明，而不能像中國目前所謂的科技投資基金要經過領導審批和審核最後淪為有權勢者的利益體，也不能像現在社會上的創業投資企業一樣成為突擊上市入股靠權力和關係謀取暴利的社會工具。中國當前政府審批主導的科技創業投資基金和在一級市場上找關係突擊入股的創業投資企業都不叫真正的創業投資基金，那仍然是銀行的變體甚至比銀行對經濟更為不利，因為投入的資金是被個人利益群體消耗了，是個人掏空國家的投機行為。中國應當有自己真正的投資銀行和「創意板」證券市場，只要個人有任何創意或商業想法都可以拿到「創意板」證券市場上通過出讓股權公開募集股權資金，中國的投資銀行也應該從中國央行獲得貨幣發行權衍生的極低成本價格資金，在「創意板」證券市場上公開篩選投資項目進行股權投資。中國的經濟應該讓思想者或創意者成為主宰，而不應該單單讓土地、房產、礦產等社會資源的佔有者來擁有信貸銀行的貸款貨幣，只有這樣中國經濟體才會像美國經濟體一樣進入良性發展循環階段。中國的土

地改革可以繼續拉動經濟增長但並未從根本上改變中國經濟的信貸銀行推動經濟增長模式。房地產抵押完了，土地抵押完了，我們還有什麼可以繼續抵押融資來進行投資呢？毫無疑問，中國經濟發展的根本出路是由投資銀行引領的「創意投資」或者說「思想投資」模式。因為，人類的創造力是無窮無盡的，人類的精神財富才是可以最終匹敵無窮無盡的貨幣發行權的投資標的。中國經濟結構轉型進入類似美國的硅谷的投資銀行創投模式是最終出路，過於龐大的信貸銀行拉動經濟增長模式雖然會持續存在但遲早會進入增長乏力的瓶頸階段，中國經濟目前的增長乏力疲態盡顯已經說明了這一點。

美國一百年前就已經將美國股市上升到了國家高度，一旦美國股市連續下跌幅度超過20%，那麼美國金融經濟界就會將其視為熊市，全社會救市呼聲就會馬上風起雲湧，隨後美國總統就要出來發表講話並要求美聯儲採取證券購買措施向股市釋放貨幣資金重新推動股市上漲，因為股市的背後就是國家民眾，就是社會經濟，就是實體企業，企業與股市從來是一體的、不可分割的，我們很多人將股市和實體企業孤立地分割來看是不對的，很多認為資金進股市了實體企業就缺乏資金支持了的看法是有問題的，世界上萬事萬物都是有著某種聯繫的，股市和實體企業的聯繫尤其緊密，某種程度上可以說是完全一體的「一損俱損，一榮俱榮」，我們需要股市和實體企業、民眾財富以及民眾消費的良性循環，而不需要股市和企業、社會經濟、民眾財富以及民眾消費的惡性循環。中國的經濟要進行徹底轉型就必須要徹底改變中國銀行金融業的傳統銀行信貸模式，中國需要發展大批像美國高盛及摩根大通之類的投資銀行，中國的股市需要和企業形成良性循環兩者同時不斷壯大，中國經濟應當在適度的中國股市泡沫中前行和發展，甚至哪怕是股市泡沫崩盤帶來金融危機和經濟大蕭條我們也無須驚慌失措，太陽還將在第二天照常升起，中國經濟還將以其內在的

經濟規律自然地運行。中國人民勤勞、善良、忍耐、堅韌，且還成功地熬過了最困難的八年抗戰歷史時期，我們有充分的理由相信我們的國家和人民一定沒有什麼邁不過去的檻。

譚曉風

2014 年 12 月於深圳前海

國家圖書館出版品預行編目(CIP)資料

牛市買什麼,熊市賣什麼：股票漲跌買賣技巧詳解 / 譚曉風 著.
-- 第一版. -- 臺北市：財經錢線文化出版：崧博發行, 2018.12
　面；　公分

ISBN 978-957-680-307-9(平裝)

1.股票投資 2.投資分析 3.投資技術

563.53　　　　107019765

書　名：牛市買什麼，熊市賣什麼:股票漲跌買賣技巧詳解
作　者：譚曉風 著
發行人：黃振庭
出版者：財經錢線文化事業有限公司
發行者：崧博出版事業有限公司
E-mail：sonbookservice@gmail.com
粉絲頁　　　　　　網　址：
地　址：台北市中正區延平南路六十一號五樓一室
8F.-815, No.61, Sec. 1, Chongqing S. Rd., Zhongzheng
Dist., Taipei City 100, Taiwan (R.O.C.)
電　話：(02)2370-3310　傳　真：(02) 2370-3210
總經銷：紅螞蟻圖書有限公司
地　址：台北市內湖區舊宗路二段 121 巷 19 號
電　話：02-2795-3656　傳真:02-2795-4100　網址：
印　刷：京峯彩色印刷有限公司（京峰數位）

　　本書版權為西南財經大學出版社所有授權崧博出版事業有限公司獨家發行電子書及繁體書繁體版。若有其他相關權利及授權需求請與本公司聯繫。

定價：400元

發行日期：2018 年 12 月第一版

◎ 本書以POD印製發行